독자의 1초를
아껴주는 정성을
만나보세요!

세상이 아무리 바쁘게 돌아가더라도 책까지 아무렇게나 빨리 만들 수는 없습니다.

인스턴트 식품 같은 책보다 오래 익힌 술이나 장맛이 밴 책을 만들고 싶습니다.

땀 흘리며 일하는 당신을 위해 한 권 한 권 마음을 다해 만들겠습니다.

마지막 페이지에서 만날 새로운 당신을 위해 더 나은 길을 준비하겠습니다.

네트워크 · 보안 엔지니어를 위한 챗GPT 활용 기술

ChatGPT for Network & Security Engineers

초판 발행 • 2026년 3월 9일

지은이 • 박진산
발행인 • 이종원
발행처 • (주)도서출판 길벗
출판사 등록일 • 1990년 12월 24일
주소 • 서울시 마포구 월드컵로 10길 56(서교동)
대표 전화 • 02)332-0931 | **팩스** • 02)323-0586
홈페이지 • www.gilbut.co.kr | **이메일** • gilbut@gilbut.co.kr

기획 및 책임편집 • 안윤경(yk78@gilbut.co.kr) | **디자인** • 장기춘 | **제작** • 이준호, 손일순, 이진혁
영업마케팅 • 임태호, 전선하, 박민영, 서현정, 박성용 | **유통혁신** • 한준희 | **영업관리** • 김명자 | **독자지원** • 윤정아

교정교열 • 김윤지 | **전산편집** • 박진희 | **출력 · 인쇄 · 제본** • 예림인쇄

ISBN 979-11-407-1795-8 93000
(길벗 도서번호 080482)

정가 27,000원

독자의 1초를 아껴주는 정성 길벗출판사

(주)도서출판 길벗 | IT교육서, IT단행본, 경제경영, 교양, 성인어학, 자녀교육, 취미실용 www.gilbut.co.kr
길벗스쿨 | 국어학습, 수학학습, 어린이교양, 주니어 어학학습, 학습단행본 www.gilbutschool.co.kr

페이스북 • www.facebook.com/gbitbook
예제소스 • https://github.com/gilbutITbook/080482

길벗

AI 시대의 네트워크 및 보안 엔지니어는 단순 운영자를 넘어, 자동화 도구를 설계하고 업무 효율화를 주도하는 전문가로 진화해야 합니다. 이 책은 챗GPT의 이해부터 프롬프트 엔지니어링, 취약점 진단, 보안 룰 관리, 나만의 AI 보안 도구 제작까지 실무 전반에서 활용할 수 있는 방법을 단계적으로 안내하고 있습니다. 챗GPT라는 대중적인 생성형 AI 툴을 활용하여 단순 반복 업무를 줄이고 더 빠르고 효율적으로 판단하길 원하며, 현장에서 바로 써먹을 수 있는 AI 활용법을 찾는 엔지니어에게 훌륭한 이정표가 되어 줄 책입니다.

고정훈 | SK텔레콤 NW Infra 엔지니어

네트워크와 보안 업무를 하다 보면 늘 예상치 못한 난관에 부딪히고는 합니다. 노하우가 부족하여 문제 해결에 밤을 지새웠던 엔지니어에게 이제 AI는 든든한 조력자입니다. 개발자의 전유물로만 여겼던 AI를 네트워크 보안 현장에 어떻게 적용할 수 있을까요? 이 책은 실무에서 겪는 다양한 사례들을 바탕으로 AI와 협업하는 방법을 친절하게 안내합니다. 더 빠르고 효율적으로 일하고 싶은 현업 엔지니어와 실무 감각을 미리 익히고 싶은 예비 엔지니어에게 이 책이 훌륭한 나침반이 되어 줄 것입니다.

장상근 | 로그프레소 연구소장

네트워크 업무와 보안 업무에도 AI 기술을 이용하여 업무 자동화와 효율화를 이루려는 시도는 많이 있었습니다. 하지만 데이터, 자원, 비용, 인력의 문제에 부딪혀 왔습니다. 바야흐로 챗GPT 시대가 도래하면서 많은 문제를 해결할 수 있었고, 챗GPT의 활용은 이제 업무를 효율화하는 데 필수 불가결한 요소가 되었습니다. 실제 인간보다 많은 분야에서 월등해진 챗GPT는 이제 좋은 협업 동료입니다. 이 책으로 많은 사람이 좋은 동료를 만들 수 있는 기회를 얻었으면 좋겠습니다.

장지선 | 삼성SDS AI연구그룹

"여러분은 챗GPT와 같은 AI 서비스를 처음 접했을 때 어떤 느낌을 받았나요?"

처음에는 질문을 던지면 그럴듯한 답을 내놓는 똑똑한 도구 정도로 생각했습니다. 그러나 시간이 지나면서 AI는 단순한 도구를 넘어, 어느새 거의 모든 분야에서 전문가처럼 사고하고 설명하는 존재가 되었습니다.

네트워크와 보안을 담당하는 엔지니어로 일하며, 필자 역시 자연스럽게 "이 기술을 내 업무에 제대로 써 볼 수는 없을까?"라는 생각을 하게 되었습니다. 챗GPT를 잘 활용해 보고 싶어 관련 책과 자료를 찾아보았지만, 대부분은 개발자 중심의 이야기였습니다. 코드 작성, 서비스 개발, 일반적인 업무 자동화 내용은 많았지만 네트워크 장비 설정을 검토하고, 보안 로그를 분석하며, 장애와 사고의 책임을 져야 하는 엔지니어의 현실적인 고민을 다루는 책은 좀처럼 찾기 어려웠습니다. 분명 AI는 대단해 보이는데, 막상 내 자리에서 어떻게 써야 할지는 아무도 알려 주지 않는 느낌이었습니다.

그 답답함 속에서 개인적으로 하나둘씩 기록하기 시작했습니다. 업무 중 AI를 써 본 기록, 실패했던 질문, 의외로 도움이 되었던 프롬프트, "이건 정말 현업에서 쓸 수 있겠다."라고 느꼈던 순간들. 처음에는 정리되지 않은 기록이었지만 어느새 그 분량이 쌓여 하나의 흐름이 되었고, 그렇게 이 책이 탄생했습니다.

"AI가 네트워크 · 보안 엔지니어를 대체할 수 있을까요?"라는 질문을 자주 듣습니다.

2026년 초 현재, 개발 분야에서는 이미 AI가 일의 방식을 빠르게 바꾸고 있습니다. 그 변화를 지켜보며 위기감을 느끼는 사람도 많을 것입니다. 그렇다면 네트워크 · 보안 엔지니어는 조금 다를까요?

AI는 이미 네트워크 설정을 분석하고, 보안 정책의 문제점을 짚어 내며, 수많은 로그를 빠르게 요약해 줍니다. 기술적인 관점에서만 본다면 일부 역할은 충분히 대체 가능해 보이기도 합니다. 하지만 현실은 조금 다릅니다.

AI가 만들어 낸 설정 오류로 장애가 발생했을 때 그 책임을 AI가 대신 져 주지는 않습니다. 보안 사고가 발생했을 때, 최종 판단과 대응을 요구받는 것도 결국 사람입니다. 이 지점에서 필자는 네트워크 · 보안 엔지니어의 역할이 쉽게 사라지지 않을 것이라고 생각했습니다.

그래서 더 중요해진 것이 있습니다. AI를 무작정 신뢰하거나 반대로 막연히 두려워하는 것이 아니라, AI를 이해하고 검증할 수 있는 엔지니어가 되는 것입니다. AI를 활용하되 그 결과를 판단할 수 있는 능력, AI가 만들어 낼 새로운 보안 위협에 대비하는 고민은 앞으로 더욱 중요해질 것입니다.

이 책은 'AI가 우리를 대체한다'보다는 'AI와 함께 어디까지 확장할 수 있는가'에 대한 이야기입니다.

네트워크 · 보안 엔지니어는 오랫동안 자동화와 개발에 대한 갈증을 안고 살아왔습니다. 이제는 AI의 도움으로 복잡한 개발 지식이 없어도 내게 필요한 도구와 스크립트를 직접 만들어 볼 수 있는 시대가 되었습니다. 이는 위기가 아니라, 새로운 기회라고 생각합니다. 필자에게 이 책의 집필 과정 또한 그런 기회의 하나였습니다.

AI와 함께 고민하고 실험하고 정리하는 과정 속에서 필자 업무의 경계는 좀 더 넓어졌습니다. 이 책이 독자 여러분에게도 AI로 자신의 역할과 가능성을 다시 한 번 확장해 볼 수 있는 계기가 되었으면 좋겠습니다.

마지막으로 이 책을 집필하는 동안 많은 도움을 주신 안윤경 팀장님께 깊은 감사의 인사를 전합니다. 육아와 회사 생활을 병행하며 누구보다 힘들었을 사랑하는 아내와 첫 번째 책을 쓸 당시에는 엄마 뱃속에 있었지만 어느덧 세 돌을 앞둔 아들 지안이에게도 고마운 마음을 전합니다. 항상 응원해 주시는 부모님과 장모님, 곁에서 힘이 되어 주신 지인들께도 진심으로 감사드립니다.

박진산

✔ 이 책의 소개와 특징

챗GPT를 비롯한 생성형 AI가 화두가 되는 요즘, 많은 네트워크 · 보안 엔지니어들이 이런 고민을 합니다.

"나는 개발자가 아닌데, 이걸 어떻게 써야 하지?"

특히 경력이 길수록 새로운 기술과 개발에 대한 심리적 부담이나 거리감을 느끼는 경우도 적지 않습니다.

AI 시대를 맞이했지만, 여전히 AI를 단순히 궁금한 것을 물어보는 도구로만 활용하고 있지는 않은가요? 사실 AI를 조금만 다르게 활용해도 네트워크와 보안 업무에서 반복적으로 소모되던 시간을 크게 줄일 수 있습니다.

이 책은 네트워크 · 보안 업무를 수행하며 누구나 한 번쯤 겪어 보았을 반복적인 작업들을 AI로 어떻게 효율화할 수 있는지 실제 사례 중심으로 풀어냅니다. 개발자가 아니어도, 복잡한 코드를 몰라도 AI를 실무에 자연스럽게 녹여 낼 수 있도록 돕는 것이 목표입니다.

이것으로 단순히 업무를 빠르게 처리하는 것을 넘어, 확보된 시간을 좀 더 가치 있는 판단과 설계에 집중하고 나아가 새로운 네트워크 · 보안 서비스로 확장해 나갈 수 있을 것입니다.

이 책이 그 출발점이 되길 기대합니다.

이 책의 장점은 다음과 같습니다.

- 개발을 접해 보지 않았거나, 챗GPT를 비롯한 AI 서비스를 처음 접하는 사람도 부담 없이 접근할 수 있도록 최대한 쉽게 구성했습니다.
- 복잡한 이론이나 어려운 설명보다는 풍부한 실습 예제를 따라 하기만 해도 결과를 얻을 수 있는 방식에 초점을 맞추었습니다.

- ‘이런 업무에도 AI를 쓸 수 있어?’라는 생각이 들 만큼 다양한 네트워크 · 보안 업무에 챗GPT를 적용하는 방법을 폭넓게 다룹니다. 문서 작성, 로그 분석, 보안 정책 정리처럼 많은 시간이 소요되는 반복 업무를 AI를 통해 효율적으로 단축할 수 있도록 돕습니다.

✔ 대상 독자

이 책은 다음 독자들을 대상으로 집필했습니다.

- 네트워크 운영 및 보안 업무를 담당하는 현업 엔지니어
- SIEM, EDR, 방화벽, 스위치, 라우터 로그 분석에 시간을 많이 쓰는 실무자
- 반복 업무 자동화와 문서화에 어려움을 느끼는 IT/보안 담당자
- 생성형 AI를 업무에 실제로 적용해 보고 싶은 직장인
- 네트워크 · 보안 분야 취업 및 실무 역량 강화를 원하는 학생

✔ 이 책의 구성

이 책은 네트워크와 보안 업무를 수행하면서 얻는 다양한 사람의 지식을 다룹니다.

1장부터 3장까지는 AI가 가져온 업무 환경의 변화 속에서 네트워크 · 보안 엔지니어가 왜 생성형 AI를 알아야 하는지, AI가 실무에서 어떤 방식으로 도움이 될 수 있는지 설명합니다.

4장과 5장은 챗GPT 계정 생성과 환경 설정, 무료 · 유료 버전의 차이, 대체 솔루션을 살펴보고, 반복 업무에 효과적인 프롬프트 구조화 기법과 관리 방법을 이용하여 AI를 ‘잘 쓰는 방법’을 익힙니다.

6장부터 16장까지는 이 책의 핵심으로, 네트워크와 보안 업무 전반을 AI로 효율화하는 실전 활용 파트입니다. 장비 설정 분석, 장애 대응 매뉴얼 작성, 로그 분석, 보안 정책 문서화, 구성 변경, 보안 리포트 작성, 교육 콘텐츠 제작, 모의 훈련 시나리오 구성, 취약점 진단, 네트워크 관리 자동화 등 폭넓은 실무 사례를 다룹니다. 또 SIEM · EDR 연계 분석, Sigma · YARA 룰 관리 등 현업에서 어려움을 겪는 주제까지 포함하여 AI를 단순 보조 도구가 아닌 업무 파트너로 활용하는 방법을 단계적으로 설명합니다.

17장과 18장은 앞선 장에서 익힌 내용을 바탕으로 AI 기반 보안 도구를 직접 구현합니다. 업무용 GPTs 제작, IP 정보 익명화 도구, 슬랙(Slack) 기반 보안 모니터링, 악성 공격 IP 자동 차단 프로그램을 개발해 보면서 스스로 AI를 활용한 보안 도구를 만들 수 있습니다.

CHAPTER

1

네트워크와 보안 엔지니어는 왜 AI를 알아야 하는가?

챗GPT를 비롯한 AI와 LLM의 등장은 전 산업 분야의 업무 형태를 근본적으로 변화시켰습니다. 보안 영역에서 AI는 행위 기반 공격 분석이나 이상 징후 탐지에 활용하고 있으며, 단순한 보안 리포트 작성부터 정책 관리 등 많은 인력이 소요되는 업무까지 처리 시간을 획기적으로 단축했습니다.

개발 분야에서는 '바이브 코딩'이라는 신조어가 등장할 만큼 개발 업무의 상당 부분을 이미 AI로 대체하기 시작했습니다. 그에 비해 네트워크 보안 업무에서는 아직 생산성 향상 측면에서 아쉬운 부분이 있습니다. 그럼에도 정책 자동 생성, 규칙 요약 등 구체적인 영역에서 AI 활용을 점차 확대하고 있습니다.

이 장에서는 AI가 가져온 업무 환경의 변화를 살펴보고, 네트워크 분야와 보안 분야에서 생성형 AI를 활용한 효율화 방안을 자세히 알아보려고 합니다.

1.1 SECTION AI가 가져온 업무 변화

불과 몇 년 전까지만 해도 업무에 필요한 정보를 찾으려면 검색창에 키워드를 입력하여 수많은 웹 페이지와 기술 문서를 뒤져 가며 답을 찾아야 했습니다. 그 과정에서 신뢰할 수 있는 자료를 선별하고 상황에 맞게 적용하는 데 적지 않은 시간이 필요했죠. 그러나 지금은 상황이 완전히 달라졌습니다.

챗GPT 같은 생성형 AI에 질문을 던지면 방대한 데이터와 학습된 지식을 바탕으로 답변을 제시합니다. 그 답변에는 단순히 정보를 나열하는 수준을 넘어 사용자가 현재 직면한 문제를 해결할 수 있는 구체적인 조언과 적용 방법까지 담겨 있습니다. 이것은 단순한 검색을 넘어서는 경험을 제공하며, 실시간으로 전문가와 상담을 받는 듯한 느낌을 줍니다.

이런 변화는 네트워크와 보안 분야에도 빠르게 스며들고 있습니다. 예전에는 로그 수집, CLI 출력 분석, 방화벽 정책 검토, 취약점 보고서 작성 등에 많은 시간을 쏟았습니다. 특히 보안 사고가 발생했을 때는 수많은 장비에서 발생한 이벤트를 직접 대조하고, 관련 정책 변경 내역을 확인하며, 이를 바탕으로 보고서를 작성해야 했습니다. 하지만 이제는 AI가 이 모든 과정을 상당 부분 대신합니다. 로그를 읽어 이상 패턴을 찾아내고, 그 의미를 분석하여 영향 범위와 위험도를 설명합니다. 또 방화벽 정책 변경 내역을 자동으로 정리하고, 침해 사고 보고서 초안을 작성하여 엔지니어가 검토 · 수정만 할 수 있도록 돕습니다.

1.1.1 변화의 배경: 검색에서 생성형 AI로

과거에는 정보 탐색을 '검색 지식 기반'에 의존했습니다. 문제를 해결하려면 여러 검색어를 조합하여 다양한 웹 페이지를 확인해야 했고, 그중에서 신뢰할 수 있는 자료를 찾기도 쉽지 않았습니다. 하지만 생성형 AI의 등장은 이 과정을 단축시켰습니다. 이제는 문제 상황과 원하는 결과를 그대로 AI에 설명하면 필요한 정보를 선별해서 구조화된 형태로 제공합니다. 이는 단순히 속도만 향상되는 것이 아니라, 정보 활용 방식 자체의 혁신입니다.

▼ **그림 1-1** 트렌드 변화

생성형 AI가 가져온 변화는 네트워크나 보안 업무처럼 데이터 양이 방대하고 변수와 시나리오가 많은 분야에서 특히 두드러집니다. 과거에는 경험 많은 선배 엔지니어나 전문 컨설턴트의 도움이나 조언이 필수였지만, 이제는 AI가 초기 분석과 시나리오 설계까지 담당합니다. 그 결과 엔지니어는 이를 토대로 좀 더 심화된 분석과 최종 의사 결정에 집중할 수 있게 되었고요.

1.1.2 Before & After: 네트워크와 보안 엔지니어의 하루

[Before]

아침 9시, 야간에 수집된 수백 MB의 방화벽 로그와 IDS 경고 목록이 메일함에 쌓여 있습니다. 엔지니어는 이 SIEM이나 로그 파일을 열어 IP, 포트, 이벤트 코드를 필터링하여 비정상 패턴을 찾습니다. CLI 명령어를 일일이 입력해서 장비 상태를 점검하고, 변경 이력을 추출해서 비교합니다. 문제가 의심되는 부분이 발견되면 관련 구성 문서를 찾아보고 과거 유사 사례와 대조합니다. 오후가 되어서야 문제 원인을 특정하고, 이를 바탕으로 보고서를 작성하기 시작합니다. 보고서 작성과 결재 과정까지 마치면 하루 업무는 거의 끝나지만, 여전히 분석이 필요한 로그와 미처 처리하지 못한 작업이 다음 날로 넘어갑니다.

[After]

아침 9시, AI가 전날 밤 자동으로 분석한 '야간 장애 분석 보고서'가 준비되어 있습니다. 보고서에는 이상 패턴 요약, 의심 구간, 관련 정책 변경 내역, 예상 영향 범위가 표 형태로 정리되어 있습니다. 엔지니어는 이를 검토하며 원인을 신속하게 확정하고, AI가 제시한 해결책 후보를 참고해서 복구 절차를 실행합니다. 오후에는 AI가 작성한 침해 사고 보고서 초안을 검토 · 보완하여 결재 라인에 제출합니다. 남은 시간은 다음 장애 예방 대책 논의와 네트워크 구조 최적화 설계에 투자합니다. 반복적이고 시간이 많이 드는 작업은 최소화하고, 창의적이고 전략적인 업무에 더 많은 시간을 쓸 수 있습니다.

이처럼 AI는 이제 단순한 자동화 도구를 넘어 네트워크 · 보안 엔지니어의 업무 파트너로 자리 잡았습니다. 머지않아 AI 없이 업무를 수행하는 일은 오히려 비효율적으로 여겨 AI를 적극적으로 활용하는 엔지니어와 그렇지 않은 엔지니어 사이에 업무 속도와 품질 면에서 뚜렷한 격차가 생길 것입니다. 이 차이는 결국 경쟁력 차이로 이어진다고 생각합니다.

향후에는 사내 전용 AI 보안 도우미, 내부 데이터 학습 기반 AI 분석 시스템 등 조직 맞춤형 AI 도입이 늘어날 전망입니다. 동시에 AI 모델의 보안성 강화, 데이터 프라이버시 보호, 결과 검증 절차도 더욱 중요할 것입니다.

AI 시대의 네트워크 · 보안 전문가는 단순히 기술을 다루는 사람이 아니라, AI를 안전하고 효과적으로 활용하는 사람입니다. 이 능력을 갖춘 자만이 다가오는 보안 환경에서 핵심 역할을 맡게 될 것입니다.

1.2 SECTION 네트워크 분야 생성형 AI 업무 효율화 사례

그렇다면 네트워크 업무 분야에서는 생성형 AI로 어떻게 업무를 효율화할 수 있을까요?

네트워크 엔지니어의 하루는 다양한 장비 상태를 확인하고, 장애를 분석하며, 구성 변경 사항을 문서화하는 일로 가득 차 있습니다. 이 과정에서 다루는 정보량은 방대하며 대부분이 비정형 데이터 형태로 제공됩니다. CLI 출력, 장비 로그, 구성 파일, SNMP 상태 정보, 모니터링 알람 등 각종 데이터가 흩어져 있어 이를 하나로 종합해서 분석하는 데 많은 시간과 노력이 필요합니다.

과거에는 이런 작업을 사람이 직접 수행했습니다. 장비에 접속하여 명령어를 실행하고, 출력된 결과를 하나하나 확인하며, 다른 장비와 비교하거나 로그를 분석해서 결론을 도출했습니다. 하지만 생성형 AI(챗GPT)를 활용하면 이 과정의 상당 부분을 자동화하여 효율적으로 처리할 수 있습니다. AI는 단순히 데이터를 해석하는 단계가 아닌 분석 결과를 이해하기 쉬운 보고서 형태로 가공해 주기 때문입니다.

1.2.1 CLI 출력 분석 자동화

네트워크 장애를 분석하는 시작은 CLI 출력 확인에서 비롯됩니다. 예를 들어 라우팅 테이블을 살펴보거나, 특정 포트 상태를 점검하는 과정에서 텍스트를 수십~수백 줄 출력합니다. 이를 AI에 입력하면 단순 상태 정보뿐만 아니라 의심되는 비정상 상태와 그 원인을 추론해서 제시할 수 있습니다.

챗GPT에 질의한 다음 예시를 가볍게 살펴봅시다(1장 프롬프트는 모두 예시이며, 실제 사용법은 추후 뒤 장들에서 다시 살펴볼 예정입니다).

프롬프트

```
Switch# show interface status

Port      Name     Status        Vlan     Duplex  Speed    Type
Gi0/1              connected     10       a-full  a-1000   10/100/1000BaseTX
Gi0/2              notconnect    20       auto    auto     10/100/1000BaseTX
Gi0/3              connected     30       full    100      10/100/1000BaseTX
Gi0/4              connected     30       half    100      10/100/1000BaseTX
Gi0/5              err-disabled  40       auto    auto     10/100/1000BaseTX
Gi0/6              connected     trunk    a-full  a-1000   10/100/1000BaseTX
Gi0/7              connected     50       full    1000     10/100/1000BaseTX
Gi0/8              notconnect    1        auto    auto     10/100/1000BaseTX
```

위에 있는 Cisco 스위치의 show interface 출력 결과를 분석하여 비정상 상태의 포트를 찾아 원인을 설명하고 해결 방법을 제안해 줘.

응답

요약 진단

포트	상태/속성	판정	주요 원인 후보	바로 확인할 것	권장 조치
Gi0/5	err-disabled, VLAN 40, speed/duplex auto	비정상(치명적)	Port-Security 위반, BPDU Guard(루프 보호), UDLD, 링크 플랩, STP 인박스 에러 등	show log, show interfaces status err-disabled, show errdisable detect, show port-security int gi0/5, show spanning-tree detail, show int gi0/5	원인별 복구(아래 상세). 우선 원인 파악 → 필요 시 shutdown/no shut 또는 errdisable recovery cause… 설정
Gi0/4	connected, VLAN 30, half-duplex, 100Mbps	비정상(고장/설정 불일치 가능)	양단 속도/듀플렉스 강제 설정 불일치(클래식한 듀플렉스 미스매치), 상대 측 허브/구형 장비	show int gi0/4(input error, late collision), 상대 장비 설정 확인	양단 모두 auto로 통일 권장. 필요 시 둘 다 speed 100/duplex full로 동일 강제. 케이블 교체/테스터로 점검
Gi0/3	connected, VLAN 30, full-duplex 100Mbps	주의(성능 저하 가능)	상대 측 FastEthernet 포트 or 속도 100으로 강제	트래픽 요구치, 상대 장비 스펙	가능하면 기가 링크로 업그레이드(상대 포트/케이블 교체). 강제 설정이면 양단 일치 확인
Gi0/2	notconnect, VLAN 20	관찰	미사용 포트, 단선/미접속, 상대 전원 꺼짐	필요 포트인지 여부	미사용이면 보안 템플릿 적용(shutdown, switchport mode access, access vlan 20, spanning-tree portfast, bpduguard enable, storm-control 등)

Gi0/8	notconnect, VLAN 1	관찰/보안 권고	미사용 포트	VLAN 1 사용 여부	미사용이면 shutdown 및 접속 시 사용할 액세스 VLAN으로 사전 지정. 운영망에서 VLAN 1 비활성 권고
Gi0/6	connected, trunk, a-full/a-1000	정상(검토)	네이티브 VLAN/허용 VLAN 불일치 가능성	show int gi0/6 switchport, show cdp nei detail or lldp nei	네이티브 VLAN 일치, 허용 VLAN 목록 점검
Gi0/1/7	connected, a-full/a-1000 또는 full/1000	정상	—	—	—

AI는 포트의 에러 카운트, 상태 변화, 속도 불일치, 플랩(flap) 현상 등을 분석하고 문제 가능성과 해결책을 제안함으로써 엔지니어가 불필요한 부분을 건너뛰고 중요한 포인트에 집중할 수 있게 합니다.

1.2.2 로그 패턴 분석 및 요약

네트워크 장비, 방화벽, IDS/IPS, 로드밸런서 등에서 발생하는 로그는 하루에도 수십만 건에 달합니다. AI는 방대한 로그에서 반복적으로 나타나는 패턴, 특이 이벤트, 비정상 트래픽 흐름을 자동으로 식별할 수 있습니다. 특히 동일한 이벤트가 다른 장비에서도 발생하면 상관관계를 찾아내어 단일 장비의 문제가 아닌 네트워크 구조적 문제를 추론하는 데 도움을 줍니다.

프롬프트

```
2025-09-02 23:51:21 logid=0100030101 type="traffic" subtype="forward"
level="notice" vd="root" eventtime=1756857081 srcip=192.168.1.10
dstip=10.0.0.5 srcintf="port1" dstintf="port2" action="accept" proto=6
service="HTTP" duration=30 sentbyte=1234 rcvdbyte=5678
2025-09-02 23:51:22 logid=0100030101 type="traffic" subtype="forward"
level="notice" vd="root" eventtime=1756857082 srcip=203.0.113.1
dstip=10.0.0.10 srcintf="wan1" dstintf="internal" action="deny" proto=17
service="UDP" dstport=53 duration=0 sentbyte=0 rcvdbyte=0 policyid=0
policyname="deny_all"
```

```
2025-09-02 23:51:23 logid=0100030101 type="traffic" subtype="forward"
level="notice" vd="root" eventtime=1756857083 srcip=172.16.20.50
dstip=10.0.0.20 srcintf="port3" dstintf="port2" action="accept" proto=6
service="SSH" duration=120 sentbyte=5000 rcvdbyte=2000
(…중략…)
```

위 방화벽 로그에서 공통된 차단 패턴과 비정상 접속 시도를 요약해 줘.

응답

1. 주요 차단 패턴(비정상 접속 시도) 🚨

로그에서 가장 눈에 띄는 것은 광범위한 공격 시도입니다. 대부분의 차단 로그는 action="deny"와 level="alert"로 표시되며, 다양한 공격 유형을 보여 주고 있습니다.

공격 유형별 주요 패턴

- 포트 스캔(Port Scan) 🔎: 185.199.108.153 IP 주소는 여러 번에 걸쳐 다양한 포트(135, 445, 25, 1433, 3306, 5900, 3389)로 접속을 시도하고 있습니다. 이는 네트워크에 열려 있는 서비스 포트를 찾기 위한 정찰(Reconnaissance) 활동으로 보입니다. 또한 198.51.100.36과 203.0.113.20 같은 다른 IP 주소들도 포트 스캔이나 DNS 엑스필트레이션(데이터 탈취)과 같은 정찰 활동을 시도하고 있습니다.
- 웹 애플리케이션 공격(Web Application Attacks) 💻:
  - SQL Injection: 203.0.113.5, 203.0.113.17, 198.51.100.56, 203.0.113.24 등 여러 공격 IP가 SQL Injection 공격을 시도하고 있습니다. 이는 웹 사이트 데이터베이스를 조작하려는 시도로 매우 위험한 공격입니다.
  - XSS(Cross-Site Scripting): 203.0.113.6 및 203.0.113.18 IP에서 XSS 공격 시도가 발견되었습니다. 이는 웹 사이트에 악성 스크립트를 주입하려는 시도입니다.
  - 기타 웹 공격: malicious_url_access, web_shell_detection, unauthorized_file_upload, path_traversal, remote_code_execution, malicious_payload_detected, directory_traversal 등 다양한 웹 관련 공격 시도가 확인되었습니다.

AI는 차단된 IP 주소, 포트 번호, 프로토콜 유형, 시간대별 발생 빈도 등을 표로 정리하고, 어떤 유형의 공격일 가능성이 높은지 간단한 분석을 덧붙였네요.

1.2.3 네트워크 구성 변경 관리

대규모 네트워크 환경에서는 구성 변경 내역을 문서화하는 것이 필수입니다. 그러나 실제로는 변경 기록이 누락되거나, 문서가 최신 상태를 반영하지 못할 때가 많습니다. AI를 활용하면 변경 전후 구성 파일을 비교하여 변경된 부분과 영향 범위를 자동으로 도출할 수 있습니다.

프롬프트

```
아래 두 버전의 스위치 설정 파일을 비교하여 변경된 부분을 찾아 영향도를 간단히 설명해
줘.
버전 A
hostname DC1-LEAF01
!
username admin privilege 15 role network-admin secret 5 $1$abc$xxxxxxxxxxxx
!
spanning-tree mode rapid-pvst
spanning-tree vlan 10,20 priority 4096
!
vlan 10
   name USERS
vlan 20
   name SERVERS
!
(…중략…)

버전 B
hostname DC1-LEAF01
!
username admin privilege 15 role network-admin secret 5 $1$abc$xxxxxxxxxxxx
!
spanning-tree mode rapid-pvst
spanning-tree vlan 10,30 priority 24576
!
vlan 10
   name USERS
vlan 30
   name APPS
(…중략…)
```

응답

좋아요. 두 버전의 EOS(Arista) 스위치 설정을 영역별로 비교하고, 변경 영향도를 핵심만 정리했습니다.

무엇이 달라졌나(Diff 요약)

L2: VLAN / STP

- VLAN 변경: VLAN20(SERVERS) 삭제 → VLAN30(APPS) 신설
- 포트 할당: Eth4 액세스 VLAN 20 → 30
- Trunk 허용 VLAN: Po1 10,20 → 10,30
- STP 우선순위: vlan 10,20 priority 4096 → vlan 10,30 priority 24576
  - 대상 VLAN도 20 → 30으로 교체, priority 값 상승(4096 → 24576)

영향

- VLAN20 네트워크(10.20.20.0/24)는 더 이상 L2/L3 제공 안 함 → 해당 단말은 VLAN30(10.30.30.0/24)으로 마이그레이션 필수
- Trunk/Access의 VLAN 목록도 30으로 변경되었으므로, 상대 단말/상위 스위치가 동일하게 수정되지 않으면 VLAN 불통(tag 미일치) 가능
  - STP priority가 커져(=덜 우선) 해당 스위치가 Root Bridge가 아닐 가능성 증가 → 트래픽 경로/수렴 특성 변동 가능

L3: SVI / 라우팅 / OSPF

- SVI 교체: Vlan20(10.20.20.1/24) 제거 → Vlan30(10.30.30.1/24) 추가
- OSPF 인터페이스: no passive-interface Vlan20 → no passive-interface Vlan30
  - 광고/인접은 10.20.20.0/24 철회, 10.30.30.0/24 신규 광고
- 정적 기본 경로 추가: ip route 0.0.0.0/0 10.30.30.254(새로운 디폴트 게이트웨이)

영향

- 라우팅 테이블에서 10.20.20.0/24 withdraw, 10.30.30.0/24 announce → **상대(코어/방화벽/라우터)**에서도 정책/경로 갱신 필요
- 정적 기본 경로가 OSPF 기본 경로보다 선호(일반적으로 AD 1) → 모든 아웃바운드 기본 트래픽이 10.30.30.254로 나감
  - 상위 장비의 경로/방화벽 정책이 10.30.30.0/24 기준으로 맞지 않으면 비대칭/차단 위험
- DHCP, DNS, 방화벽 정책(예: 서버/앱 대역 접근 제어)도 10.20 → 10.30으로 전면 수정 필요

(…생략…)

결과를 보면, 추가 · 삭제된 설정 값을 구분해서 보여 주고 영향도를 분석합니다.

1.2.4 네트워크 설계 문서 및 다이어그램 설명 자동화

네트워크 다이어그램은 직관적으로 보이지만, 실제 설계 의도를 이해하려면 배경지식이 필요합니다. AI는 네트워크 토폴로지 이미지를 기반으로 주요 장비, 연결 관계, 트래픽 흐름을 설명하는 문서를 자동으로 작성할 수 있습니다. 또 설계 변경 사항을 반영하여 최신 문서를 유지하도록 도와줍니다.

프롬프트

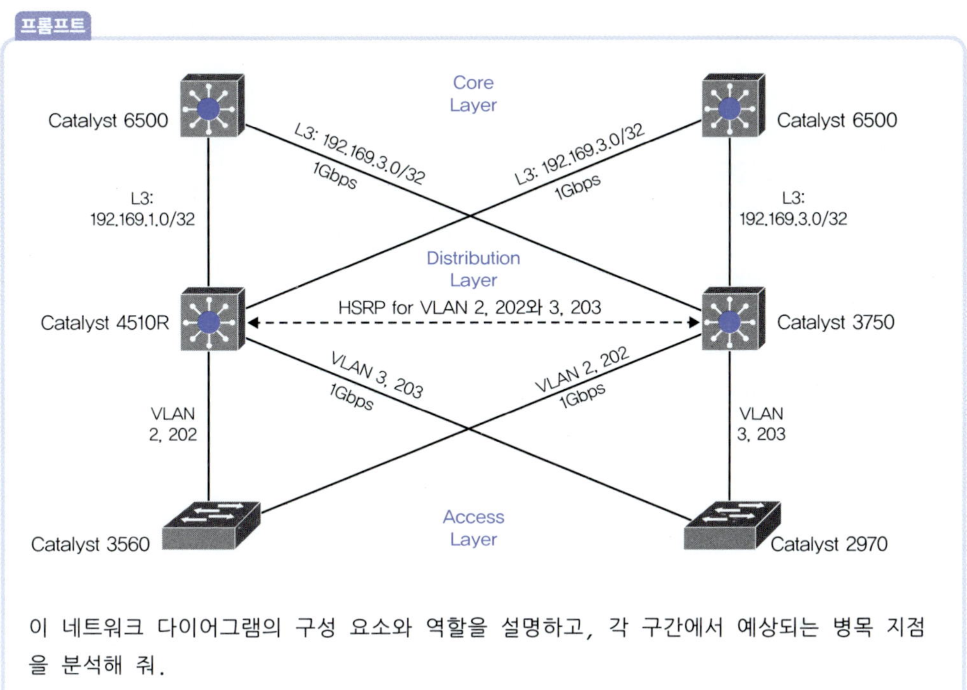

이 네트워크 다이어그램의 구성 요소와 역할을 설명하고, 각 구간에서 예상되는 병목 지점을 분석해 줘.

응답

◇ **구성 요소 및 역할**

1. Core Layer(코어 계층)

- 장비: Catalyst 6500(좌우 두 대)
- 역할:
  - 고속 백본(Backbone) 역할
  - 주로 L3 라우팅 기능 수행(192.169.1.0/32, 192.169.2.0/32, 192.169.3.0/32 네트워크 처리)
  - Distribution Layer로부터의 트래픽을 집계하여 다른 네트워크로 전달

• 특성: 빠른 전송, 정책보다는 속도에 중점

2. Distribution Layer(분배 계층)

• 장비: Catalyst 4510R(좌) / Catalyst 3750(우)
• 역할:
  ◦ Access Layer 스위치에서 올라오는 VLAN 트래픽을 집계
  ◦ L3 라우팅 및 정책 적용
  ◦ HSRP(Hot Standby Router Protocol)로 VLAN 2, 202, 3, 203의 게이트웨이를 이중화
• 특성: 트래픽 정책, 필터링, 보안 제어

3. Access Layer(접근 계층)

• 장비: Catalyst 3560(좌), Catalyst 2970(우)
• 역할:
  ◦ 말단 단말기(PC, 서버, 프린터 등) 접속
  ◦ VLAN 단위로 트래픽을 상위 Distribution으로 전달
  ◦ 각 VLAN(2, 202, 3, 203)을 통해 네트워크 세분화
• 특성: 엔드 디바이스 연결, 1Gbps 업링크로 상위 계층 연결

◇ 링크 구조

• Access ↔ Distribution: VLAN 기반, 1Gbps 업링크
• Distribution ↔ Core: L3 링크, 1Gbps
• Distribution Layer 사이: HSRP 동기화(이중화 대비)

(…생략…)

1.2.5 트러블슈팅 절차 제안

네트워크 장애가 발생했을 때 AI는 증상을 입력받아 우선순위 기반 문제 해결 절차를 제안합니다. 예를 들어 특정 구간의 패킷 손실 문제를 진단할 때 AI는 가능한 원인을 나열하고, 빠른 검증 절차부터 심층 분석 절차까지 순서대로 제시합니다.

프롬프트

데이터센터 내부에서 특정 VLAN 구간의 지연(latency)이 10배 증가했어. 가능한 원인과 점검 절차를 순서대로 제안해 줘.

응답

아래는 "특정 VLAN 구간의 지연이 10배 증가"했을 때, 데이터센터(leaf - spine/EVPN-VXLAN 포함 가정)에서 즉시 적용할 수 있는 원인 후보와 점검/복구 절차입니다. 현장 대응 순서대로 제시합니다.

1. 1차 트리아지(증상 확인 · 범위 고정)

1) 증상 재현 & 범위 확인
   - 같은 VLAN 내 모든 호스트인가, 특정 랙/토폴로지(leaf) 한정인가?
   - ping -I <srcVlan>으로 MTU 1500/9000, DF 비트 각각 테스트(패킷 사이즈 64/1400/8972)
   - 같은 트래픽을 다른 VLAN으로 테스트해서 비교(10배 ↑가 VLAN 한정인지 확인)

2) 경로/지연 분해
   - traceroute(L3)+매 홉 ICMP RTT 비교, L2만인 경우 SPAN으로 왕복 시간 측정 또는 NQA/Arista EOS path-trace 등으로 홉 식별
   - 서버↔ToR(leaf), leaf↔spine, spine↔leaf(상대방) 분리 측정

3) 계측 스냅샷 확보(증거 보존)
   - 관련 인터페이스: show interface counters/errors, show interface queue, show platform hardware qdepth, sFlow/NetFlow, RTT/손실 그래프 캡처

2. 빠른 원인 후보(우선 확인 TOP 10)

1) 물리 오류/자동 협상 불일치 · Duplex 미스매치
   - 징후: CRC/align/late collision 증가, 인터페이스 리트레인
   - 확인: show interface counters errors, NIC/스위치 speed/duplex 상태
   - 조치: 고정/재협상 일치, 케이블/트랜시버 교체

2) 혼잡 · 버퍼 고갈(마이크로버스트)
   - 징후: 출구 큐 대기 시간 급증, output drops/wred drops/buffer errors
   - 확인: show int queue, show platform qos queue stats, Incast/백업 시간대와 연동 여부
   - 조치: 큐/버퍼 튜닝, QoS 재분배, ECMP 확장, 트래픽 재분산

3) 경로 변경(STP/ECMP 해시 변화/링크 다운 후 수렴)
   - 징후: 특정 홉 이후 RTT 급등, 링크 다운/업로그, STP 포트 상태 변화
   - 확인: show spanning-tree vlan <X>, show port-channel summary, show ip route/show bgp evpn 경로 비교
   - 조치: 다운 링크 복구, LACP 불균형 수정, STP 우선순위/비용 재조정

4) QoS/ACL/미러링 정책 변경(로그핑 · SPAN 남발)
   - 징후: 같은 홉에서만 지연 · CPU ↑, ACL hitcnt/로그 증가
   - 확인: show policy-map interface, show access-lists ¦ inc log, 스위치 CPU show proc
   - 조치: 불필요 로깅/미러 중지, QoS 클래스 재매핑

```
5) TCAM/하드웨어 리소스 고갈(폴백 SW 포워딩)
    • 징후: 특정 VLAN/플로우만 느림, 스위치 CPU 스파이크
    • 확인: show platform tcam utilization, show forwarding(HW→SW fallback
      여부)
    • 조치: TCAM 프로파일 조정, 룰/경로 축소, 리로드/버그 패치
6) EVPN-VXLAN/VTEP 이슈(대체 VTEP 경로 · ARP/ND 미해결)
    • 징후: VNI 해당 세그먼트만 지연, Proxy-ARP/ND 실패 후 flood 증가
    • 확인: show bgp l2vpn evpn route, show vxlan vni, show arp vlan <X>/nd
    • 조치: VTEP 피어 상태 복구, ARP/ND 캐시 정합성 회복, Anycast GW 정상 확인
(…생략…)
```

AI는 포트 상태, 트래픽 분석, VLAN 설정, 스위치 간 링크 상태 점검 등 단계별로 접근하는 방법을 안내합니다.

1.2.6 장비 매뉴얼·명령어 가이드 자동 생성

새로운 장비를 도입하면 명령어와 설정 방법을 숙지하는 데 시간이 걸립니다. AI는 장비 매뉴얼을 요약하고, 자주 쓰는 명령어와 옵션을 정리하여 '퀵 레퍼런스 가이드'를 만들어 줄 수 있습니다. 이렇게 하면 신규 장비 운영 교육 시간을 단축할 수 있습니다.

프롬프트

```
Aruba 스위치를 빠르게 학습할 수 있는 퀵 레퍼런스 가이드를 만들어 줘.
```

응답

```
📝 Aruba Switch Quick Reference Guide
1. 기본 구조
  • CLI 모드
    ○ User Exec → Switch>
    ○ Privileged Exec → Switch#
    ○ Configuration → Switch(config)#
    ○ Interface Config → Switch(config-if)#
  • 접속
    ○ 콘솔: 9600 baud
```

```
    ○ SSH: ssh admin@<ip>

2. 기본 관리
# 호스트네임 설정
Switch(config)# hostname CORE-SW01

# 관리 VLAN IP 설정
Switch(config)# interface vlan 1
Switch(config-if)# ip address 192.168.1.10/24

# 기본 게이트웨이
Switch(config)# ip default-gateway 192.168.1.1

# 시간 동기화(NTP)
Switch(config)# ntp server 192.168.100.1
Switch(config)# clock timezone KST +9

3. 사용자 계정 & 보안
# 관리자 계정 생성
Switch(config)# user admin password plaintext <비밀번호> role admin

# SSH 활성화
Switch(config)# crypto key generate ssh rsa
Switch(config)# ip ssh

4. VLAN & 인터페이스
# VLAN 생성
Switch(config)# vlan 10
Switch(config-vlan-10)# name USERS

# VLAN 인터페이스 IP
Switch(config)# interface vlan 10
Switch(config-if)# ip address 10.10.10.1/24

# Access 포트
Switch(config)# interface 1/1/1
Switch(config-if)# vlan access 10
(…생략…)
```

1.2.7 네트워크 보안 정책 리뷰 및 권고안 생성

운영 중인 네트워크 보안 정책이 과도하게 제한적이거나 반대로 너무 느슨하여 보안 위험이 발생할 수 있습니다. AI는 네트워크 장비의 ACL 정책을 분석하여 불필요한 규칙을 제거하고 보안을 강화하는 추가 룰 등을 제안합니다.

프롬프트

다음은 IDS/IPS 방화벽 룰입니다. 이 룰에 대해 각 ID별로 자세히 설명하고, 중복된 설정이 있는지 확인해 줘.

1. 룰 1:

- Source IP: Any
- Destination IP: 192.168.1.10
- Protocol: TCP
- Port: 80(HTTP)
- Action: Allow

2. 룰 2:

- Source IP: Any
- Destination IP: 192.168.1.10
- Protocol: TCP
- Port: 443(HTTPS)
- Action: Allow

3. 룰 3:

- Source IP: 10.0.0.1
- Destination IP: Any
- Protocol: TCP
- Port: 80(HTTP)
- Action: Block

응답

◇ **룰별 상세 설명**

☑ **룰 1**

- Source IP: Any(모든 외부/내부 IP 허용)
- Destination IP: 192.168.1.10(내부 서버 또는 특정 호스트)
- Protocol: TCP
- Port: 80(HTTP 서비스)
- Action: Allow(허용)

➡ **의미:** 외부 모든 IP가 내부 서버 192.168.1.10의 HTTP(웹) 서비스에 접속 가능함

→ **보안 영향**: 웹 서버 공개용이라면 정상이나, 모든 Source를 허용하기 때문에 공격 표적이 될 가능성이 큼. ACL(GeoIP 제한, WAF 등) 보완 필요

☑ **룰 2**

- Source IP: Any
- Destination IP: 192.168.1.10
- Protocol: TCP
- Port: 443(HTTPS 서비스)
- Action: Allow

→ **의미**: 외부 모든 IP가 내부 서버 192.168.1.10의 HTTPS(SSL/TLS) 서비스에 접속 가능함

→ **보안 영향**: SSL/TLS 웹 서비스를 위한 일반적인 설정. 하지만 룰 1과 동일하게 "Any Source 허용"으로 보안 리스크 존재. 인증서/암호화 점검 필요

☑ **룰 3**

- Source IP: 10.0.0.1(내부 특정 클라이언트)
- Destination IP: Any
- Protocol: TCP
- Port: 80(HTTP)
- Action: Block

→ **의미**: 내부 특정 호스트 10.0.0.1이 외부/내부 어떤 대상에든 HTTP 통신(80포트)을 못 하도록 차단

→ **보안 영향**: 내부 클라이언트에서 불필요한 웹 트래픽을 차단하여 악성코드 다운로드나 비인가 접속을 방지할 수 있음. 프록시 사용을 강제하는 정책일 수 있음

(…생략…)

이렇게 챗GPT는 룰을 분석하고 중복된 설정을 찾아낼 수 있으며, 각 룰의 목적과 의도를 명확히 설명해 줍니다. 이 방식은 방화벽 룰을 빠르게 이해하고 최적화하는 데 큰 도움이 됩니다.

이처럼 네트워크 분야에서 생성형 AI는 단순한 보조 도구가 아니라 분석과 문서화, 문제 해결 속도를 높여 주는 핵심 도구가 되고 있습니다. CLI 출력 분석, 로그 패턴 요약, 구성 변경 비교, 정책 검토, 설계 문서화 등 다양한 영역에서 업무 효율을 극대화해 줍니다.

그러나 AI 활용에는 반드시 결과 검증, 보안 준수, 민감 정보 보호라는 전제가 따라야 합니다. 생성형 AI는 거짓으로 말하거나 임의로 생성한 결과를 보여 줄 수도 있기에 검증이 필요하고, 올바른 활용법과 안전한 가이드라인을 갖춘다면 네트워크 엔지니어의 업무 품질과 속도를 동시에 끌어올리는 든든한 동반자가 될 것입니다.

1.3 SECTION 보안 분야 생성형 AI 업무 효율화 사례

보안 업무는 침해 사고 분석, 위협 인텔리전스 수집, 취약점 평가, 정책 검토, 개인 정보 보호, 사고 대응 훈련까지 모두 포함되며, 이 과정에서 발생하는 데이터와 문서는 방대합니다. 하루에도 보안 이벤트가 수천 건 발생하는데, 그중 상당수는 잘못된 탐지이지만 반드시 확인해야 합니다.

과거에는 이런 과정을 전적으로 사람이 수행했기 때문에 많은 시간과 인력이 필요했습니다. 하지만 생성형 AI의 등장으로 분석 속도와 효율이 크게 향상되고 있습니다. AI는 단순히 데이터를 요약하는 수준을 넘어 이벤트 의미를 해석하고 대응 방향을 제안합니다.

1.3.1 취약점 분석 및 요약

보안 담당자는 매일 수많은 보안 공지, 위협 보고서, 취약점 발표를 확인해야 합니다. AI는 이런 자료를 분석하여 핵심 내용과 영향도를 요약해 줍니다.

프롬프트

Docker 제품 보안 업데이트 권고 2025-08-27

□ 개요
o Docker社는 자사 제품에서 발생하는 취약점을 해결한 보안 업데이트 발표 [1]
o 영향받는 버전을 사용 중인 사용자는 해결 방안에 따라 최신 버전으로 업데이트 권고

□ 설명
o Docker Desktop에서 발생하는 권한 상승 취약점(CVE-2025-9074) [1][2]

□ 영향받는 제품 및 해결 방안

취약점	제품명	영향받는 버전	해결 버전
CVE-2025-9074	Docker Desktop	4.25 이상 ~ 4.44.3 미만	4.44.3

※ 하단의 참고사이트를 확인하여 업데이트 수행 [3]

□ 참고사이트
[1] https://docs.docker.com/security/security-announcements/#docker-desktop-4443-security-update-cve-2025-9074
[2] https://nvd.nist.gov/vuln/detail/CVE-2025-9074
[3] https://docs.docker.com/desktop/release-notes/

□ 문의사항
o 한국인터넷진흥원 사이버민원센터: 국번없이 118

□ 작성: 위협분석단 취약점분석팀

이 파일의 취약점 보안 공지를 요약하고, 우리 조직에 적용될 가능성을 분석해 줘.

응답

해당 보안 공지에 따르면, Docker 제품에서 발생한 보안 취약점(CVE-2025-9074)이 발견되었습니다. 이 취약점은 Docker Desktop에서 발생하며, 영향받는 버전은 4.25 이상부터 4.44.3 미만까지입니다. 문제를 해결하려면 Docker Desktop의 최신 버전인 4.44.3으로 업데이트해야 합니다.
우리 조직에서 Docker Desktop을 사용하고 있는 경우, 해당 버전이 영향을 받는다면 즉시 최신 버전으로 업데이트하는 것이 중요합니다. 보안 취약점이 악용될 경우 시스템에 대한 위협이 커질 수 있으므로 이 업데이트는 보안 강화를 위한 중요한 조치입니다.

적용 가능성 분석:

1. Docker Desktop 사용 여부: 우리 조직에서 Docker Desktop을 사용하는 경우 이 취약점에 노출될 수 있습니다.
2. 버전 확인: Docker Desktop의 버전이 4.25 이상이며 4.44.3 미만이라면 이 취약점에 영향을 받을 수 있으므로 해당 버전인지를 확인해야 합니다.
3. 업데이트 필요성: 영향을 받는 버전이라면 즉시 버전을 4.44.3 이상으로 업데이트해야 합니다.

위 사항을 고려하여 필요한 보안 패치를 적용하는 것이 좋습니다.

CVSS 점수, 영향 범위, 패치 필요 여부, 유사 공격 사례를 함께 제시합니다.

1.3.2 보안 로그 분석 및 이상 탐지

SIEM, EDR, IDS/IPS 등 로그를 AI에 분석시켜 비정상 패턴과 상관관계를 찾을 수 있습니다.

프롬프트

```
2025-09-02 10:01:23 hostname=DESKTOP-1A2B3C eventid=4688 type="process_
creation" level="info" user="DOMAIN\User1" action="create" parent_
process="C:\Windows\System32\cmd.exe" process="C:\Windows\System32\
powershell.exe" command_line="powershell.exe -ep Bypass -f .\script.ps1"
2025-09-02 10:02:45 hostname=SERVER-SQL01 eventid=1000 type="file_
modification" level="alert" user="NT AUTHORITY\SYSTEM" action="modify" file_
path="C:\inetpub\wwwroot\index.asp" file_hash="sha256:a1b2c3d4e5f67890..."
msg="web_shell_modification_detected"
2025-09-02 10:03:10 hostname=DESKTOP-1A2B3C eventid=4624 type="logon_
attempt" level="info" user="DOMAIN\Admin" action="success" logon_
type="Interactive" source_ip="192.168.1.50"
2025-09-02 10:04:05 hostname=LAPTOP-9X8Y7Z eventid=4656 type="registry_
access" level="alert" user="LOCALSERVICE" action="read" registry_key="HKLM\
SYSTEM\CurrentControlSet\Services\LanmanServer" msg="suspicious_registry_
access"
(…중략…)
```

다음 EDR 로그에서 랜섬웨어 의심 행위를 찾아 설명하고, 탐지 기준을 제안해 줘.

응답

🔎 로그 분석(랜섬웨어 관련성 중심)

1. **[10:01:23 ¦ DESKTOP-1A2B3C]**
   - cmd.exe → powershell.exe -ep Bypass -f script.ps1
   - 의심 포인트: PowerShell 실행 정책 우회(-ep Bypass)+외부 스크립트 실행
   - 랜섬웨어 초기 실행/로드 방식으로 자주 사용됨
2. **[10:02:45 ¦ SERVER-SQL01]**
   - index.asp 파일 변조, web_shell_modification_detected
   - 의심 포인트: 직접 랜섬웨어보다는 공격자 후방 도어 설치 가능성
   - 웹셸을 통해 추가 페이로드(랜섬웨어 포함) 투입 위험
3. **[10:03:10 ¦ DESKTOP-1A2B3C]**
   - DOMAIN\Admin 계정 Interactive 로그인 성공, source IP = 내부 IP(192.168.1.50)

- 의심 포인트: 권한 상승 후 lateral movement 가능. 단독으론 랜섬웨어는 아님

4. [10:04:05 ¦ LAPTOP-9X8Y7Z]
- LanmanServer 레지스트리 접근 → suspicious_registry_access
- 의심 포인트: 파일 공유 서비스 관련 레지스트리 접근은 랜섬웨어의 네트워크 전파 준비 가능성

5. [10:05:20 ¦ SERVER-EXCH01]
- 다수 계정 lockout → brute force 시도 탐지
- 의심 포인트: 공격자 내부 이동 전 단계. 랜섬웨어 공격 사전 징후로 자주 관찰됨

6. [10:07:48 ¦ SERVER-DB01]
- credentials.txt 접근, unauthorized_file_access
- 의심 포인트: 크리덴셜 수집 후 lateral movement+대량 암호화 가능성

7. [10:08:15 ¦ SERVER-IIS01]
- payload.exe 실행 시도, 차단됨 → malware_execution_prevented
- 의심 포인트: 차단되었지만 명확한 랜섬웨어 페이로드 실행 시도

8. [10:09:22 ¦ LAPTOP-9X8Y7Z]
- GuestUser 계정 생성, LOCALSERVICE 권한
- 의심 포인트: 권한 없는 사용자 생성은 공격자가 persistence 유지하려는 전형적 행위

9. [10:10:00 ¦ SERVER-AD01]
- Kerberos pre-auth failure
- 의심 포인트: 티켓 요청 실패는 Golden Ticket / Kerberos 공격 전조 가능
- 랜섬웨어 그룹(예: LockBit, BlackCat) 공격 체인의 일부로 자주 활용됨

⬤ 랜섬웨어 의심 행위 요약
- 초기 실행: PowerShell 실행 정책 우회 후 스크립트 실행(10:01:23)
- 확산 준비: 파일 공유 관련 레지스트리 접근(10:04:05), 계정 brute force(10:05:20)
- 권한 획득: Admin 로그인 성공(10:03:10), credentials.txt 접근(10:07:48)
- 페이로드 투입: payload.exe 실행 시도(10:08:15, 차단됨)
- 지속성 확보: GuestUser 계정 비정상 생성(10:09:22)
- AD 공격 징후: Kerberos 요청 실패(10:10:00)

즉, 랜섬웨어 캠페인 전형적인 공격 체인(Initial Access → Execution → Credential Access → Lateral Movement → Persistence → Payload Execution)이 그대로 드러나 있음
(…생략…)

파일 암호화 패턴, 대량 삭제 이벤트, 비정상 원격 접속 등을 식별합니다.

1.3.3 침해 사고 보고서 초안 작성

사고 발생 후 원인 · 영향 · 조치 내역을 포함한 보고서를 작성해야 합니다. AI는 분석 자료를 입력받아 표준 형식의 보고서 초안을 생성합니다.

프롬프트

2025년 9월 20일, 본사의 이메일 서버에서 이상 트래픽이 감지되었으며, 몇몇 사용자의 컴퓨터에 "랜섬웨어 경고 메시지"가 나타났습니다. 초기 보고에 따르면, 이메일 첨부 파일을 통해 악성 코드가 전파되었으며, 이후 내부 파일 시스템이 암호화되었습니다. 공격자는 특정 암호화된 파일에 대해 비트코인으로 금전적 요구를 했습니다.

이 조사 내용을 기반으로 침해 사고 보고서 초안을 작성해 줘.

응답

침해 사고 보고서 초안

1. 사고 개요

2025년 9월 20일, 본사의 이메일 서버에서 이상 트래픽이 감지되었으며, 몇몇 사용자의 컴퓨터에서 "랜섬웨어 경고 메시지"가 나타났습니다. 초기 분석 결과, 이메일 첨부 파일을 통해 악성 코드가 내부 시스템에 침투했으며, 이후 내부 파일 시스템에 대한 암호화 공격이 발생했습니다. 공격자는 특정 암호화된 파일에 대해 비트코인으로 금전적 요구를 했습니다.

2. 사고 발생 시간 및 경과

- 발생 일시: 2025년 9월 20일
- 발생 원인: 이메일 첨부 파일을 통한 악성 코드 유입
- 경과:
    - 이메일 서버에서 이상 트래픽 발생(시간 미상)
    - 몇몇 사용자 컴퓨터에서 "랜섬웨어 경고 메시지" 발생
    - 내부 파일 시스템 암호화
    - 비트코인 금전적 요구

3. 공격 경로 분석

- 이메일 첨부 파일 유포: 악성 코드는 이메일 첨부 파일을 통해 유입되었으며, 이 파일을 열어 본 사용자의 컴퓨터에 감염되었습니다.
- 파일 암호화: 악성 코드가 실행된 후 내부 파일 시스템의 일부 파일을 암호화했으며, 암호화된 파일에 대한 복호화 키를 요구하며 금전적 대가를 요구하는 메시지를 출력했습니다.

- 금전적 요구: 공격자는 암호화된 파일에 대해 비트코인으로 금전적 요구를 했고, 이에 따른 협상은 이루어지지 않았습니다.

4. 영향을 받은 시스템

- 이메일 서버: 악성 코드가 이메일 서버를 통해 유입되었으며, 이메일 서버에서 발생한 이상 트래픽은 이후 공격의 시작점으로 추정됩니다.
- 사용자 컴퓨터: 일부 사용자들의 컴퓨터에 랜섬웨어가 감염되었으며, 해당 시스템에서 암호화된 파일들이 발생했습니다.
- 파일 시스템: 주요 파일들이 암호화되어 업무에 영향을 미쳤습니다.

5. 조치 사항

- 즉각적인 차단: 이메일 서버 및 네트워크의 연결을 차단하여 추가적인 감염을 방지했습니다.
- 시스템 격리: 감염된 시스템을 즉시 격리하여 추가적인 확산을 막고, 감염 범위에 대한 조사를 시작했습니다.
- 보안 업데이트: 이메일 서버 및 사용자 시스템에 대한 보안 패치를 최신 상태로 업데이트했습니다.
- 파일 복구: 백업 데이터를 활용하여 암호화된 파일을 복구하려 시도했으나, 일부 파일 복구에 실패했습니다.
- 전문가 대응: 랜섬웨어 복호화 전문가를 섭외하여 추가적인 분석을 진행하고 있습니다.

6. 향후 대응 계획

- 보안 강화: 향후 이메일 서버 및 내부 네트워크에 대한 보안을 강화하기 위해 이메일 필터링 시스템 및 악성 코드 탐지 시스템을 추가로 설치할 예정입니다.
- 피해 파일 복구: 백업 시스템 및 외부 전문 기관의 복호화 서비스를 통해 피해 파일을 최대한 복구할 계획입니다.
- 사후 조치: 랜섬웨어를 포함한 악성 코드 공격에 대한 방어 훈련을 강화하여 향후 유사 사고를 예방할 것입니다.

7. 결론

이번 랜섬웨어 침해 사고는 이메일 첨부 파일을 통한 악성 코드 유입으로 발생한 것으로 확인되었습니다. 현재까지 피해 범위는 일부 사용자 컴퓨터와 파일 시스템으로 제한되었으며, 복구를 위한 조치가 진행 중입니다. 향후 유사 사고를 방지하기 위해 보안 강화 및 교육을 지속적으로 추진할 예정입니다.

보고자: [작성자 이름]
날짜: 2025년 9월 21일

사건 개요, 조사 결과, 영향 범위, 대응 조치, 재발 방지 대책까지 작성합니다.

1.3.4 보안 정책 검토 및 개선 제안

방화벽, ACL, DLP 정책은 시간이 지나면 불필요하거나 위험한 규칙이 쌓입니다. AI는 정책을 분석하여 제거할 규칙과 보안을 강화하는 추가 규칙을 제안합니다.

프롬프트

Rule 1: from L3-Trust to L3-Untrust; source 192.168.1.0/24; destination any; service http, https; action allow;
Rule 2: from L3-Untrust to L3-DMZ; source any; destination 10.1.1.100; service ssh; action deny;
Rule 3: from L3-Trust to L3-DMZ; source 192.168.1.50; destination 10.1.2.100; service ms-sql-db; action allow;

다음 방화벽 정책을 분석해서 보안 강화를 위해 변경할 부분을 제안해 줘.

응답

주어진 방화벽 정책을 분석하고 보안 강화를 위한 제안을 드리겠습니다.

현재 방화벽 정책 분석

1. **Rule 1**: from L3-Trust to L3-Untrust; source 192.168.1.0/24; destination any; service http, https; action allow;
   - 설명: L3-Trust(내부 네트워크)에서 L3-Untrust(인터넷)로 HTTP와 HTTPS 서비스를 허용하는 규칙입니다.
   - 문제점: HTTP와 HTTPS 서비스가 모두 열려 있어 내부 네트워크에서 외부로의 접근에 대한 제어가 부족할 수 있습니다. HTTP는 암호화되지 않으므로 취약할 수 있습니다.
2. **Rule 2**: from L3-Untrust to L3-DMZ; source any; destination 10.1.1.100; service ssh; action deny;
   - 설명: L3-Untrust에서 L3-DMZ로의 SSH 접속을 차단하는 규칙입니다.
   - 문제점: SSH 포트를 차단하지만, 그 외의 다른 공격 벡터(예: HTTP, HTTPS 등)에 대해서는 별도의 제한이 없습니다.
3. **Rule 3**: from L3-Trust to L3-DMZ; source 192.168.1.50; destination 10.1.2.100; service ms-sql-db; action allow;
   - 설명: L3-Trust 네트워크의 192.168.1.50에서 L3-DMZ의 10.1.2.100에 있는 MS SQL 데이터베이스 서버로의 접근을 허용하는 규칙입니다.

- 문제점: 특정 서버에 대해 MS SQL DB 포트를 개방하고 있어 잠재적으로 내부망에서 해당 DB로의 공격을 받을 위험이 있습니다.

보안 강화를 위한 제안

1. Rule 1 개선(HTTP, HTTPS 서비스 제어):

- 제안: HTTP는 암호화되지 않기 때문에 HTTP 대신 HTTPS만 허용하도록 제한하는 것이 좋습니다. 또한 가능한 출발지 IP나 포트를 제한하여 필요한 서비스만 허용하는 것이 중요합니다.
  from L3-Trust to L3-Untrust; source 192.168.1.0/24; destination any; service https; action allow;
- 또한 출발지 IP를 제한하거나 DNS나 웹 필터링을 통해 잠재적인 위험을 차단할 수 있습니다.

2. Rule 2 개선(SSH 차단 강화):

- 제안: L3-Untrust에서 L3-DMZ로 SSH 접속을 차단한 것은 좋지만, 다른 포트들도 추가적으로 차단해야 할 수 있습니다. 특히 DMZ의 서버가 외부와 연결되어 있기 때문에 추가적인 포트 제한을 고려해야 합니다.
- 제안 규칙:
  from L3-Untrust to L3-DMZ; source any; destination 10.1.1.100; service ssh; action deny;
  from L3-Untrust to L3-DMZ; source any; destination 10.1.1.100; service any; action deny;
- service any 규칙을 추가하여 모든 서비스를 차단할 수 있습니다.

3. Rule 3 개선(MS SQL DB 접근 제한):

- 제안: 특정 IP(192.168.1.50)만 DB에 접근할 수 있도록 허용하는 것은 좋지만, MS SQL 포트에 대한 접근을 더욱 강화해야 합니다. 예를 들어 **출발지 포트**를 제한하거나 **ACL(Access Control List)**을 통해 더 강력한 제어를 할 수 있습니다.
  from L3-Trust to L3-DMZ; source 192.168.1.50; destination 10.1.2.100; service ms-sql-db; action allow;
- 가능하다면 MS SQL이 사용되는 포트(1433, 1434 등) 외에 다른 포트를 사용하거나 VPN을 통한 암호화된 접근 방식을 고려할 수 있습니다.

4. 로그 및 모니터링 강화:

- 제안: 방화벽 정책에 대해 로그 기록을 강화하여 보안 침해 시 조기 대응할 수 있도록 해야 합니다. 예를 들어 특정 서비스나 IP에 대한 접근이 의심될 경우 경고나 알림을 설정할 수 있습니다.

(…생략…)

1.3.5 취약점 스캐닝 결과 해석 및 우선순위 지정

취약점 스캔 결과는 수십~수백 건에 달합니다. AI는 이를 분석하여 영향도와 위험도 기준으로 패치 우선순위를 지정합니다.

프롬프트

Summary

Flan Scan ran a network vulnerability scan with the following Nmap command on Fri Nov 8 21:40:03 2019UTC.

```
nmap -sV -oX /shared/xml\_files/2019.11.08-21.40/192.168.56.102.xml -oN - -v1 --script=vulners/
    vulners.nse
```

To find out what IPs were scanned see the end of this report.

Services with Vulnerabilities

1 OpenSSH 4.7p1 Debian 8ubuntu1 (cpe:/a:openbsd:openssh:4.7p1) (cpe:/o:linux:linux_kernel)

CVE-2010-4478 High (7.5)

Summary:OpenSSH 5.6 and earlier, when J-PAKE is enabled, does not properly validate the public parameters in the J-PAKE protocol, which allows remote attackers to bypass the need for knowledge of the shared secret, and successfully authenticate, by sending crafted values in each round of the protocol, a related issue to CVE-2010-4252.

CVE-2017-15906 Medium (5.0)

Summary:The process_open function in sftp-server.c in OpenSSH before 7.6 does not properly prevent write operations in readonly mode, which allows attackers to create zero-length files.

다음 취약점 스캔 결과에서 긴급 조치 항목을 우선순위대로 나열하고 이유를 설명해 줘.

응답

다음은 취약점 스캔 결과에 대한 우선순위와 설명입니다.

1. **CVE-2010-4478(위험도: 높음 7.5):**
   - 설명: 이 취약점은 OpenSSH 5.6 이하 버전에서 발생합니다. J-PAKE(키 교환 프로토콜)가 활성화된 경우 공개 파라미터를 적절하게 검증하지 않아 원격 공격자가 공유된 비밀 키를 알 필요 없이 인증을 우회할 수 있습니다. 공격자는 이를 이용하여 인증에 성공할 수 있습니다.
   - 우선순위: 이 취약점은 높은 위험도를 가지며, 시스템에 무단으로 접근할 수 있는 심각한 문제입니다. 공격자가 이 취약점을 악용하면 적절한 인증 없이 시스템에 접근할 수 있습니다.
2. **CVE-2017-15906(위험도: 중간 5.0):**
   - 설명: OpenSSH 7.6 이전 버전에서 발생하는 취약점으로, sftp-server 함수가 읽기 전용 모드에서 파일 쓰기 작업을 막지 않아서 공격자가 제로 길이의 파일을 생성할 수 있게 됩니다.

- 우선순위: 이 취약점은 중간 위험도로, 파일에 대한 원하지 않는 작업을 발생시킬 수 있지만 첫 번째 취약점보다는 영향이 적습니다. 공격자는 이를 악용하여 서비스 거부(DoS) 또는 다른 악의적인 작업을 할 수 있습니다.

권장 사항:

- CVE-2010-4478은 최우선적으로 해결해야 합니다. 이는 무단 접근을 허용할 수 있기 때문입니다.
- CVE-2017-15906은 그다음으로 해결해야 합니다. 이 취약점은 파일 조작을 허용하지만 첫 번째 취약점보다 위험도가 낮습니다.

즉, OpenSSH의 최신 버전으로 패치하거나 업그레이드하여 두 가지 취약점을 해결하는 것이 중요합니다.

1.3.6 모의 피싱 메일 및 훈련 시나리오 생성

AI는 사회 공학적 공격 훈련을 할 수 있도록 실제와 유사한 피싱 메일, 악성 첨부 파일, 훈련 시나리오를 생성합니다.

프롬프트

직원 교육용 모의 피싱 메일 예시를 다섯 개 만들어 줘.

응답

1. 비밀번호 변경 요청
제목: [회사명] 계정 보안 강화 안내 - 비밀번호 변경이 필요합니다.

안녕하세요, [직원명]님,
최근 계정 보안을 강화하기 위해 [회사명] 시스템의 비밀번호를 업데이트해야 합니다. 귀하의 계정에 대한 비정상적인 로그인 시도가 감지되었으며, 이에 따라 비밀번호를 변경해 주셔야 합니다.
아래 링크를 클릭하여 비밀번호를 변경해 주세요.
[비밀번호 변경 링크]
계정 보호를 위한 필수 절차이므로 가능한 빠른 시간 안에 변경해 주시기 바랍니다.
감사합니다.
[회사명] IT 보안 팀

2. 기한이 임박한 이메일 첨부 파일
제목: [긴급] 2025년 예산 보고서 제출 기한 임박

안녕하세요, [직원명]님,
2025년 예산 보고서를 제출해야 할 기한이 곧 다가오고 있습니다. 제출 기한을 맞추기 위해 아래 첨부된 파일을 확인해 주세요. 제출 기한을 넘길 경우 불이익이 있을 수 있습니다.
첨부 파일: [예산 보고서 파일]
제출 기한: [날짜]
파일을 확인하고 빠르게 보고서를 제출해 주세요.
감사합니다.
[회사명] 재무 팀

3. 메일 시스템 업데이트
제목: [회사명] 이메일 시스템 점검 안내 - 확인 필요

안녕하세요, [직원명]님,
우리 회사 이메일 시스템의 보안을 강화하기 위해 점검이 필요합니다. 점검을 위해 아래 링크를 클릭하여 로그인하시고, 본인 인증을 완료해 주세요.
[이메일 시스템 점검 링크]
본 인증 절차는 반드시 완료하셔야 이메일 서비스가 정상적으로 작동됩니다. 점검 후에는 모든 이메일을 정상적으로 받을 수 있습니다.
감사합니다.
[회사명] IT 지원 팀
(…중략…)

이 예시들은 피싱 공격이 어떻게 다양한 방식으로 이루어지는지 보여 줍니다. 직원들이 이런 이메일을 받을 때, 발신자가 신뢰할 수 있는지 링크나 첨부 파일을 클릭하기 전에 반드시 확인하도록 교육하는 것이 중요합니다.

보안 분야에서 생성형 AI는 위협 분석, 정책 검토, 보고서 작성, 개인 정보 관리까지 광범위하게 활용할 수 있습니다. 특히 개인 정보 관리 업무는 AI의 문서화 · 요약 능력과 위험 분석 기능을 결합하면 효율성이 크게 향상됩니다. 다만 AI 분석 결과를 무조건 신뢰하기보다는 전문가의 검증과 보안 규정 준수가 필수라는 점을 잊지 말아야 합니다.

AI를 올바르게 활용하면 보안 담당자는 반복 업무에서 벗어나 위협 예방과 전략 수립, 개인 정보 보호 강화에 더 많은 시간을 투자할 수 있을 것입니다.

CHAPTER

2

챗GPT의 원리와 한계

오늘날 네트워크·보안 엔지니어는 방대한 로그와 위협 정보를 빠르게 분석해야만 합니다. 이때 챗GPT 같은 생성형 AI는 업무를 돕는 강력한 도구가 될 수 있습니다. 단순히 결과만 받아들이는 것은 위험하며 AI가 어떤 원리로 답변을 만들어 내는지, 어디까지 신뢰할 수 있는지 아는 것이 무엇보다 중요합니다. 따라서 챗GPT의 작동 방식과 함께 반드시 고려해야 할 한계를 살펴보고, 이를 업무에 현명하게 적용하는 태도가 필요합니다.

2.1 SECTION 챗GPT의 작동 방식

생성형 AI는 단순히 데이터베이스를 검색하거나 기존 정보를 나열하는 기술이 아닙니다. 스스로 언어를 '창조해 내는' 인공지능입니다. 특히 챗GPT는 인간처럼 자연스러운 언어로 질문에 응답하며, 네트워크나 보안 분야에서는 정책 설명, 로그 해석, 설정 리뷰 등 다양한 업무를 자동화하거나 보조할 수 있습니다.

2.1.1 챗GPT란

GPT는 Generative Pre-trained Transformer의 약어입니다. OpenAI가 개발한 언어 생성 모델이며, 문장과 단어 수십억 개를 사전 학습하여 텍스트를 자동 생성합니다.

챗GPT는 다음 세 가지 기술을 기반으로 작동합니다.

1. 확률 기반 예측(next token prediction)
2. **외부 지식 결합**: RAG
3. 강화 학습 기반 미세 조정(RLHF)

1. 확률 기반 예측: 다음 단어를 예측한다

챗GPT는 주어진 문장에서 다음에 올 단어를 확률적으로 예측하여 문장을 생성합니다. 간단히 예를 들어 봅시다. 사용자가 "TLS 설정 방법은"이라고 입력했다고 합시다. 그러면 챗GPT는 다음 과정을 거쳐 이후 단어를 예측하며, 그 결과 "OpenSSL을 이용한 인증서 생성과 키 설정이 필요합니다."라는 답변을 생성합니다.

▼ **표 2-1** 확률 기반 예측 흐름

위치	단어 후보	예측 확률(%)	선택 여부
1번째 단어	OpenSSL Apache Nginx 기타	**45%** 25% 20% 10%	선택
2번째 단어	을 에서 관련한	**70%** 20% 10%	선택
3번째 단어	이용한 사용한 적용한	**60%** 30% 10%	선택
4번째 이후	인증서 생성과 키 설정이 필요합니다.	누적 확률 높음	최종 응답

이런 방식 때문에 챗GPT는 사실을 인용하기보다는 그럴듯한 말을 지어내는 경향이 있습니다. 이를 환각(hallucination) 현상이라고 하며, 이 문제를 보완하려고 RAG가 등장했습니다.

2. RAG: 최신 정보 검색으로 보완하기

RAG(Retrieval–Augmented Generation)는 챗GPT가 자신의 지식 외부에서 정보를 찾아와 대답을 보완하는 방식입니다.

▼ **그림 2-1** RAG 구성도

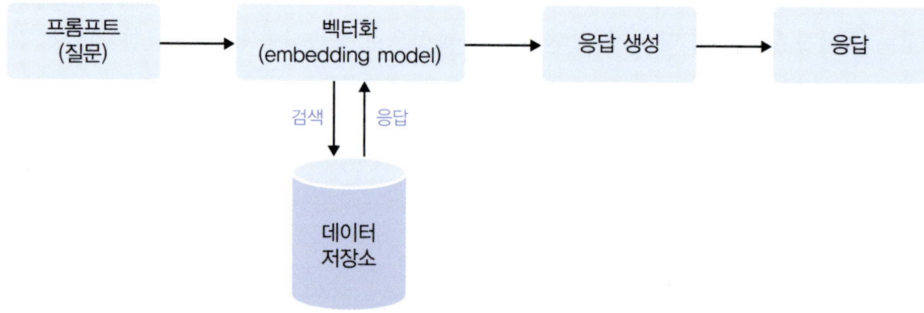

예를 들어 사용자가 "KISA에서 발표한 2025년 상반기 보안 위협은?"이라고 질문했다고 할 때 챗GPT 단독으로 답하는 경우와 RAG가 함께 적용된 경우는 차이가 있습니다.

1. **챗GPT 단독 응답**: "그런 문서가 있을 수 있습니다."(환각 발생 가능)
2. **챗GPT+RAG 응답**: 실제 KISA 문서를 검색하여 요약한 후 응답(환각 최소화)

3. RLHF: 강화 학습 기반 미세 조정

챗GPT는 처음에는 단순히 단어 예측만 잘했습니다. 하지만 그 답변은 종종 사람이 보기에는 어색하거나 의미가 잘 맞지 않는 경우가 많았죠. 이런 한계를 보완하려고 도입한 방식이 바로 RLHF(Reinforcement Learning from Human Feedback)입니다.

RLHF 방식은 다음처럼 동작합니다.

- **AI가 여러 응답을 생성**: 같은 질문에서 모델이 다양하게 답변을 생성합니다.
- **사람 평가자가 가장 좋은 답변을 고름**: 사람이 직접 여러 응답을 비교하여 어떤 답변이 더 적절한지 순위를 매깁니다.
- **모델이 그 선택을 학습**: 인간이 선택한 답변을 기준으로 '좋은 답변'일수록 높은 점수를 주는 보상 모델을 훈련하고, 그 모델을 활용하여 강화 학습 등으로 모델을 조정합니다.

결과적으로 더 친절하고 인간과 자연스럽게 대화하는 모델로 진화했습니다.

▼ 그림 2-2 RLHF 구성도

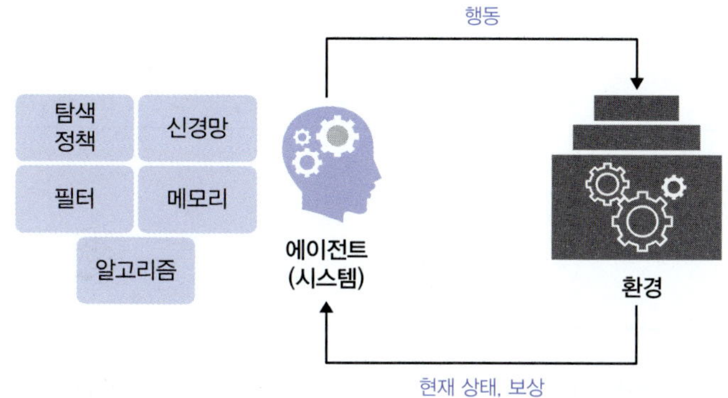

이런 기술과 함께 챗GPT 기술은 발전했고 현재 GPT-5까지 나와 있습니다.

▼ 표 2-2 챗GPT 버전별 주요 특징

버전	출시 연도	파라미터 수	주요 특징	주요 개선점
GPT-1	2018	약 1.17억	최초의 Transformer 기반 언어 모델(논문 Improving Language Understanding by Generative Pre-training)	소규모 데이터셋으로도 사전 학습+미세 조정(fine-tuning) 접근 가능성 제시
GPT-2	2019	1.5~15억(최대)	대규모 데이터셋(40GB 웹 텍스트) 기반, 문장 단위가 아닌 연속 텍스트 생성 가능	긴 문맥 유지력 향상, '사실상 사람 같은 문장' 생성으로 주목(하지만 오용 위험으로 초반 모델 공개 제한)
GPT-3	2020	1,750억	퓨샷(few-shot)/제로샷(zero-shot) 학습 능력 부각 → 추가 학습 없이도 다양한 태스크 수행	모델 크기 확대로 언어 이해 · 생성 품질 향상, 대화형 AI 서비스(OpenAI API)로 확산
GPT-3.5	2022	약 355억(추정)~수천 억	챗GPT 서비스 기반 모델(대화 특화)	대화 품질 최적화(instruct GPT), 안정적 응답, 추론 능력 개선
GPT-4	2023	수천 억(비공개)	멀티모달(텍스트+이미지 입력), 더 긴 문맥 처리(최대 32k 토큰)	사실성 향상, 환각 감소, 안전성 강화

계속

버전	출시 연도	파라미터 수	주요 특징	주요 개선점
GPT-4 Turbo	2023	(공개 X)	GPT-4 변형, 더 빠르고 저렴하며 긴 문맥(최대 128k 토큰) 지원	응답 속도 향상 및 가격 절감, 상용화 최적화
GPT-5	2025	(미공개)	추론 및 복잡한 작업 자동화 능력 대폭 강화, 멀티모달 고도화	영상(멀티모달) 기능, 복합 추론, 대규모 장기 기억 등 강화

2.2 SECTION 챗GPT의 한계

챗GPT는 네트워크 보안 업무에서 큰 도움을 줄 수 있는 도구입니다. 그러나 모든 기술에는 한계가 있으며, 챗GPT 역시 예외는 아닙니다. 특히 생성형 AI의 작동 방식상 사실을 기반으로 하지 않는 생성 결과가 나올 수 있고, 정보 보안 측면에서 위험도 있습니다.

이 절에서는 생성형 AI가 가진 주요 한계를 살펴보고, 이를 어떻게 인식하고 대응하며 활용해야 하는지 설명합니다.

2.2.1 환각 현상

환각은 앞서 이야기했듯이 챗GPT 같은 생성형 AI가 사실이 아닌 정보를 마치 사실인 것처럼 만들어 내는 현상입니다. 챗GPT는 기존 정보를 그대로 가져오는 방식이 아니라 '그럴듯한 단어 조합'을 예측하여 문장을 생성하는데, 이 과정에서 챗GPT는 실제로는 없는 명령어나 RFC 번호, 설정 값 등을 만들어 낼 수 있습니다. 간단한 예를 하나 보겠습니다.

프롬프트

```
FortiGate에서 TLS 1.3을 비활성화하는 명령어는?
```

응답

```
set ssl disable-tls13
```

set ssl disable-tls13이라고 응답했지만 실제 명령어는 다르며, 챗GPT가 알려 준 명령어는 없을 수도 있습니다.

이것을 보안 장비 설정에 직접 활용한다면 시스템 오작동, 서비스 차단, 취약점 노출 등 심각한 문제로 이어질 수 있습니다. 따라서 챗GPT의 응답은 항상 검증된 문서나 장비 매뉴얼과 대조해야 합니다.

2.2.2 학습 데이터 기반의 한계

챗GPT는 사전 학습(pre-training)된 모델입니다. 즉, 고정된 시점 이전 데이터만 학습한 후 응답을 생성합니다. 예를 들어 2023년 말까지 데이터로 학습된 모델이라면 2024년 이후의 보안 이슈나 최신 취약점 정보는 알지 못합니다.

- **GPT-4 기준**: 2023년 4월 또는 2023년 12월 학습 데이터가 기준(모델에 따라 다름)
- GPT-4o는 일부 실시간 검색 가능하나, 정확도는 제한적

2.2.3 실시간 데이터 처리의 어려움

GPT-5가 출시되었는데도 출시 예정이라고 답변하는 것처럼 고정된 시점까지 있던 데이터만 학습하므로 실시간 데이터 처리에 어려움이 있습니다.

- 최신 CVE 정보가 누락될 수 있음
- 방화벽 또는 운영체제의 최신 명령 구문은 반영 안 됨
- 최신 보안 정책(예 개인정보보호법 개정안 등) 적용 불가

이에 대응하려면 다음 전략을 취하는 것이 좋습니다.

- 최신 정보는 RAG 기반 챗봇이나 전용 Threat Intelligence 플랫폼과 연동하여 사용
- 챗GPT의 응답과 KISA, NIST, CISA 공식 문서 비교 필요

2.2.4 맥락 유지의 한계

챗GPT는 한 번의 대화에서 일정 길이 이상의 정보가 주어지면 이전 내용을 잊어버리는 한계가 있습니다. 예를 들어 긴 설정 파일이나 로그 데이터를 한꺼번에 입력하면 앞부분을 무시하거나 오해할 수 있습니다.

- **사용자 질문**: "이 방화벽 설정 전체를 해석해 줘."(1,000줄 이상)
- **챗GPT 답변**: "설정이 중복됩니다."라고 말하거나 일부만 해석하고 나머지는 생략합니다.

이는 챗GPT의 맥락 처리를 '토큰(token)'이라는 단위로 하기 때문입니다. GPT-3.5는 약 4,000토큰, GPT-4는 3만 2,000토큰, GPT-5는 수십만 토큰까지 처리 가능하지만 긴 파일은 나누어 순차적으로 처리하는 전략이 필요합니다.

- 설정 파일을 논리 단위로 분할하여 입력
- 요약 → 질문 → 검토 단계를 나누어서 활용

2.2.5 같은 질문, 다른 답변

챗GPT는 같은 질문을 입력해도 매번 다른 답변을 생성할 수 있습니다. 이는 생성형 AI의 특성 때문입니다. 확률 기반 예측 모델이기 때문에 동일한 입력이라도 답변이 유사하지만 항상 똑같지는 않습니다. 따라서 문서화 업무, 정책 요약, 보안 규정 해석 등 일관성이 중요한 업무에 혼선을 줄 수 있습니다.

예를 들어 다음처럼 질의했다고 합시다.

- **사용자 질문**: "TLS 1.3과 TLS 1.2의 주요 차이점은?"

1. 챗GPT 응답 1: 암호 스위트 제거 중심으로 설명
2. 챗GPT 응답 2: 핸드셰이크 과정 단순화 중심으로 설명

이에 대응하려면 다음 전략을 취하는 것이 좋습니다.

- 중요한 프롬프트는 템플릿으로 저장하고 반복 활용
- 응답의 버전 관리, 로그 저장 체계 구축

2.2.6 보안 정보 유출 가능성

챗GPT는 클라우드 기반 모델입니다. 사용자가 입력한 내용은 암호화되어 전송되며, 일부 기업용 제품을 제외하면 입력 정보는 서버에 기록될 수 있습니다. 따라서 내부 시스템 정보, 로그인 정보, IP 구조, 설정 내용 등은 챗GPT에 입력하면 안 됩니다.

예를 들어 다음처럼 사용하면 안 됩니다.

프롬프트

```
우리 사내 방화벽 구성인데, 문제 있나 봐. 확인해 줘.
iptables -A INPUT -p tcp --dport 22 -j ACCEPT
```

이에 대응하려면 다음 전략을 취하는 것이 좋습니다.

- 민감한 정보는 익명화(마스킹) 처리 후 활용
- 사내 GPT 또는 자체 호스팅 가능한 챗GPT API 활용 고려
- 보안 민감 부서는 챗GPT 접근 정책 마련 필요

2.2.7 도덕적·법적 책임의 회피

챗GPT는 잘못된 정보, 편향된 발언, 차별적 표현을 생성할 수 있습니다. 또 생성된 문장을 어떤 데이터를 기반으로 만들었는지 알 수 없기 때문에 저작권 문제도 발생할 수 있습니다. 보안 분야에서는 챗GPT가 만든 설정이나 분석 결과로 보안 사고가 발생하더라도 챗GPT는 책임을 지지 않습니다. 즉, 책임은 어디까지나 사용자인 사람에게 있습니다.

따라서 업무에 활용할 때는 다음 기본 원칙을 따르면 좋습니다.

- 챗GPT 결과는 참고 자료이지 최종 판단 기준이 아닙니다.
- 검증 가능한 데이터와 함께 사용해야 합니다.
- 보안 설정, 코드, 스크립트는 반드시 수동 테스트 또는 시뮬레이션을 해서 확인해야 합니다.

챗GPT는 매우 유용한 도구이지만, 그 한계를 이해하지 못한 채 사용하면 오히려 업무 리스크를 키우는 일이 될 수 있습니다. 하지만 기술 한계를 인지하고 적절한 검증과 절차를 더한다면, 챗GPT는 보안 엔지니어의 업무 효율을 극대화하는 강력한 도구가 될 수 있다는 점을 강조하고 싶습니다.

CHAPTER

3

실무에 생성형 AI가 유용한 이유

생성형 AI의 성능이 지속적으로 향상되면서 네트워크 보안 업무 전반에서 그 활용도는 점점 높아지고 있습니다. 단순히 장비 스펙 확인부터 복잡한 업무 자동화까지 다양한 영역에 적용 가능하며, 실제 보안 실무에서도 활용 가치는 더욱 커졌습니다. 이 장에서는 실무 관점에서 생성형 AI를 반드시 활용해야 하는 이유를 살펴보고자 합니다.

3.1 SECTION 모든 것을 알려 주는 지식 백과

방대한 업무 현장에서 네트워크와 보안 분야의 지식은 끝이 없습니다. 수많은 장비 모델과 운영체제, 펌웨어 버전별 차이, 수시로 발표되는 취약점과 패치, 각종 보안 정책과 규정까지 모든 내용을 머릿속에 저장하는 것은 사실상 불가능합니다. 경험 많은 전문가조차 모든 기술 세부 사항을 외울 수 없기 때문에 결국 우리는 검색에 의존합니다.

과거에는 이 검색을 주로 구글, 네이버, 기술 포럼, 제조사 기술 지원 웹 사이트에서 했습니다. 하지만 이 방식은 시간이 많이 걸리고, 결과 품질이 들쭉날쭉하며, 필요한 내용만 빠르게 정리하기 어렵다는 한계가 있었습니다.

이제 생성형 AI의 등장으로 이런 정보 검색 방식이 완전히 달라졌습니다. 챗GPT 같은 AI는 방대한 데이터와 학습된 지식을 바탕으로 마치 전문가가 곁에서 바로 대답해 주는 '지식 백과' 역할을 합니다. 장비 명령어의 의미, 취약점 분석, 구성 최적화 방법 등 다양한 질문에 즉시 답변할 수 있으며, 그 과정에서 불필요한 노이즈 정보는 걸러 내고 핵심만 전달합니다.

AI가 제공하는 '즉시 응답'의 힘

기존 검색 기반 접근 방식은 다음 단계를 거칩니다.

1. 키워드 작성
2. 검색 결과 목록 확인
3. 링크 클릭 후 내용 검토
4. 여러 페이지에서 얻은 정보를 종합
5. 필요한 형태로 재정리

이 과정은 한 번에 5~10분, 복잡한 경우 수십 분 이상이 소요됩니다.

반면 AI는 질문을 한 번만 입력하면 이 모든 과정을 몇 초 안에 완료합니다. 예를 들어 "Cisco Catalyst 9500 스위치에서 특정 포트의 플랩 현상을 진단하는 명령어와 절차를 알려 줘."라고 입력하면 명령어 목록과 함께 각 명령의 용도, 예상 결과, 후속 조치까지 정리해서 제시합니다. 이는 단순히 '검색 속도가 빠르다'는 수준을 넘어 문제 해결까지 걸리는 전체 시간을 단축한다는 의미입니다.

최신 정보까지 검색하는 RAG 활용

AI의 학습 데이터는 일정 시점까지만 반영된다는 한계가 있습니다. 예를 들어 챗GPT가 2024년까지만 학습한 모델이라면 2025년에 발표된 새로운 취약점 정보는 바로 알 수 없습니다. 이때 RAG(Retrieval-Augmented Generation) 기술을 활용하면 AI가 실시간으로 외부 데이터베이스나 웹에서 최신 정보를 검색한 후 이를 기존 언어 모델 지식과 결합하여 답변할 수 있습니다. 이렇게 해 두면 "CVE-2025-29866의 상세 내용과 해결 방안을 알려 줘." 같은 요청에 AI는 최신 KR-CERT 공지나 제조사 보안 권고문을 참고하여 응답을 생성합니다.

또 사용자는 '이 답변이 어떤 자료를 참고했는지' 요청할 수 있어 신뢰성과 검증 가능성을 높일 수 있습니다.

네트워크·보안 분야에서 AI 지식 백과 활용 예시

네트워크 · 보안 분야에서는 AI 지식 백과를 다음처럼 다양하게 활용할 수 있습니다.

1. **장비 명령어 설명 및 사용 예시 제공**

   예 "Juniper SRX 방화벽에서 세션 테이블을 확인하는 명령어와 해석 방법 알려 줘."

2. **취약점 영향도 분석**

   예 "CVE-2024-6381 취약점이 우리 DMZ 서버에 미치는 영향 평가해 줘."

3. **설정 가이드 및 모범 사례 제공**

   예 "Cisco ASA에서 AnyConnect VPN을 안전하게 설정하는 방법 정리해 줘."

4. **로그 분석 및 원인 추론**

   예 "다음 방화벽 로그를 분석하여 의심되는 공격 유형과 대응 방안을 알려 줘."

5. **보안 규정·표준 해석**

   예 "ISO 27001의 자산 관리 항목을 네트워크 보안 관점에서 해석해 줘."

지식 백과처럼 생성형 AI를 사용할 때 한계와 대응

물론 생성형 AI가 모든 것을 안다고 생각하면 위험합니다.

- 잘못된 정보를 사실처럼 제시하는 환각(hallucination)
- 참고 데이터 출처의 불명확성
- 민감한 정보를 입력했을 때 발생할 수 있는 보안 위험

이런 위험을 줄이려면 다음 대응이 필요합니다.

1. AI 답변은 반드시 신뢰할 수 있는 문서나 데이터로 검증
2. 민감 정보나 내부 자료는 직접 입력하지 않고 익명화 · 비식별화 처리
3. RAG 등 최신 데이터 결합 방식을 활용하여 정보의 정확도 유지

생성형 AI로 질문하고 → 문서나 검색으로 검증하는 형태로 생성형 AI를 활용하는 것을 추천합니다.

3.2 SECTION 반복 업무 자동화 보조

네트워크 · 보안 엔지니어의 하루를 들여다보면 생각보다 많은 시간을 반복 업무에 사용하고 있는 것을 알 수 있습니다.

장비 설정(config) 수집, 방화벽 · 침입 탐지 시스템(IDS/IPS) 로그 분석, 보안 리포트 작성, 정책 변경 내역 정리, 주기적인 점검 보고서 작성 등 업무는 거의 매일 혹은 매월 반복합니다. 이런 업무는 중요하지만, 창의적인 문제 해결이나 전략적 기획과는 거리가 멉니다.

반복 업무가 많은 환경에서는 작업 효율이 떨어지고, 담당자의 피로도와 실수 가능성이 높아집니다. 특히 네트워크 보안 분야는 정확성과 일관성이 요구되기 때문에 단순 반복 작업에서 발생하는 작은 실수도 심각한 보안 문제로 이어질 수 있습니다.

이런 맥락에서 챗GPT 같은 생성형 AI는 반복 업무를 줄여 주고 좀 더 가치 있는 업무에 시간을 쓸 수 있도록 돕는 강력한 보조 도구입니다.

반복 업무의 특징과 문제점

반복 업무는 다음 특징이 있습니다.

1. **형식이 정해져 있다**: 예를 들어 월간 보안 보고서, 취약점 점검 보고서 등은 일정한 구조와 항목을 갖춥니다.
2. **내용이 비슷하다**: 로그 분석이나 정책 변경 보고서의 70~80%는 이전 내용과 유사하며, 일부만 변경됩니다.
3. **데이터양이 많다**: 방대한 로그, 다수 장비의 설정 파일, 긴 보안 정책 문서 등이 포함됩니다.
4. **시간 소모가 크다**: 단순 반복이지만 사람이 수작업으로 처리하면 하루 또는 며칠이 걸릴 수 있습니다.

문제는 이런 업무가 시간을 잡아먹지만, 가치는 낮다는 점입니다. 업무 시간의 상당 부분이 단순 보고서 작성이나 로그 정리에 묶이면 침해 사고 대응이나 보안 아키텍처 개선 같은 고부가 가치 업무에 쓸 시간이 줄어듭니다.

AI를 활용한 반복 업무 자동화 보조의 장점

챗GPT 같은 AI를 반복 업무에 활용하면 다음 이점이 있습니다.

1. **시간 절약**
    - AI는 수분 내에 로그 수백 줄을 분석하여 주요 이벤트만 요약할 수 있습니다.
    - 보고서 초안을 자동 작성하므로 담당자는 검토와 보완만 하면 됩니다.
2. **일관성 유지**
    - 보고서 형식, 표현, 분석 기준을 매번 동일하게 유지할 수 있습니다.
    - 특히 대규모 조직에서 여러 명이 작성하는 문서의 품질 편차를 줄입니다.
3. **피로도 감소**
    - 지루하고 반복적인 업무에서 벗어나 집중력을 더 중요한 업무에 쓸 수 있습니다.
4. **오류 감소**
    - AI는 사전에 설정한 패턴이나 규칙에 따라 데이터를 분석하므로 단순 실수를 줄일 수 있습니다.

AI로 자동화할 수 있는 반복 업무 예시

AI 서비스의 API 등을 활용하여 자동화하고, 다음 반복 업무를 쉽게 처리할 수 있습니다.

1. **Config 수집 및 비교 분석**
    - 각 장비의 설정 파일을 수집하고, 이전 버전과 비교하여 변경 사항을 요약
    - 예시 프롬프트: "다음 두 버전의 방화벽 설정 파일을 비교하여 변경된 룰과 영향 범위를 표로 정리해 줘."

2. **로그 분석 및 이벤트 요약**

   - 방화벽, IDS, WAF 로그에서 주요 이벤트와 이상 패턴을 자동으로 추출
   - 예시 프롬프트: "지난 24시간 동안 발생한 보안 이벤트 로그를 분석하여 공격 유형과 빈도, 발생 시간대를 요약해 줘."

3. **보안 보고서 초안 작성**

   - 주간/월간 보안 동향, 취약점 점검 결과, 대응 현황 보고서를 자동 작성
   - 예시 프롬프트: "다음 취약점 점검 결과를 바탕으로 경영진 보고용 요약 보고서를 작성해 줘."

4. **보안 정책 변경 기록 정리**

   - 방화벽, ACL, VPN 설정 변경 내역을 자동으로 분석하여 문서화
   - 예시 프롬프트: "이 방화벽 정책 변경 로그를 분석하여 변경된 규칙과 추가/삭제 항목을 요약해 줘."

5. **정기 점검 체크 리스트 보고**

   - 네트워크 장비 점검 항목과 결과를 분석하여 보고서 형태로 생성
   - 예시 프롬프트: "다음 네트워크 장비 점검 결과표를 바탕으로 주요 문제와 조치 권고안을 포함한 보고서를 작성해 줘."

반복 업무는 네트워크 · 보안 엔지니어에게 피할 수 없는 부분이지만, 챗GPT 같은 생성형 AI를 활용하면 이 부담을 크게 줄일 수 있습니다. 또 생성형 AI를 활용한 자동화 보조로 시간과 에너지를 절약하면 침해 사고 대응, 보안 아키텍처 개선, 위협 분석 등 더 중요한 업무에 집중할 수 있습니다.

결국 반복 업무의 자동화는 단순 편의가 아니라, 네트워크/보안 팀의 전체 생산성과 조직 업무 수준을 동시에 끌어올리는 전략적 선택입니다.

CHAPTER

4

챗GPT 시작

우리는 다양한 생성형 AI 중에서 가장 널리 활용되는 OpenAI의 챗GPT(ChatGPT)를 중심으로 다루고자 합니다. 챗GPT 계정 생성 방법부터 유료 버전의 필요성, 챗GPT를 대체할 수 있는 다른 생성형 AI 솔루션까지 함께 살펴봅시다.

4.1 SECTION 챗GPT 계정 생성 및 환경 설정

챗GPT를 활용하려면 가장 먼저 계정을 만들고, 작업 환경을 나에게 맞게 설정해야 합니다. 이 절에서는 계정을 생성하는 전 과정을 단계별로 정리하고, 보안 엔지니어 관점에서 필수로 손봐야 하는 환경 설정 옵션을 살펴봅니다.

> 책에서는 **유료 버전(ChatGPT Plus)**을 기준으로 설명합니다. 무료 버전으로도 진행 가능하지만, 챗GPT가 하는 답변의 질이 꽤 다릅니다.

4.1.1 계정 생성하기

챗GPT는 OpenAI 공식 사이트에서 가입하여 사용할 수 있습니다.

1. **공식 사이트 접속**
   - 웹 브라우저에서 https://chatgpt.com으로 이동합니다.

2. **회원가입**
   - 화면 오른쪽 위에 있는 **무료로 회원 가입** 버튼을 누릅니다.
   - 이미 계정이 있다면 **로그인**을 누릅니다.

3. **이메일 또는 소셜 계정 선택**

- 구글(Google) 계정, 마이크로소프트(Microsoft) 계정, 또는 이메일 주소로 가입 가능합니다.

4. **이메일 인증**

- 입력한 이메일로 전송된 인증 링크를 클릭합니다.
- 기업 메일 환경에서는 보안 필터가 링크를 차단할 수 있으므로 필요하다면 보안 팀 화이트 리스트에 추가 요청합니다.

5. **개인 정보 입력**

- 이름과 생년월일을 입력합니다.
- OpenAI는 사용자 연령을 13세 이상으로 제한합니다.

6. **계정 생성 완료**

- 이제 무료 버전(기본 모델)으로 로그인 가능합니다.
- 유료 버전을 사용할 경우 결제 정보를 입력하는 절차가 이어집니다.

계정 생성 후 로그인하면 다음 화면을 볼 수 있습니다.

▼ **그림 4-1** 챗GPT 로그인 후 화면

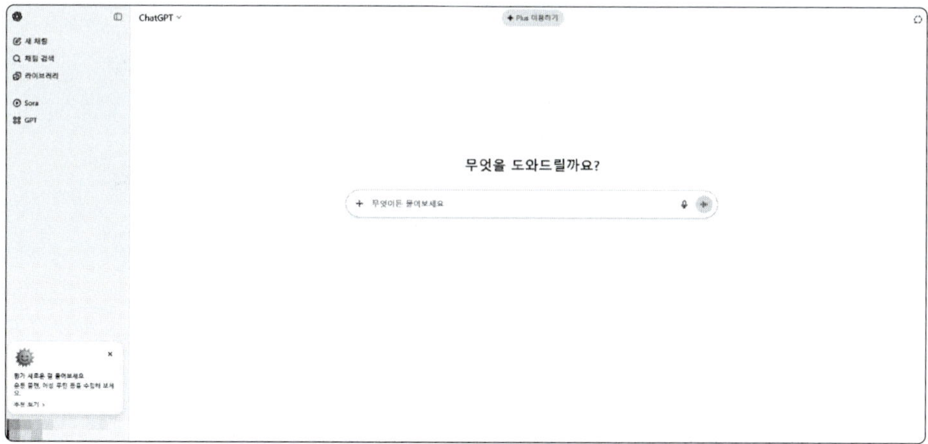

유료 버전(Plus)에는 다음 플랜이 있는데, 처음 사용하는 사용자라면 Plus 플랜을 추천합니다.

▼ **그림 4-2** 챗GPT 유료 플랜: Plus 선택

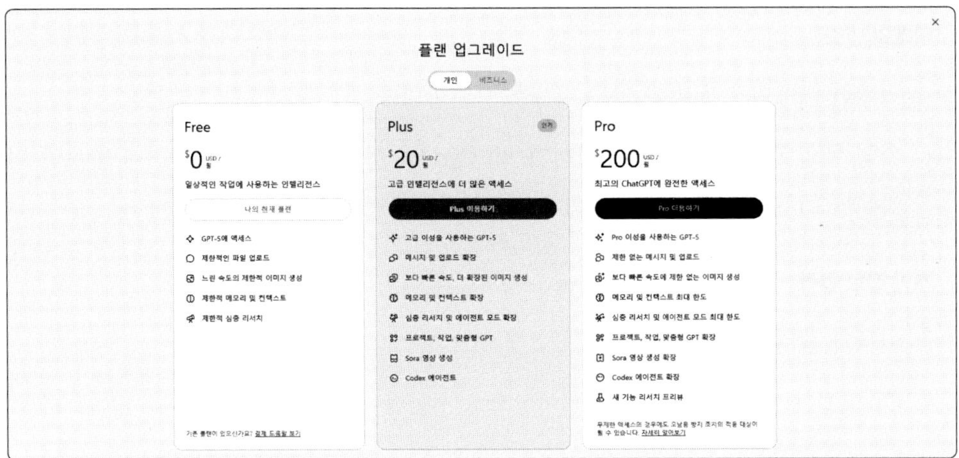

개인 맞춤 설정 기능은 챗GPT가 나와 대화할 때 항상 참고해야 할 기본 정보와 응답 스타일을 사전에 지정하는 기능입니다. 네트워크 보안 엔지니어 입장에서 이 기능을 잘 활용하면 매번 같은 설명을 반복할 필요 없이 처음부터 챗GPT가 내 업무 배경과 목적을 이해한 상태에서 답변을 제공합니다.

1. **맞춤 설정 진입 방법**
    1) 챗GPT 로그인 후 **왼쪽 위의 프로필 아이콘** 클릭
    2) 챗GPT **개인 맞춤 설정** 메뉴 선택

▼ **그림 4-3** 맞춤 설정 화면

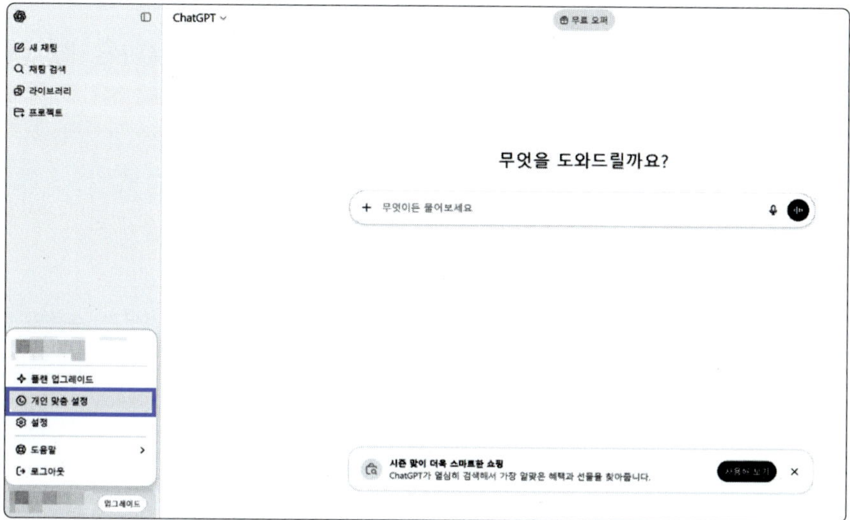

3) 맞춤 설정 입력창 표시

▼ **그림 4-4** 챗GPT 맞춤 설정 입력창

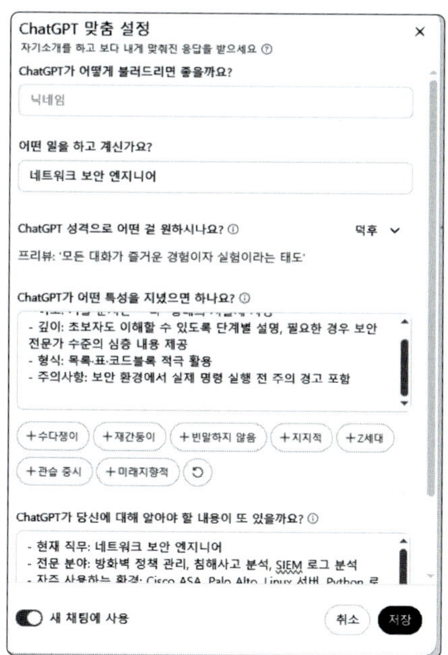

2. 입력 항목 설명

주로 설정하면 좋은 항목은 다음과 같습니다.

- 맞춤형 지침(챗GPT가 어떤 방식으로 응답하길 원하는지 설정)
  - 답변의 어조, 깊이, 형식을 지정합니다.
  - 예시

```
- 어조: 기술 문서는 "~다" 형태의 서술체 사용
- 깊이: 초보자도 이해할 수 있도록 단계별 설명, 필요한 경우 보안 전문가 수준의
  심층 내용 제공
- 형식: 목록·표·코드 블록 적극 활용
- 주의 사항: 보안 환경에서 실제 명령 실행 전 주의 경고 포함
```

- 내 추가 정보
  - 여기에 전문 분야, 현재 역할, 사용하는 기술 환경을 입력합니다.
  - 예시

```
- 현재 직무: 네트워크 보안 엔지니어
- 전문 분야: 방화벽 정책 관리, 침해 사고 분석, SIEM 로그 분석
- 자주 사용하는 환경: Cisco, PaloAlto, Linux 서버, Python 로그 파서
- 업무 목적: 설정 분석, 로그 패턴 식별, 보안 보고서 작성 자동화
```

노트

맞춤 설정 활용 팁

- **프로젝트별 설정**: 특정 프로젝트에서만 쓸 설정은 **대화를 시작할 때 프롬프트로 입력**하고, 상시 설정은 맞춤 설정에 저장합니다.
- **보안 필터링**: 민감 정보(내부 IP, 계정 이름, 키 값 등)는 절대 맞춤 설정에 저장하지 않습니다.
- **업데이트 주기**: 사용하는 장비나 정책이 바뀌면 맞춤 설정 내용을 최신화합니다.
- **다국어 지원**: 해외 팀 및 해외 장비 엔지니어와 협업할 때는 '응답은 한국어/영문 병기' 옵션을 넣어 양쪽에서 활용 가능하게 합니다.

챗GPT 무료 버전 vs 유료 버전

챗GPT를 처음 접하는 사람이 가장 많이 묻는 질문 하나가 바로 "무료 버전과 유료 버전은 무엇이 다른가?"입니다.

유료 버전을 사용하려고 20달러, 한화로 3만 원에 가까운 금액을 지불하기는 쉽지 않습니다. 겉으로는 인터페이스와 사용법이 동일하게 보이지만, 내부적으로는 사용 가능한 모델, 처리 속도, 기능 확장성 등에서 큰 차이가 있습니다.

네트워크 보안 업무에서는 이 차이가 단순 편의 수준을 넘어 분석 품질과 업무 효율성에 직접적으로 영향을 줍니다.

유료 버전(ChatGPT Plus, GPT-5)의 특징

유료 버전은 전문적인 작업부터 깊이 있는 분석까지 가능한 다음 특징이 있습니다.

1. **더 높은 정확성**
   - 단순 대화는 무료도 충분하지만, 전문 지식이나 세밀한 분석은 GPT-4·5 모델이 훨씬 안정적입니다.
   - 예 네트워크 보안, 논문 요약, 투자 시뮬레이션 등
2. **긴 대화와 문맥 유지**
   - 보고서 작성, 장문 에세이, 코드 프로젝트 등 연속성이 필요한 작업에서 무료 버전은 기억 한계가 빨리 옵니다.
   - 유료 버전은 대화 맥락을 훨씬 길게 유지합니다.
3. **파일 업로드 & 데이터 분석 기능**
   - 유료는 PDF, 엑셀, CSV 업로드 후 자동 요약, 분석, 그래프 생성까지 가능 → 연구, 보고서, 과제에 매우 유용합니다.

4. **최신 정보 활용**

- 실시간 웹 검색으로 최신 법규, 주식, 트렌드, 논문을 반영할 수 있습니다.
- 무료 버전은 상대적으로 정적인 지식에 머무릅니다.

5. **창의적·전문적 작업**

- 스크립트 작성, 블로그용 글, PPT 기획, 코드 자동화, 아키텍처/보안 설계 등 전문적인 산출물을 내야 한다면 유료가 훨씬 안정적입니다.

무료 버전과 유료 버전을 비교하면 다음 표와 같습니다.

▼ **표 4-1** 무료 버전과 유료 버전 비교

구분	무료 버전(GPT-4o mini 중심)	유료 버전(ChatGPT Plus, GPT-4o, GPT-5 등)
모델 접근	경량 모델(GPT-4o mini 등) 위주	더 정밀하고 강력한 모델(GPT-4o, GPT-5) 사용 가능
응답 품질	빠르고 가볍지만 복잡한 문제 해결력은 한계가 있음	논리적 추론, 긴 문맥 이해, 전문적 설명에서 훨씬 뛰어남
속도	빠른 응답 속도	상황에 따라 약간 느릴 수 있지만, 더 정확하고 깊이 있는 답변
대화 길이(컨텍스트)	짧은 대화에서는 무난	긴 대화나 대규모 문서를 분석할 때는 안정적 맥락 유지
멀티모달(이미지/음성 등)	기본 이미지 이해 및 간단한 음성 지원	더 정밀한 이미지 분석, 파일 업로드/분석, 고급 데이터 처리 가능
데이터 분석 · 파일 업로드	불가 또는 제한적	PDF, 엑셀, CSV 등 업로드 후 분석 가능(코드 실행, 그래프 생성 등)
추론 능력	단순 질문 · 검색형에 적합	복잡한 문제 해결, 창작, 전문 문서 작성에 강점
실시간 업데이트(web access)	제한적	웹 검색을 이용한 최신 정보 반영 가능
사용 경험	일상적 질문, 간단한 글쓰기	전문가, 학생, 연구자, 업무용에 적합

챗GPT 대체 솔루션

챗GPT는 성능이 좋고 다양한 업무에 활용할 수 있지만 교차 검증이 필요하거나 원하는 결과 값이 나오지 않을 때는 챗GPT 외의 다른 AI 솔루션과 함께 고려하면 좋습니다. 각 AI 모델이 가진 고유한 강점과 특성을 이해하고 업무 목적에 맞추어 활용하는 것이 보안 역량을 극대화하는 핵심 전략이 됩니다.

각 AI 모델은 고유한 아키텍처와 훈련 데이터를 기반으로 특정 기능에 강점이 있습니다. 예를 들어 퍼플렉시티 AI는 연구 및 정보 검색에 특화되어 위협 인텔리전스 수집에 유리하며, 클로드는 대규모 텍스트 처리 및 코딩에 강점을 보여 보안 정책 분석이나 코드 취약점 검토에 기여할 수 있습니다. 그록은 기술적 추론 및 STEM 작업에 강점이 있으며, 커서 AI는 전문 개발자용 코드 편집 및 분석에 특화되어 있습니다. 이런 AI 모델의 '특성화'는 해당 작업의 효율성과 결과의 질을 비약적으로 향상시킵니다.

네트워크 보안 엔지니어의 업무는 위협 분석, 코드 검토, 정책 문서 작성, 실시간 모니터링 등 매우 다양하므로 각 작업의 특성에 맞는 AI를 선택하는 것은 전반적인 생산성과 보안 역량을 강화할 수 있는 핵심 전략이 됩니다. 즉, 하나의 만능 AI보다는 여러 특화된 AI를 필요에 따라 조합하여 사용하는 'AI 포트폴리오' 접근 방식이 최적의 결과를 가져옵니다.

4.3.1 주요 챗GPT 대체 솔루션 분석

챗GPT를 대체할 수 있는 다양한 생성형 AI 중 네트워크 보안 전문가가 고려할 만한 주요 대체 솔루션들은 다음과 같습니다.

구글 제미나이 3

제미나이 모델은 초기 Bard에서 발전하여 현재 제미나이 3.0으로 진화했습니다. 이는 성능과 활용 면에서 상당한 발전을 이룬 구글의 최신 AI 모델입니다. 제미나이 3.0의 가장 큰 특징은 진정한 네이티브 멀티모달 설계입니다. 텍스트, 이미지, 오디오, 짧은 영상 등 다양한 데이터를 통합적으로 이해하고 처리할 수 있어 크로스모달 추론 능력이 뛰어납니다. Deep Think 기반의 강력한 기능으로 장문 및 고난도 문제 해결 능력이 비약적으로 향상되었으며, 확장된 컨텍스트 윈도우로 신뢰성 있는 다단계 추론과 논리적 전개가 가능합니다. 또 에이전틱 기능과 코드 생성 능력이 강화되어 스스로 코딩하고 실행을 검증하는 컴퓨터 유즈 모델 개념을 탑재하고 있습니다. 이런 능력은 전문적인 콘텐츠 생성 및 대규모 문서 분석에 적합합니다.

구글 AI 스튜디오에는 제미나이 3 Pro를 체험할 수 있는 무료 버전이 있습니다. 유료 구독 서비스로는 사용량과 기능이 확장된 구글 AI Pro(월 19.99달러)와 Deep Think 모드 같은 고급 기능이 제공되는 구글 AI Ultra(월 249.99달러)가 있습니다.

데이터 프라이버시 측면에서 기업용 제미나이는 데이터를 모델 학습에 사용하지 않아 높은 보안 수준을 유지합니다. 일반 사용자용 제미나이는 데이터의 기록 보관 및 공유 여부를 직접 설정으로 제어할 수 있습니다.

그록

일론 머스크의 xAI에서 개발한 챗봇인 그록(Grok)은 X(이전 트위터)의 실시간 데이터를 활용하는 것이 가장 큰 특징입니다. 이 모델은 속보 및 연구 업데이트에 강점을 보이며 수학, 과학, 코드 처리를 할 때 더 깔끔하고 빠른 결과를 제공하는 것으로 알려져 있습니다. 그록은 자신의 추론 과정을 단계별로 설명하는 'Think Mode'를 포함하며, 필터링되지 않은 유머러스하고 파괴적인 응답을 생성할 수 있는 특징도 있습니다. 챗GPT보다 자연어 작업에서 15% 더 정확하다고 주장합니다. 그록은 무료 버전과 월 30달러(SuperGrok), 300달러(SuperGrok heavy)의 유료 요금제가 있습니다.

네이버 하이퍼클로바 X

네이버의 생성형 AI인 하이퍼클로바(HyperCLOVA) X는 한국어 및 한국 문화 이해에 독보적인 강점을 보입니다. GPT-4보다 6,500배 더 많은 한국어 데이터로 훈련되어 한국인의 정서와 사회 규범에 맞는 응답을 생성합니다. 한국어 글쓰기 능력이 뛰어나며 한국어, 영어, 일본어, 중국어 등 다국어에 능숙하여 기계 번역 성능이 우수합니다. 또 한국어에 최적화된 토크나이저를 사용하여 다른 영어 중심 LLM보다 최대 2배 빠르고 저렴하게 실행할 수 있습니다. 이미지 및 오디오 데이터를 이해하고 분석하는 멀티모달 기능을 지원하며, 복잡한 질문을 단계별로 분석하고 정확한 추론 결과를 생성하는 'THINK' 모델을 포함합니다. 동영상 콘텐츠의 동적 특성을 이해하고 분석하는 'HyperCLOVA X Video' 기능도 제공합니다.

퍼플렉시티 AI

퍼플렉시티 AI(Perplexity AI)는 '답변 엔진(answer engine)'이라고도 하며, AI 챗봇과 검색 엔진을 융합한 형태입니다. 이 모델은 연구에 최적화되어 있으며 고급 인터넷 검색, 학술 AI, 플랫폼별 연구에 강점을 보입니다. 실시간 웹 검색으로 최신 정보를 제공하고, 모든 답변에 출처를 명확하게 제공하는 것이 가장 큰 특징입니다. 이는 정보의 신뢰성과 검증 가능성을 높입니다. GPT-4o, Claude-3.5, Sonar Large(LLaMA 3.1) 등 주요 AI 모델에 접근할 수 있으며, 사용자 경험이 우수하여 검색 결과에 대화형 요소, 이미지, 비디오 등을 포함하여 풍부한 정보를 제공합니다.

퍼플렉시티 AI는 무료 버전과 월 20달러의 유료 버전(퍼플렉시티 프로)을 제공합니다. 데이터 프라이버시 측면에서 퍼플렉시티 AI는 개인 정보를 제3자와 판매, 거래, 공유하지 않는다고 명시하고 있습니다. 사용자 검색 쿼리 및 피드백 보고서를 AI 학습에 활용할 수 있으나, 설정에서 옵트아웃(opt-out)할 수 있는 기능을 제공합니다. 기업 고객의 데이터는 LLM 훈련에 사용되지 않으며, SOC 2 Type II 인증을 받았고 GDPR 및 HIPAA를 준수합니다. 또 구성 가능한 파일 보존(최대 1일까지 자동 삭제) 및 감사 로그 기능을 제공합니다.

클로드

엔트로픽(Anthropic)의 클로드(Claude)는 윤리적 AI 접근 방식인 '헌법적 AI(constitutional AI)'를 강조하며, 안전하고 편향 없는 응답을 제공합니다. 이 모델은 20만 토큰(약 15만 단어)의 매우 큰 대화 기억 범위를 자랑하며 방대한 데이터셋, 법률 문서, 긴 문서를 분석하는 데 이상적입니다. 자연스럽고 인간적인 글쓰기 스타일을 보여 작가와 분석가에게 인기가 많습니다. 'Artifacts' 기능을 이용하면 실시간 코드 실행 미리보기, 대화형 디버깅 도구 등 개발자를 위한 탁월한 코딩 지원을 제공합니다.

클로드는 월 20달러의 클로드 프로 유료 요금제를 제공하며, API 가격은 모델에 따라 다릅니다. 데이터 프라이버시 측면에서 엔트로픽은 'Claude for Work' 데이터를 모델 훈련에 사용하지 않는다고 명확히 명시합니다. SSO, SCIM 프로비저닝, 역할 기반 접근 제어, 감사 로그, 사용자 지정 데이터 보존 기간 설정 등 엔터프라이즈급 보안 기능을 제공합니다. 개인 데이터는 대화를 삭제하면 30일 이내 백엔드에서도 자동 삭제되며, 사용 정책을 위반하면 최대 2년까지 보존할 수 있습니다.

커서 AI

커서 AI(Cursor AI)는 GPT-5 및 클로드 같은 고급 언어 모델을 통합한 AI 코드 편집기입니다. 코드 편집, 생성, 리팩터링, 코드 베이스 설명에 특화되어 있으며, 깊은 코드 베이스 이해를 기반으로 작동합니다. AI 기반 편집, 코드 베이스 인식 채팅, 인라인 오류 수정, 멀티 모델 지원 등 기능을 제공하며, 개발자가 코드를 2~3배 더 빠르게 작성하고 리팩터링할 수 있도록 돕습니다. Agent 모드를 이용하여 작업을 처음부터 끝까지 완료하고, 코드 베이스를 이해하고 터미널 명령을 실행하며 오류를 자동 수정할 수 있습니다.

@ 심벌을 사용하여 코드 참조, @Web을 사용하여 웹 검색으로 최신 정보 활용이 가능합니다.

커서 AI는 월 20달러부터 시작하는 유료 요금제(프로, 비즈니스)를 제공합니다. 데이터 프라이버시 측면에서 Privacy 모드를 제공하며, 이 모드를 활성화하면 코드 데이터를 커서나 제3자가 저장하거나 훈련하지 않습니다. 코드는 요청 처리 중에만 임시로 사용한 후 삭제합니다. SOC 2 Type II 인증을 받았으며, 지적 재산을 보호하려고 제로 데이터 보존(zero data retention)을 보장합니다. 암호화된 임베딩 및 메타데이터만 저장하고 실제 코드는 저장하지 않으며, 파일 경로는 난독화됩니다.

지금까지 살펴본 솔루션들을 표로 정리하면 다음과 같습니다.

▼ **표 4-2** 챗GPT 대체 솔루션 비교

모델	주요 강점	멀티모달	가격 정책
구글 제미나이	SEO · 연구 · 코드(C#) · 이미지 생성, 구글 생태계 통합	텍스트+이미지+멀티데이터	무료/프로 19.99달러(학생 할인)
그록(xAI)	X(트위터) 실시간 데이터, STEM · 속보 · Think Mode	제한적	무료/프로 30달러
하이퍼클로바 X (네이버)	한국어 최적화, 보안 보고서/교육 자료 강점, 속도 · 비용 효율성	텍스트+이미지+음성+비디오	SEED 무료 · 오픈 소스/중량제/기업 전용 플랜
퍼플렉시티 AI	'답변 엔진' → 실시간 검색 + 출처 제시, 연구 · 보안 인텔리전스 강점	검색+이미지 · 비디오 포함	무료/프로 20달러
클로드(엔트로픽)	초대형 컨텍스트(200k 토큰), 장문 분석, 윤리적 AI, 코드 디버깅 지원	제한적(주로 텍스트)	프로 20달러
커서 AI	AI 코드 편집기, 코드 베이스 인식, 보안 취약점 탐지 · 자동 수정	@Web 검색, 코드 인식	프로 20달러~(비즈니스 플랜 있음)

이 장에서는 챗GPT를 시작하는 방법부터 유료 버전의 장점, 다른 생성형 AI 솔루션들을 살펴보았습니다. 네트워크 보안 엔지니어로서 챗GPT를 활용하면 반복적인 업무를 효율적으로 처리하고, 복잡한 보안 분석을 더 빠르고 정확하게 수행할 수 있습니다. 특히 유료 버전은 깊이 있는 분석과 대화 맥락을 길게 유지할 수 있어 긴 네트워크 설정이나 복잡한 보안 로그 분석 등에 매우 유용합니다.

챗GPT 외에도 다양한 생성형 AI 솔루션이 있으며, 각 솔루션은 특정 작업에 최적화되어 있습니다. 예를 들어 퍼플렉시티 AI는 최신 정보 검색에, 그록은 수학 및 과학 문제 해결에, 하이퍼클로바 X는 한국어 관련 처리에 최적화된 기능을 제공합니다. 네트워크 보안 엔지니어는 필요에 따라 여러 AI 도구를 결합하여 작업 효율성을 극대화할 수 있습니다.

CHAPTER

5

업무 활용 최적화 프롬프트 엔지니어링

생성형 AI를 활용하는 데 가장 중요한 기술은 바로 프롬프트를 잘 작성하는 것입니다. 이를 프롬프트 엔지니어링이라고 합니다. 내가 원하는 답변과 지식을 얻으려면 구조화된 프롬프트가 필요하고 이를 잘 저장하고 적재적소에 사용하는 것이 중요합니다. 이 장에서는 최적화 프롬프트 엔지니어링을 위한 다양한 기술을 살펴보겠습니다.

5.1 SECTION 반복 업무용 프롬프트 구조화 기법

네트워크 보안과 네트워크 엔지니어링 업무 모두 반복 업무가 핵심을 차지합니다. 방화벽 정책 검토, 장비 설정 리뷰, 로그 정리, 보고서 작성, 네트워크 다이어그램 제작 등은 일정한 틀이 있으며, 매번 비슷한 과정을 반복합니다. 이런 업무를 챗GPT로 효율화하려면 단순히 질문을 하는 것이 아니라 프롬프트를 구조화하여 재사용 가능한 업무 도구로 만드는 것이 중요합니다.

왜 구조화가 필요한가?

프롬프트는 구조화를 활용하여 다음 효과를 얻을 수 있습니다.

- **일관성 확보**: 담당자가 바뀌어도 동일한 형식의 결과물 생성
- **속도 향상**: 매번 처음부터 작성하지 않고 필요한 부분만 갱신
- **품질 보장**: 표준 가이드라인을 프롬프트에 내재화
- **집중도 강화**: 단순 반복을 AI에 맡기고 엔지니어는 핵심 문제 해결에 집중

다양한 프롬프트 구조화 방법

상황에 따라 다양한 구조화 기법을 적용할 수 있습니다.

1. 템플릿 구조화

반복 문서나 보고서를 항목별로 틀(template)로 정해 두고 데이터만 교체합니다.

프롬프트

```
[작업 개요]
[장비 및 버전]
[변경 내용]
[리스크 평가]
[대응 방안]
```

2. 역할 기반 구조화(role prompting)

AI에 특정 직무 역할을 부여하여 답변 톤과 깊이를 조절합니다.

프롬프트

```
• 너는 Cisco 네트워크 엔지니어야.
• 너는 보안 로그 분석가야.
```

3. 조건·제약 구조화

업무 표준과 규정을 프롬프트에 포함하여 결과를 강제합니다.

프롬프트

```
• 모든 인터페이스 설명은 [부서-사용자-용도] 규칙을 따라야 해.
• OWASP Top 10 기준으로 취약점을 분류해 줘.
```

4. 입력·출력 분리 구조화

데이터와 원하는 결과물 형식을 구분하여 요청합니다.

- **프롬프트 입력**: show ip int brief 출력
- **응답 결과**: Down 상태 포트만 표로 정리

5. 체인 구조화(chain prompting)

여러 단계로 나누어 순차적으로 요청합니다.

- 1단계: 로그 요약 → 2단계: 원인 분석 → 3단계: 보고서 작성

6. 역할+조건 결합 구조화

역할과 조건을 동시에 지정하여 결과 품질을 높입니다.

프롬프트

```
너는 네트워크 엔지니어야. Cisco 권장 가이드를 기반으로 설정을 리뷰하고, 보안 팀에 보고할 수 있도록 문서화해 줘.
```

7. Q&A 시나리오 구조화

자주 반복되는 질문–답변을 세트로 미리 정의합니다.

프롬프트

```
특정 포트가 다운일 때 어떻게 대응해야 해?
```

그러면 다음 형태로 결과가 출력됩니다.

- 케이블 상태 확인 → 인터페이스 설정 검토 → 장비 로그 확인

8. 리스트·표 기반 구조화

결과물을 반드시 표나 리스트 형식으로 출력하도록 명령합니다.

프롬프트

```
아래 ACL 규칙을 (규칙ID - 소스 - 목적지 - 동작 - 위험도) 형식으로 표로 정리해 줘.
```

9. 자동 비교 구조화

변경 전후 데이터를 넣고 차이점을 도출하도록 구조화합니다.

- **프롬프트 입력**: 변경 전후 config diff
- **응답 출력**: 추가된 규칙 / 삭제된 규칙 / 수정된 규칙

10. 시각화 지시 구조화

네트워크 엔지니어가 자주 사용하는 다이어그램, 플로 차트, 시퀀스 다이어그램 출력을 지시합니다.

프롬프트

```
장비 연결 정보를 기반으로 draw.io로 옮길 수 있는 네트워크 다이어그램 설명을 작성해 줘.
```

11. 케이스별 분기 구조화

조건문처럼 상황에 따른 다른 출력 결과를 지정합니다.

프롬프트

```
만약 로그에 오류가 없으면 '정상'이라 출력하고, 오류가 있으면 [오류 요약 - 가능 원인 -
대응 방안]을 출력해 줘.
```

12. 다중 역할 대화 구조화

AI가 여러 역할을 동시에 수행하도록 설정합니다.

프롬프트

```
보안 담당자와 네트워크 담당자가 회의하는 것처럼 대화 형식으로 정리해 줘.
```

활용 사례

실제로 어떻게 구조화를 하는지 네트워크 장비 점검 활용 사례로 살펴보겠습니다.

1. 네트워크 장비 점검

스위치에서 `show interface status` 명령을 실행하여 나온 전체 출력을 모두 프롬프트 입력으로 넣어 줍니다.

프롬프트

```
Switch# show interface status

Port      Name          Status       Vlan     Duplex Speed  Type
Gi0/1                   connected    10       a-full a-1000 10/100/1000BaseTX
Gi0/2                   notconnect   20       auto   auto   10/100/1000BaseTX
Gi0/3                   connected    30       full   100    10/100/1000BaseTX
Gi0/4                   connected    30       half   100    10/100/1000BaseTX
Gi0/5                   err-disabled 40       auto   auto   10/100/1000BaseTX
Gi0/6                   connected    trunk    a-full a-1000 10/100/1000BaseTX
Gi0/7                   connected    50       full   1000   10/100/1000BaseTX
Gi0/8                   notconnect   1        auto   auto   10/100/1000BaseTX
```

상태가 down인 포트만 추리고, 예상 원인을 케이블/구성/상위 장비 연결로 구분해.

응답

다음은 "down(비활성)" 상태 포트만 추려서 원인을 분류한 표입니다.

Port	Status	VLAN/Mode	예상 원인 분류	한 줄 설명	1차 점검 포인트
Gi0/2	notconnect	VLAN 20	케이블/상위 장비 연결	물리 링크 미수립(케이블 불량/미연결, 원격 장비 전원 꺼짐/포트 다운)	케이블 재결착/교체, 상대 장비 포트 링크 LED/상태 확인
Gi0/5	err-disabled	VLAN 40	구성	정책 위반 등으로 스위치가 포트를 에러디스에이블 처리(BPDU Guard, Port-Security, UDLD, 링크 플랩 등)	show errdisable recovery, show log, 필요 시 shut/no shut 및 원인 정책 수정
Gi0/8	notconnect	VLAN 1	케이블/상위 장비 연결	물리 링크 미수립(미사용 포트이거나 상대 장비 미가동/케이블 문제)	케이블/상대 포트 확인, 미사용이면 shutdown으로 관리

빠른 확인 명령어(참고)
- 물리 링크/로그: show interface status, show interfaces gi0/2, show logging ¦ include Gi0/2
- 에러디스에이블 원인: show errdisable recovery, show log ¦ include err
- 포트 보안/스패닝트리: show port-security interface gi0/5, show spanning-tree detail ¦ include BPDU

2. 보안 로그 요약

IDS/IPS 장비 로그를 입력으로 추가하고 출력 형태를 구조화하여 보안 로그 요약에 활용할 수 있습니다.

프롬프트

탐지 이벤트를 공격 유형별로 분류하고, 발생 빈도순으로 정렬하여 [공격명 - 발생건수 - 심각도 - 대응] 표로 출력해 줘.

3. 변경 이력 보고

방화벽 정책을 변경할 때 무엇이 변경되었는지 변경 전후 config를 프롬프트에 구조화하여 입력하면 변경 이력을 확인할 수 있습니다.

프롬프트

추가/삭제/수정된 규칙을 구분하여 요약하고, 리스크가 있는 항목만 강조해 줘.

4. 토폴로지 문서화

각 네트워크 장비 인터페이스 정보를 입력 값으로 제공해서 네트워크 다이어그램을 구조화하여 문서화할 수 있습니다.

프롬프트

Layer2, Layer3 계층을 구분하여 네트워크 다이어그램 설명을 작성해 줘.

5.2 SECTION 프롬프트 저장·분류 방법

챗GPT를 활용한 네트워크 보안 업무에서 가장 중요한 과제 중 하나는 프롬프트의 관리입니다. 반복 업무에 사용할 구조화된 프롬프트를 만들어 두더라도 이를 제대로 정리하고 보관하지 않으면 시간이 지나면서 흐트러져 결국 재사용성이 떨어집니다. 따라서 네트워크 보안 엔지니어는 효율적인 저장 · 분류 체계를 갖추어야 합니다. 이 절에서는 프롬프트 관리의 필요성과 다양한 방법론, 실제 사례를 살펴봅시다.

왜 프롬프트 관리가 필요한가?

프롬프트는 단순한 질문이 아니라 개발 소스 코드와 같이 관리해야 하는 중요 정보입니다.

- **재사용 가능**: 이미 검증된 프롬프트를 재활용하면 업무 속도를 높이고 실수를 줄일 수 있습니다.
- **일관성**: 팀 전체가 동일한 프롬프트를 사용하면 결과물의 품질과 형식이 표준화됩니다.
- **지식 축적**: 개인이 쌓은 노하우가 팀 자산으로 전환됩니다.
- **업데이트 용이**: 보안 표준이나 네트워크 운영 정책이 바뀌면 기존 프롬프트를 수정하여 일괄 반영할 수 있습니다.

즉, 프롬프트는 단순히 개인이 작성하는 메모 수준이 아니라, 업무 매뉴얼과 스크립트의 중간 지점에 해당한다고 볼 수 있습니다.

프롬프트 저장 방법

프롬프트를 효과적으로 저장하는 데는 여러 가지 방법이 있습니다.

1. 문서 기반 저장

가장 간단한 방법은 워드, 엑셀, 노션(Notion) 등 문서 도구에 프롬프트를 정리하는 것입니다.

- **장점**: 접근성과 수정이 쉽습니다.
- **단점**: 검색 효율이 낮고, 실행 환경과 분리되어 있습니다.

2. 코드 관리 시스템 활용

깃허브, 깃랩, 비트버킷(Bitbucket) 같은 코드 저장소에 프롬프트를 관리하는 방식입니다.

- 보안 정책 점검용 프롬프트, 로그 분석용 프롬프트 등 카테고리별로 디렉터리를 나누어 관리할 수 있습니다.
- **장점**: 버전 관리가 가능합니다. 수정 이력이 남아 팀 협업에 유리합니다.
- **단점**: 비개발자에게는 진입 장벽이 높습니다.

3. GPTs(맞춤형 GPT) 활용

챗GPT의 GPTs 기능을 사용하면 자주 쓰는 프롬프트를 대화형 도구 자체로 저장할 수 있습니다.

- 예 "보안 로그 자동 분석 GPT", "네트워크 구성 검토 GPT"
- 특정 프롬프트 세트를 GPTs 안에 내장시켜 언제든 실행 가능합니다.
- **장점**: 별도의 문서 검색 없이 바로 실행 가능
- **단점**: 프롬프트 수가 많아지면 관리 체계가 필요

4. 프롬프트 관리 도구 사용

최근에는 Prompt management SaaS 도구도 등장했습니다.

- 예 PromptHub, FlowGPT, Promptify
- 태그, 즐겨찾기, 카테고리 분류 기능 제공
- 협업을 염두에 두고 설계되어 있어 팀 단위 활용에 적합합니다.

프롬프트 분류 방법

프롬프트를 효율적으로 관리하려면 성격에 맞추어 분류해 두는 것이 좋습니다. 네트워크 · 보안 엔지니어 관점에서 권장되는 분류 방법은 다음과 같습니다.

1. **업무 영역별 분류**
   - 네트워크 구성 관리
   - 보안 로그 분석
   - 침해 사고 대응
   - 취약점 진단
   - 보고서 자동화
2. **사용 패턴별 분류**
   - 데이터 분석형(로그, 트래픽 분석 등)
   - 보고서/문서 생성형(정기 점검 보고, 장애 보고)
   - 가이드/교육형(초보자 설명, 시뮬레이션 시나리오)
3. **출력 형식별 분류**
   - 표 형식 출력
   - 다이어그램 설명
   - 요약/핵심 정리
   - 단계별 체크 리스트
4. **중요도·활용도 기준 분류**
   - [Daily] 매일 반복되는 점검용 프롬프트
   - [Weekly/Monthly] 정기 보고서용 프롬프트
   - [Ad-hoc] 특정 장애나 프로젝트 상황에서만 쓰는 프롬프트

실제 활용 사례

프롬프트를 어떻게 관리하고 활용할 수 있는지 네트워크 보안 업무 사례로 살펴보겠습니다.

1. **보안 로그 분석 프롬프트**
   - **분류**: [데이터 분석형] – [보안 로그]
   - **저장 위치**: GPTs '보안 로그 분석기' 안에 등록
   - **설명**: IDS 로그가 입력될 때 공격 유형, 발생 건수, 권장 대응을 표로 정리
2. **정기 점검 보고서 템플릿**
   - **분류**: [보고서/문서 생성형] – [네트워크 점검]
   - **저장 위치**: 깃허브 저장소 /report–templates/weekly–check/
   - **설명**: `show interface status`와 `show ip route` 결과 등을 요약하여 정기 점검 보고서로 변환
3. **신입 엔지니어 교육용 프롬프트**
   - **분류**: [가이드/교육형] – [트러블슈팅 시뮬레이션]
   - **저장 위치**: 노션 – 교육 자료 DB
   - **설명**: '링크 다운 시 확인해야 할 단계'를 대화형 시뮬레이션으로 제공

프롬프트 관리의 모범 사례 관리

프롬프트 관리의 모범 사례는 위키 형태로 정리하여 저장하고, 팀원들과 공유할 수 있습니다.

- **태그와 설명 필수화**: 단순히 프롬프트만 저장하지 말고 목적, 사용 예시, 출력 형식을 함께 기록합니다.
- **팀 공유**: 개인의 노하우를 문서화하여 팀 지식으로 확산합니다.
- **버전 관리**: 보안 표준이나 장비 OS 버전이 업데이트될 때 기존 프롬프트도 갱신해서 관리합니다.
- **중복 최소화**: 유사한 프롬프트는 통합하고, 변형 옵션만 기록합니다.
- **보안 고려**: 실제 로그나 민감 데이터를 그대로 저장하지 말고 샘플 데이터로 대체합니다.

5.3 SECTION 프롬프트 엔지니어링 기법

프롬프트 엔지니어링은 챗GPT가 원하는 방식으로 답변하도록 질문을 설계하는 기술입니다. 네트워크 · 보안 엔지니어링 업무에서는 로그 분석, 정책 검토, 보고서 작성처럼 정확성과 일관성이 중요한 경우가 많기 때문에 단순히 "이 로그 분석해."라고 요청하는 것만으로는 부족합니다. 적절한 기법을 활용하여 프롬프트를 설계해야 챗GPT가 안정적이고 재현 가능한 결과를 만들어 낼 수 있습니다. 이 절에서는 대표적인 프롬프트 엔지니어링 기법을 소개하고, 네트워크 및 보안 업무에 활용할 수 있는 예시를 함께 제시합니다.

제로샷(zero-shot) 기법

제로샷은 별도의 예시를 제공하지 않고, 명령어 자체만으로 답변을 유도하는 방식입니다. 챗GPT가 학습된 지식을 바탕으로 자체적으로 결과를 도출합니다.

- **특징**: 가장 단순한 접근 방식
- **장점**: 빠르게 결과를 얻을 수 있습니다.
- **단점**: 답변 품질의 일관성이 떨어질 수 있습니다.

프롬프트

```
이 방화벽 로그에서 의심스러운 접속 패턴을 찾아 설명해.
```

원샷(one-shot) 기법

원샷은 예시를 단 한 개 제공한 후 동일한 형식의 결과를 유도하는 기법입니다.

- **특징**: 출력 형식을 예시로 고정할 수 있습니다.
- **장점**: 결과의 틀이 안정적입니다.
- **단점**: 예시가 잘못되면 출력도 잘못될 수 있습니다.

프롬프트

```
예시 출력: [위협명: SQL Injection / 발생건수: 15 / 심각도: 높음 / 권고 사항: WAF
룰 업데이트]
분석할 로그: (IDS 로그 입력)
```

퓨샷(few-shot) 기법

퓨샷은 예시를 여러 개 제공하여 챗GPT가 패턴을 더 확실히 인식하도록 돕는 방식입니다.

- **특징**: 예시 두 개 이상 제공
- **장점**: 결과 일관성이 향상됩니다.
- **단점**: 프롬프트가 길어집니다.

프롬프트

```
예시 1: [인터페이스: Gi0/1 / 상태: up / 오류: 없음 / 권고: 정상]
예시 2: [인터페이스: Gi0/2 / 상태: down / 오류: CRC 증가 / 권고: 케이블 점검]
분석할 데이터: (show interface 출력)
```

체이닝(chaining) 기법

체이닝은 복잡한 작업을 여러 단계로 나누어 순차적으로 진행하는 방식입니다.

- **특징**: 단계적 접근으로 누락 최소화
- **장점**: 복잡한 보고서나 사고 분석에 효과적입니다.
- **단점**: 시간이 더 걸립니다.

프롬프트

```
1단계: 로그에서 Top 5 공격 유형을 추려.
2단계: 각 공격 유형별 발생 건수를 정리해.
3단계: 각 공격 유형에 대한 대응 권고를 작성해.
4단계: 최종 내용을 표로 정리해.
```

라벨링(labeling) 기법

라벨링은 데이터에 의미 있는 라벨을 붙여 분류하도록 유도하는 방식입니다. 보안 이벤트 정리나 네트워크 상태 보고에 유용합니다.

- **특징**: 데이터에 라벨 지정
- **장점**: 분류와 카테고리화에 효과적입니다.
- **단점**: 라벨 정의가 모호하면 결과도 흐려집니다.

프롬프트

아래 보안 이벤트를 [정상], [의심], [위험] 3단계로 분류하고 라벨을 붙여 줘.
이벤트 목록: (IDS 로그 입력)

롤플레잉(role-playing) 기법

챗GPT에 특정 역할을 부여하여 답변의 톤과 관점을 통제하는 방식입니다.

- **특징**: 역할 기반 응답 생성
- **장점**: 보고용/교육용으로 활용 가능합니다.
- **단점**: 역할이 모호하면 효과가 낮습니다.

프롬프트

너는 침해 사고 대응 팀 리더야. 아래 로그 분석 결과를 CISO에 보고하듯 요약해 줘.
로그: (분석된 데이터 입력)

조건·제약(constraints) 기법

답변에 반드시 지켜야 할 조건을 추가하는 기법입니다.

- **활용 예시**
  - 표 형식 출력
  - 200자 이내 요약
  - 특정 보안 표준 기준 적용

프롬프트

```
아래 취약점을 OWASP Top 10에 맞추어 분류하고, (취약점명 - CVSS 점수 - 영향 범위 - 대
응 방안) 형식의 표로 출력해 줘.
데이터: (취약점 목록 입력)
```

멀티모달(multi-modal) 기법

텍스트뿐만 아니라 다이어그램 설명, 코드, 표 등 다양한 출력 형태를 요구하는 방식입니다.

프롬프트

```
아래 ACL 규칙을 분석하고,
  1. 보안 위험이 높은 규칙을 표로 정리해 줘.
  2. draw.io에서 사용할 수 있는 네트워크 다이어그램 설명을 추가해 줘.
규칙: (ACL 설정 입력)
```

네트워크 보안 업무 적용 사례

다양한 프롬프트 엔지니어링 기법을 다음과 같이 적용해 볼 수 있습니다.

- **침해 사고 대응**: 체이닝+라벨링 → 단계별 분석 후 위험도 분류
- **장비 점검**: 퓨샷+조건 → 인터페이스 상태 점검 결과를 표로 출력
- **보고서 자동화**: 원샷/퓨샷 → 동일한 템플릿 보고서 생성
- **교육 시뮬레이션**: 롤플레잉 → 신입 교육용 시나리오 작성

프롬프트 엔지니어링 기법은 챗GPT의 답변을 단순 대화 수준에서 업무 자동화 수준으로 끌어올리는 핵심 도구입니다.

제로샷처럼 빠른 테스트 기법부터 체이닝, 라벨링, 조건 부여처럼 정밀한 기법까지 상황에 따라 조합하면, 네트워크 보안 엔지니어는 더 정확하고 일관된 결과를 얻을 수 있습니다.

CHAPTER

6

네트워크 운영 업무 최적화 기술

네트워크 운영에서 핵심 업무는 각종 장비의 설정과 룰을 점검하고, 필요에 따라 신규 구축이나 최적화를 수행하는 것입니다. 또 장애가 발생하면 신속하게 대응해야 하므로 체계적인 장애 대응 매뉴얼도 반드시 필요합니다. 장비 운영 중 예상치 못한 로그나 CLI 출력 결과를 확인할 때도 챗GPT를 활용할 수 있습니다. 이처럼 네트워크 운영의 주요 업무에 챗GPT를 접목하면 업무 효율을 크게 높일 수 있습니다.

6.1 SECTION 장비 설정 분석

보안 엔지니어에게 네트워크 보안 장비의 설정과 룰 구성은 필수 작업입니다. 하지만 실무에서는 때때로 실수나 누락이 발생할 수 있습니다. 특히 복잡한 보안 정책을 다룰 때 설정(config)에서 한 작은 실수가 전체 시스템의 취약점을 초래할 수 있어 이를 예방하고 빠르게 문제를 파악할 수 있는 도구가 필요합니다. 이런 작업을 효율적으로 수행하려면 설정 분석과 리뷰를 자동화하는 프롬프트가 매우 유용합니다.

6.1.1 설정 분석의 중요성

네트워크 보안 설정을 분석하는 작업은 보안 정책이 의도한 대로 작동하는지 확인하고, 잠재적인 위험 요소나 취약점을 미리 탐지하는 데 중요한 역할을 합니다. 예를 들어 방화벽 룰을 설정할 때 일부 룰이 누락되거나 실수로 다른 룰을 덮어쓰면 예상치 못한 보안 위험이 발생할 수 있습니다. 또 여러 장비에서 발생한 설정을 비교하고, 잘못된 구성을 찾아내는 작업은 수동으로 진행하기 어려우므로 자동화된 분석 도구를 활용하면 효과적입니다.

설정 파일을 리뷰하고 분석 방법을 구축하여 문제를 해결하며, 누락된 부분이나 실수한 부분을 지적해 주는 프롬프트를 활용하면 작업 효율을 크게 높일 수 있습니다.

6.1.2 설정 분석 프롬프트 활용 예시

챗GPT를 활용하면 네트워크 장비 설정을 빠르고 정확하게 분석할 수 있습니다. 다음 예시는 스위치 설정을 입력하면 주요 구성을 분석해 주는 프롬프트 활용 방식을 보여 줍니다. 이렇게 하면 장비 설정 검토 시간을 줄여 주고 보안 취약점이나 구성 특징을 쉽게 확인할 수 있습니다.

스위치

챗GPT로 스위치 구성 설정을 다음과 같이 분석해 봅시다.

프롬프트

```
너는 네트워크 보안 전문가이자 Cisco 장비 분석가야.
아래에 Cisco 스위치의 running-config 내용을 제공할 테니, 이를 면밀히 분석해 줘. 분석 시 다음 항목을 기준으로 정리해 줘.

1. 기본 운영 정보
   • hostname, 도메인 설정, management interface(ip, mask, gateway)
   • 콘솔/VTY 접근 설정(비밀번호, SSH 여부, 인증 방식)
2. 보안 관련 설정
   • 패스워드 암호화 여부(service password-encryption, enable secret)
   • AAA, RADIUS/TACACS+ 설정 여부
   • 불필요한 서비스(telnet, http, cdp 등) 허용 여부
3. 인터페이스/포트 구성
   • 각 포트 VLAN 할당
   • trunk/native VLAN 설정
   • shutdown 상태, speed/duplex 강제 여부
   • 관리망과 데이터망 분리 여부
4. VLAN & STP 설정
   • VLAN 존재 여부 및 네트워크 구조 가정
   • Spanning Tree mode, root priority 확인
5. 라우팅/기타 서비스
   • L3 기능 사용 여부, 정적 라우팅/동적 라우팅 프로토콜 설정
   • DHCP relay, NTP, SNMP, Syslog 등 외부 서버 연동 내역
```

6. **취약점/개선 포인트**
    - 보안 측면(약한 암호, 평문 전송, 불필요한 서비스 등)
    - 운영 측면(비효율적 VLAN, 관리 인터페이스 미분리 등)
    - 개선 권장 사항 구체적으로 제시

```
[컨피그]
hostname SW-Access01
!
enable secret 5 $1$kjsdf8$1234567890abcdefg
service password-encryption
!
ip domain-name lab.local
!
interface Vlan1
 ip address 192.168.10.2 255.255.255.0
 no shutdown
!
interface FastEthernet0/1
 switchport mode access
 switchport access vlan 10
 spanning-tree portfast
!
interface FastEthernet0/2
 switchport mode trunk
 switchport trunk native vlan 99
 switchport trunk allowed vlan 10,20,30
!
line vty 0 4
 password cisco
 login
 transport input telnet ssh
!
vtp mode transparent
spanning-tree mode rapid-pvst
!
snmp-server community public RO
```

응답

아래 컨피그 기준으로 하나씩 깔끔하게 정리해 볼게요.

1. 기본 운영 정보

1) Hostname / 도메인 / Management Interface

- Hostname
  - hostname SW-Access01 → 스위치 이름은 SW-Access01
- 도메인 설정
  - ip domain-name lab.local → 도메인 이름은 lab.local
  - SSH 사용 준비(키 생성 등)에 필요한 필수 요소 중 하나는 설정되어 있음
- Management Interface
  - interface Vlan1
    - ip address 192.168.10.2 255.255.255.0
    - no shutdown
  - 관리 IP: 192.168.10.2 /24 on VLAN 1
  - 기본 게이트웨이(ip default-gateway) 설정 없음 → L2 스위치라고 가정하면, 타 서브넷에서 이 관리 IP에 접근 불가(동일 VLAN/서브넷에서만 관리 가능)

2) 콘솔 / VTY 접근 설정

- 콘솔 라인(line con 0)
  - 설정이 안 나와 있으므로 → **기본값(패스워드 없이 접근 가능)**일 가능성 큼 (실제 running-config 전체에는 있을 수 있으나, 제공된 부분 기준으로는 미설정으로 간주)
- VTY(line vty 0 4)
- line vty 0 4
- password cisco
- login
- transport input telnet ssh
  - VTY 패스워드: cisco(평문, 단 암호화 명령 적용으로 type 7)
  - 인증 방식: line password 기반(AAA 미사용)
  - 원격 접속 프로토콜: telnet+ssh 둘 다 허용

(…생략…)

챗GPT는 각 항목에 대해 분석 후 결과를 제공합니다. 그러나 앞의 내용이 너무 많아 요약이 필요할 수 있습니다. 특히 내용이 서술형으로 제공되기에 표 형태로 요약하면 효과적입니다.

프롬프트

스위치 컨피그 분석 결과를 표로 간결하게 요약해 줘.

이를 실행하면 다음 결과를 확인할 수 있습니다.

응답

아래는 **스위치 컨피그 분석 결과를 핵심만 간결하게 정리한 표**입니다.

☑ Cisco 스위치 설정 요약표

구분	주요 내용	평가 / 코멘트
기본 운영 정보	hostname: SW-Access01 domain: lab.local Management SVI: VLAN1 / 192.168.10.2/24 VTY: password 기반, Telnet+SSH 허용	VLAN1 관리 사용 · 게이트웨이 없음 VTY 인증 방식 매우 취약
보안 설정	enable secret(MD5) 사용 service password-encryption 적용 AAA 없음 SNMP community: public RO Telnet 허용	SNMP public+Telnet 허용 = **고위험** AAA 미구성, 단일 비밀번호 구조
인터페이스 구성	Fa0/1: access VLAN10+portfast Fa0/2: trunk, native VLAN99, allowed 10/20/30 속도/duplex 기본(auto)	Access/Trunk 구성은 정상 관리 VLAN과 데이터 VLAN 분리 미흡
VLAN/STP	VLAN: 1,10,20,30,99 사용 VTP transparent STP: Rapid-PVST, priority 기본값	구조는 일반 액세스 스위치 형태 Root 지정 없음(상위에 의존)
라우팅/서비스	L2 스위치(ip routing 없음) DHCP/NTP/Syslog 없음 SNMP만 설정(public)	관리 편의 및 보안 로그 기능 부족
취약점	Telnet 사용 VTY 단일 비밀번호 SNMP community public 관리 VLAN1 사용 NTP · Syslog 미구성	운영 환경 기준 **다수의 보안 취약점 존재**

개선 권장 사항	SSH-only, AAA(TACACS+/local) SNMP community 변경+ACL 관리 VLAN 분리(예: 99) NTP/Syslog 적용 VTY 계정 기반 인증	운영망 수준 보안 확보를 위해 필수 조치

방화벽

방화벽 정책 부분도 챗GPT로 쉽게 분석 가능합니다. 다음 프롬프트로 분석해 보겠습니다.

프롬프트

너는 네트워크 보안 전문가이자 Cisco ASA 방화벽 정책 분석가야.
아래에 ASA 방화벽 설정 파일(access-list, object, object-group 포함)을 제공할 테니, 누락 룰과 중복 룰을 철저히 검출해 줘.
분석 시 반드시 다음 기준을 지켜야 해.

1. ASA 문법 이해
- access-list ACL-NAME extended permit/deny... 형태의 룰은 순서대로 적용됩니다.
- object 또는 object-group은 반드시 해석해서 실제 IP/포트 범위를 반영합니다.
- any 키워드는 전체 IPv4를 의미합니다.

2. 누락 판정 기준
- 동일 ACL 내에서, 상위 룰이 더 넓은 범위(any, 큰 서브넷, 전체 포트 등)로 이미 permit/deny한 경우
- 뒤쪽 룰이 절대 매칭되지 않는 경우 "누락된 룰"로 표시

3. 중복 룰 판정 기준
- 동일 ACL 내에서, 소스/목적지/서비스/액션이 완전히 동일한 룰이 여러 번 등장하면 "중복된 룰"로 표시
- 부분 중복(예: 192.168.1.0/24와 192.168.1.10 permit tcp 80)이 공존할 경우 "부분 중복"으로 표시

4. 출력 형식
- 표 형식: (ACL 이름 / 룰 번호 / 소스 / 목적지 / 서비스 / 액션 / 문제 유형 / 설명)
- 그 뒤 서술식 요약: "보안 리스크"와 "개선 권고 사항" 제시

5. 유의 사항
- ACL은 인터페이스 단위로 적용되므로 같은 이름의 ACL 내에서만 순서 비교를 수행합니다.

• object-group 중복 시에도 룰 중복 가능성을 검출합니다.
• 분석 시 사람이 이해하기 쉽게 IP 대역 포함 관계를 풀어서 설명합니다.

```
[ASA 설정 파일]
access-list OUTSIDE-IN extended permit ip any any
access-list OUTSIDE-IN extended permit tcp 192.168.10.0 255.255.255.0 any
eq 80
access-list OUTSIDE-IN extended permit tcp host 192.168.10.10 any eq 80
access-list OUTSIDE-IN extended deny tcp any any eq 22
access-list OUTSIDE-IN extended deny tcp any any eq 22
!
object-group network SERVERS
 network-object host 10.10.10.1
 network-object host 10.10.10.2
!
access-list DMZ-IN extended permit ip object-group SERVERS any
```

응답

좋습니다. 요청하신 대로 Cisco ASA 방화벽 설정을 전문가 관점에서 문법대로 해석·전개하여 누락(도달 불가) 룰·중복 룰·부분 중복을 엄격히 검출하고, 사람이 보기 편하도록 IP 대역 포함 관계까지 풀어서 설명하겠습니다.

1. 원문 룰 정리(파일 순서, 룰 번호 매김)
제공된 파일 기준으로 파일상 순서대로 룰 번호를 부여했습니다.

ACL: OUTSIDE-IN

1) access-list OUTSIDE-IN extended permit ip any any
2) access-list OUTSIDE-IN extended permit tcp 192.168.10.0 255.255.255.0 any eq 80
3) access-list OUTSIDE-IN extended permit tcp host 192.168.10.10 any eq 80
4) access-list OUTSIDE-IN extended deny tcp any any eq 22
5) access-list OUTSIDE-IN extended deny tcp any any eq 22

object-group

• object-group network SERVERS = {10.10.10.1, 10.10.10.2}

ACL: DMZ-IN

1) access-list DMZ-IN extended permit ip object-group SERVERS any
(해석: 10.10.10.1/32, 10.10.10.2/32 → any, 모든 IP 프로토콜 허용)

2. 판정 표

(열: ACL 이름 / 룰 번호 / 소스 / 목적지 / 서비스 / 액션 / 문제 유형 / 설명)

ACL 이름	룰 번호	소스	목적지	서비스	액션	문제 유형	설명
OUTSIDE-IN	1	any (0.0.0.0/0)	any (0.0.0.0/0)	ip (all)	permit	치명적: 상위 규칙(무조건 허용)	이 한 줄이 모든 트래픽을 허용하여 이후의 모든 규칙(특정 허용/거부 포함)을 **절대 도달 불가**(shadowed) 상태로 만듭니다.
OUTSIDE-IN	2	192.168.10.0/24 (192.168.10.0 - 192.168.10.255)	any	tcp eq 80	permit	누락된 룰(절대 매칭 불가)	룰 1이 이미 모든 트래픽을 허용하므로 이 규칙은 검사되지 않습니다.
OUTSIDE-IN	3	192.168.10.10/32 (host) — 포함: 룰 2의 범위 내	any	tcp eq 80	permit	누락된 룰(절대 매칭 불가), 부분 중복	(a) 룰 1 때문에 절대 매칭되지 않음. (b) host 192.168.10.10은 192.168.10.0/24에 포함 → 룰 2와 **부분 중복**(호스트는 /24의 부분 집합)
OUTSIDE-IN	4	any	any	tcp eq 22	deny	누락된 룰(절대 매칭 불가)	룰 1이 이미 TCP/22 포함 모든 트래픽을 허용하므로 이 deny는 절대 실행되지 않음
OUTSIDE-IN	5	any	any	tcp eq 22	deny	중복된 룰, 누락된 룰	룰 4와 완전 동일 → **중복**. 또한 룰 1 때문에 절대 매칭 불가
DMZ-IN	1	object-group SERVERS (10.10.10.1,10.10.10.2)	any	ip (all)	permit	정상(문제 없음: 단 정책적 권고 필요)	object-group을 정확히 풀어 적용됨. 단 모든 프로토콜·목적지 허용으로 정책상 넓은 권한이므로 확인 권고

이와 같은 프롬프트는 보안 장비의 설정을 빠르게 분석하고 문제를 찾는 데 도움을 줍니다. 예를 들어 첫 번째 프롬프트는 방화벽 설정에서 중복되거나 누락된 규칙을 찾아내는 데 유용합니다. 두 번째 프롬프트는 네트워크 구간 연결을 허용하는 룰을 식별하고, 잘못된 룰을 찾아내는 데 사용됩니다. 마지막으로 암호화되지 않은 포트나 취약한 포트를 찾아내는 프롬프트는 보안 취약점이 될 수 있는 부분을 미리 식별하여 위험을 최소화하는 데 기여합니다.

6.2 SECTION 장애 대응 매뉴얼(SOP) 작성

네트워크 보안 엔지니어의 업무 중 가장 중요한 일은 바로 장애가 발생했을 때 빠르고 정확하게 대응하는 것입니다. 장애 대응은 예기치 않은 상황에서 네트워크나 보안 시스템을 복구하고, 추가적인 피해를 방지하는 중요한 과정입니다. 이 과정에서 장애 대응 절차(표준 운영 절차: SOP)를 정확히 작성해 두는 것은 비즈니스 연속성을 유지하고 잠재적인 보안 위험을 최소화하는 데 필수입니다. 특히 네트워크 장비 장애, 보안 사고, 개인 정보 유출 등 다양한 시나리오에 대비하는 것이 중요합니다.

장애 대응 시나리오는 사전에 준비된 문서와 프로세스가 있으면 이를 바탕으로 신속하게 대응할 수 있습니다. 장애 대응 시나리오를 작성할 때 중요한 점은 각 상황에 맞는 대응 절차를 정의하고, 이를 실시간으로 점검하고 실행할 수 있도록 하는 것입니다. 이를 위해 챗GPT 같은 도구를 활용하여 장애 상황을 정확하게 분석하고, 최적의 대응 방안을 마련하는 것이 중요합니다.

6.2.1 장비 장애 대응 절차 작성 프롬프트

네트워크 장비나 서버가 장애를 일으킬 때 장애를 파악하고 원인을 진단하는 것이 첫 번째 단계입니다. 이때는 시스템 상태를 정확히 확인하고 어떤 장비가 장애를 일으켰는지 빠르게 식별하는 것이 가장 중요합니다. 장애 대응 시나리오는 장비 상태 확인, 로그 분석, 예비 장비 교체, 복구 절차 등 여러 단계를 포함합니다.

프롬프트로 장비 장애 시나리오를 작성하면 각 단계에서 필요한 작업들을 빠짐없이 파악하여 정확히 대응할 수 있습니다.

프롬프트

```
너는 네트워크/보안 운영 전문가야.
아래 장비 유형에 대해 장애 대응 절차를 작성해 줘.

네트워크 장비(스위치, 라우터)에 대한 절차고
절차는 다음 구조를 반드시 따라야 해.

• 상황 가정: 장애 발생 상황을 구체적으로 설명(예: "코어 스위치 다운으로 사내 전 구간
  네트워크 불통")
• 탐지: 어떻게 장애를 감지했는지(모니터링 알람, 로그, 사용자 신고 등)
• 즉각 조치: 서비스 정상화를 위해 가장 먼저 취해야 할 응급 조치(예: 정책 롤백, 장비
  재기동, 트래픽 우회)
• 원인 분석: 장애의 근본 원인 파악(예: 하드웨어 고장, 잘못된 설정, 자원 고갈)
• 보고: 누구에게, 어떤 경로로 보고해야 하는지(운영 팀 → 보안 팀 → 관리자 등)
• 예방책: 재발 방지를 위해 어떤 제도/기술적 보완이 필요한지

출력 형식은 다음처럼 해 줘:

• 장애 유형: (네트워크 / 서버 / 방화벽)
• 장애 제목: 짧고 직관적인 이름
• 장애 본문: 위 6가지 항목별로 기술 가능하다면, 각 유형별로 시나리오를 열 개 이상
  만들어.

이를 표 형식의 플레이북 형태로 정리해 줘.
```

응답

장애 유형	장애 제목	장애 본문
네트워크	코어 스위치 전원 다운	**상황 가정:** 코어 스위치 전원이 꺼져 전사 네트워크 전체 불통 **탐지:** NMS 알람, 사용자 전사 단위 신고 **즉각 조치:** 예비 전원 투입, 리던던트 코어로 트래픽 우회 **원인 분석:** 전원 모듈 불량, 전원 케이블 분리 **보고:** 네트워크 운영 팀 → 보안 팀 → IT 관리자 보고 **예방책:** 이중 전원 모듈 구성, UPS 및 전원 모니터링 강화
네트워크	액세스 스위치 다운	**상황 가정:** 특정 층/부서 네트워크 불통 **탐지:** 해당 구간 사용자 신고, 스위치 상태 Down 알람 **즉각 조치:** 예비 스위치로 교체, 임시 재부팅 시도 **원인 분석:** 하드웨어 장애, 펌웨어 오류 **보고:** 현장 담당자 → 네트워크 운영 팀 보고 **예방책:** 스위치 이중화, 정기적 펌웨어 업데이트
네트워크	라우터 인터페이스 다운	**상황 가정:** ISP 연결 인터페이스 다운으로 외부망 불통 **탐지:** Syslog, BGP 세션 Down 알람 **즉각 조치:** 백업 회선으로 트래픽 우회 **원인 분석:** 케이블 장애, ISP 측 회선 불량 **보고:** 네트워크 운영 팀 → 관리자 → ISP 협력사 **예방책:** 이중화 회선 확보, BGP Failover 테스트 주기적 수행
네트워크	STP 루프 발생	**상황 가정:** 특정 스위치 구간에서 브로드캐스트 스톰 발생 **탐지:** CPU 사용률 급상승, Ping 불가, STP 로그 알람 **즉각 조치:** 문제 포트 차단, 루프 제거 **원인 분석:** 잘못된 스위치 이중 연결, STP 미설정 **보고:** 운영 팀 내부 공유, 관리자 보고 **예방책:** STP(RSTP) 활성화, 루프 가드/포트패스트 설정
네트워크	라우팅 테이블 이상	**상황 가정:** 잘못된 라우팅 반영으로 트래픽 경로 오류 **탐지:** 라우팅 모니터링 도구 알람, 사용자 특정 서비스 접속 불가 **즉각 조치:** 이전 정상 라우팅 정책 롤백 **원인 분석:** 잘못된 OSPF/BGP 설정, 라우팅 피어 장애 **보고:** 네트워크 운영 팀 → 관리자 **예방책:** 변경 관리 절차 강화, 시뮬레이션 후 적용

(…생략…)

이런 프롬프트들은 네트워크 장비가 장애를 일으켰을 때 장애 발생 원인을 빠르게 파악하고, 적절한 조치를 취할 수 있도록 돕습니다. 장애가 발생한 장비의 종류와 문제를 정확히 분석하여 필요한 복구 작업을 빠르게 실행하는 데 유용합니다.

6.2.2 보안 사고 대응 시나리오 프롬프트

보안 사고는 네트워크 환경에서 발생할 수 있는 여러 가지 위협 중 하나로, 사고가 발생하면 신속하고 체계적인 대응이 필요합니다. 해킹, 서비스 거부 공격(DoS/DDoS), 악성 코드 감염 등 다양한 보안 사고가 있을 수 있으며, 각 사고별로 맞춤형 대응 시나리오를 준비해야 합니다. 보안 사고 대응 시나리오는 사고 종류에 따라 다르게 작성되며, 각 단계에서 대응 절차를 명확하게 정의하는 것이 중요합니다.

프롬프트로 보안 사고 대응 시나리오를 작성하면 발생 가능한 사고 유형에 대응하는 절차를 빠르게 점검하고, 실시간 대응을 최적화할 수 있습니다.

프롬프트

> 네트워크에서 DDoS 공격이 발생했을 때, 트래픽 흐름을 분석하고 공격을 차단할 수 있는 방어 방법을 안내해 줘.

프롬프트

> 서버에 악성 코드가 감염되었을 때, 시스템 로그를 분석하고 악성 코드를 제거할 수 있는 방법을 제시해 줘.

프롬프트

> 해커가 내부 시스템에 침입한 징후가 있을 경우, 침입 경로를 추적하고 보안 설정을 점검하여 피해를 최소화해 줘.

다음처럼 활용해서 사용할 수 있습니다.

프롬프트

```
너는 보안 운영 전문가야.
보안 사고 유형별로 대응 절차 시나리오를 작성해 줘.

랜섬웨어 감염 피싱/스피어 피싱 메일 공격 계정 탈취(비밀번호 유출, MFA 미사용)
내부자 위협(중요 데이터 무단 반출)
DDoS 공격 웹 서버 침해(웹셸 업로드, 취약점 악용)
악성코드 감염(트로이목마, 백도어)

취약점 제로데이 공격 보안 장비 오탐/과탐으로 인한 서비스 장애 시나리오는 반드시 아래 구조를 따를 것

• 상황 가정: 장애 또는 공격 발생 상황을 구체적으로 기술(예: "사내 PC에서 파일이 암호화되고 랜섬노트 발견")
• 탐지: 어떻게 사고를 인지했는지(모니터링 알람, 사용자 신고, 보안 장비 로그 등)
• 즉각 조치: 피해 확산을 막기 위해 가장 먼저 수행해야 할 조치(격리, 정책 차단, 비밀번호 초기화 등)
• 원인 분석: 사고의 근본 원인(취약점, 계정 관리 부실, 정책 미비 등)
• 보고: 누구에게, 어떤 경로로 보고해야 하는지(보안 팀 → 운영 팀 → 관리자/경영진)
• 예방책: 재발 방지를 위해 필요한 제도적/기술적 보완책

출력 형식은 다음과 같이 표로 정리해 줘.
| 사고 유형 | 상황 가정 | 탐지 | 즉각 조치 | 원인 분석 | 보고 | 예방책 |

각 사고 유형마다 시나리오를 최소 다섯 개 이상 작성하고, 이를 표 형식의 플레이북 형태로 정리해 줘.
```

응답

사고 유형	상황 가정	탐지	즉각 조치	원인 분석	보고	예방책
랜섬웨어 감염	사내 PC에서 문서 · 이미지 파일이 암호화되고 랜섬 노트 발견	사용자 신고, EDR 탐지	해당 PC 네트워크 격리, 공유 폴더 접근 차단	피싱 메일 첨부 실행, 최신 보안 패치 미적용	보안 팀 → 운영 팀 → 경영진	EDR 확산 방지 정책, 정기 보안 패치, 사용자 보안 인식 교육
랜섬웨어 감염	파일 서버 데이터 암호화 및 접근 불가	서버 모니터링 알람, NAS 로그	서버 즉각 격리, 백업 확인 후 복구 계획 수립	SMB 취약점 악용, 백업망 미분리	보안 팀 → IT운영팀	네트워크 분리 백업, SMB 취약점 패치, 접근 제어 강화
랜섬웨어 감염	대량 메일 발송 후 직원 다수 PC 동시 감염	메일 게이트웨이 경고, AV 중앙 로그	전체 메일 서버 SMTP 중단, 악성 메일 삭제	스팸 필터 우회, 메일 보안 정책 미비	보안 팀 → 인사/관리 부서	메일 보안 솔루션 강화, SPF/DKIM/DMARC 적용
랜섬웨어 감염	업무망에서 비정상 트래픽 발생 및 암호화 확산	IDS/IPS 알람, NetFlow 분석	코어 스위치에서 해당 세그먼트 차단	내부 lateral movement, 계정 탈취	보안 팀 → 관리자	네트워크 세분화, 계정 권한 최소화, EDR 확산 차단
랜섬웨어 감염	클라우드 VM에서 데이터 암호화 진행	CSP 콘솔 알람, 클라우드 보안 로그	VM 종료, 스냅샷 복원	RDP 자격 증명 탈취, MFA 미적용	보안 팀 → 클라우드 팀	클라우드 MFA, 접근 제어 정책 강화, 로그 모니터링

이와 같은 프롬프트는 보안 사고를 빠르게 식별하고 대응하는 데 필요한 정보를 제공하며, 보안 사고를 효과적으로 처리하는 데 유용합니다. 사고가 발생했을 때 빠르고 정확하게 대응하여 추가적인 피해를 방지할 수 있습니다.

6.3 CLI 출력 분석

네트워크 보안 엔지니어는 로그 파일과 CLI(Command Line Interface) 출력을 분석하여 장애를 진단하고 보안 사고를 추적하는 중요한 역할을 합니다. 이런 로그와 CLI 출력은 네트워크 장비나 시스템에서 발생한 이벤트를 기록한 정보로, 보안 엔지니어가 문제를 해결하고 시스템을 최적화하는 데 중요한 데이터를 제공합니다. 그러나 로그나 CLI 출력은 방대한 양의 정보와 전문 용어로 가득 차 있어 이를 해석하고 관련된 대응 방안을 도출하는 업무가 매우 중요합니다. 이때 단순한 해석을 넘어 데이터를 분석하고 그에 맞는 대응 방안을 제시할 수 있는 프롬프트를 활용하는 것이 필요합니다.

이 절에서는 로그 및 CLI 출력 해석을 효율적으로 수행할 수 있도록 돕는 프롬프트 작성 방법을 설명합니다. 프롬프트는 해석뿐만 아니라 문제의 원인 분석과 함께 적절한 대응 방안을 도출하는 데 도움을 줍니다. 이것으로 엔지니어는 더 빠르고 정확하게 문제를 파악하고 신속하게 대응할 수 있습니다.

로그를 해석하는 프롬프트는 단순히 로그를 읽는 데 그치지 않고, 그 의미를 분석하고 추가적인 조치를 취할 수 있도록 돕습니다. 예를 들어 로그에서 특정 오류 코드나 경고 메시지를 확인한 후 이를 바탕으로 시스템 상태를 점검하고, 필요한 대응을 제시할 수 있는 프롬프트가 필요합니다.

프롬프트

너는 네트워크 운영 전문가야.

아래에 제공한 네트워크 장비 CLI 출력 결과를 분석해서 기준에 맞게 해석해 줘.

[분석 기준]

- 출력 항목 설명: 각 컬럼/필드/값이 무엇을 의미하는지 설명해 줘.
- 상태 진단: 현재 출력이 정상 동작을 의미하는지, 이상 징후가 있는지 평가해 줘.
- 문제 원인 후보: 비정상이라면 어떤 원인이 있을 수 있는지 구체적으로 기술해 줘.
- 운영/보안 관점 조언: 관리자가 확인하거나 조치해야 할 사항이 무엇인지 제시해 줘.

```
정리 방식: (1) 주요 항목별 해설 (2) 종합 진단 요약 (3) 개선 권고 사항

GigabitEthernet1/1 is up, line protocol is up
Hardware is iGbE, address is 0011.2233.4455
MTU 1500 bytes, BW 1000000 Kbit/sec, DLY 10 usec
reliability 255/255, txload 1/255, rxload 5/255
Encapsulation ARPA, loopback not set Keepalive set (10 sec)
Full-duplex, 1000Mb/s 10 packets input, 0 errors, 0 drops
15 packets output, 0 errors, 0 drops
```

응답

아래 출력은 Cisco 계열 기가비트 이더넷 인터페이스(Gi1/1)의 상태 요약입니다. 요청 형식에 맞추어 정리합니다.

1. 주요 항목별 해설

- GigabitEthernet1/1 is up, line protocol is up
  물리 링크(계층 1)와 라인 프로토콜(계층 2)이 모두 정상. 케이블/상대 포트/협상 상태 양호
- Hardware is iGbE, address is 0011.2233.4455
  iGbE 칩셋 사용, 인터페이스 MAC 주소 00:11:22:33:44:55
- MTU 1500 bytes
  표준 이더넷 MTU. 점보 프레임 비사용
- BW 1000000 Kbit/sec, DLY 10 usec
  대역폭 참조 값 1Gbps, 지연 10μs — 라우팅/경로 선정 시 비용 계산에 쓰이는 논리 값
- reliability 255/255
  최근 관찰 구간 내 신뢰도 최고치(손실/오류 징후 없음)
- txload 1/255, rxload 5/255
  전송/수신 부하 지표(0~255). 대략 TX≈0.39%, **RX≈1.96%**로 매우 낮음. 수신이 조금 더 많지만 정상 범위
- Encapsulation ARPA
  Ethernet II(ARPA) 캡슐화. 일반적 L2 프레임 형식
- loopback not set / Keepalive set (10 sec)
  루프백 미설정(정상), 10초 주기의 링크 헬스 체크 활성
- Full-duplex, 1000Mb/s
  풀듀플렉스 1Gbps로 협상 완료. 충돌 도메인 이슈 없음

- 10 packets input, 0 errors, 0 drops / 15 packets output, 0 errors, 0 drops
  유량이 매우 적고, 입력/출력 오류 및 드롭 0 — 링크 품질 양호

2. 종합 진단 요약

- **상태 진단:** 링크/프로토콜 정상, 협상 값(1G/Full) 정상, 에러 · 드롭 없음, 신뢰도 255/255, 부하 매우 낮음
- **주의 포인트:** 트래픽이 극히 적습니다. 이 포트가 본래 저유량(백업 · 대기 · 관리망)인지, 아니면 기대치 대비 유량 저하(경로 우회 · 스패닝트리 블록 · 정책 차단 등)인지 운용 맥락으로 확인이 필요합니다.

3. 개선 권고 사항(운영/보안 관점)

운영

1) 기대 트래픽 대비 검증: NetFlow/sFlow · SNMP 트렌드로 평소 유량과 비교하여 이상 유무 확인
2) 상호단 상태 점검: show cdp/lldp neighbors, 상대 포트 속도/듀플렉스/에러 카운터 확인
3) 경로/역할 확인: L3라면 show ip route/show arp, L2라면 show spanning-tree interface gi1/1로 포트가 포워딩 상태인지 확인
4) 오류 지표 모니터링: CRC, input errors, giants, late collisions 등의 급증 알람 임계치 설정
5) MTU 일관성: 구간 전체 MTU 1500 일치 확인(향후 점보 프레임 사용 시 양단 · 중간 구간 통일 필요)
6) 설명 태깅: description에 연결 대상/용도 기록(예: desc Uplink to SW-CORE Gi0/24)으로 운영 가시성 강화

보안

1) 포트 성격별 하드닝:
   - 액세스 포트: spanning-tree portfast, bpduguard, storm-control, ip dhcp snooping+ip verify source(DAI), port-security 적용
   - 트렁크/업링크: 허용 VLAN 최소화, native VLAN 변경/고정, 불필요 VLAN 제거
2) 이벤트 로깅: 링크 플랩/에러 급증/SFP 광레벨(해당 시) 등 Syslog · SNMP Trap 설정
3) 관리면 보호: L3 인터페이스라면 접근 제어(ACL/CoPP)로 관리 트래픽 최소화, 불필요 서비스 비활성화
4) 구성 무결성: 구성 백업 · 차이 감시(NCCM)로 비인가 변경 탐지

한 줄 결론: 현재 인터페이스 품질과 상태는 매우 양호합니다. 다만 업무상 기대 유량과 비교하여 과소 트래픽이 아닌지 확인하고, 포트 성격에 맞춘 L2/L3 보안 하드닝 및 모니터링 임계치를 설정하면 운영·보안 측면 모두 견고해집니다.

CLI 출력을 해석하는 과정에서 효율성을 높이려면 프롬프트의 최적화가 필요합니다. 프롬프트는 단순히 로그와 CLI 출력을 해석하는 것뿐만 아니라, 관련된 대응 방안도 함께 도출할 수 있어야 합니다. 최적화된 프롬프트는 반복적으로 발생하는 문제를 신속하게 해결하고, 엔지니어가 빠르게 대응할 수 있도록 돕습니다. 예를 들어 시스템이 주기적으로 발생하는 오류나 경고 메시지를 파이썬 등을 활용하여 API로 자동화된 분석과 해결 방법을 제공하는 프롬프트로 작성하면, 엔지니어는 동일한 문제를 반복적으로 해결하는 시간을 절약할 수 있습니다.

CHAPTER

7

챗GPT를 활용한 장비 로그 분석

네트워크 보안 엔지니어의 핵심 업무 중 하나는 장애를 예방하고, 장애가 발생하면 신속하게 원인을 분석하여 조치하는 것입니다. 이런 예방과 분석은 장비에서 생성되는 로그를 해석하는 능력을 기반으로 합니다. 그러나 각 장비가 쏟아 내는 로그양은 방대하며, 이를 모두 정확히 분석하기란 쉽지 않습니다. 이 장에서는 챗GPT를 활용하여 로그를 빠르게 분석하고, 분석 과정을 자동화함으로써 엔지니어의 업무 역량을 한 단계 높일 수 있는 기술을 살펴보겠습니다.

7.1 SECTION 챗GPT로 로그 패턴 요약

네트워크 보안 분야에서 로그 분석은 필수적인 작업입니다. 하지만 수많은 로그 파일 속에서 유의미한 정보를 빠르게 추출하는 일은 많은 시간과 노력을 요구합니다. 이때 로그 분석 자동화는 보안 팀 효율성을 극대화할 수 있는 중요한 방법입니다. 특히 챗GPT를 활용하면 방대한 로그 데이터 속에서 패턴을 찾아내고 이를 요약하여 유용한 인사이트를 도출할 수 있습니다.

로그의 종류와 분석 필요성

로그는 크게 시스템 로그, 네트워크 로그, 애플리케이션 로그 등으로 분류할 수 있습니다. 각 로그는 보안 위협을 탐지하는 데 중요한 역할을 함으로써 다양한 공격 유형과 시스템 이상 징후를 파악할 수 있습니다. 예를 들어 방화벽 로그나 IDS/IPS 로그는 침입 시도를 탐지하는 데 유용하며, 서버나 애플리케이션 로그는 시스템 내부 상태를 진단하는 데 필요합니다. 이처럼 로그 분석은 다양한 시스템의 보안 상태를 점검하고, 위험 요소를 미리 감지할 수 있는 중요한 도구입니다.

로그 패턴 요약의 중요성

로그 패턴을 요약한다는 것은 로그에 반복적으로 나타나는 특정 형식이나 사건을 식별하고, 이를 기준으로 자동화된 분석을 가능하게 하는 것입니다. 예를 들어 동일한 IP 주소에서 다수의 로그인 시도가 실패하거나 특정 서비스에서 높은 트래픽을 보이는 경우 이는 잠재적인 보안 위협을 의미할 수 있습니다. 이런 패턴을 로그에서 자동으로 추출하고 요약하여 보안 담당자가 쉽게 분석할 수 있도록 하는 것이 핵심입니다.

챗GPT는 로그에서 중요한 패턴을 식별하고, 이를 요약하는 데 강력한 도구로 활용될 수 있습니다.

자동화된 로그 분석의 사례

챗GPT를 사용하여 로그 패턴을 자동으로 분석하고 요약하는 예를 들어 보겠습니다. 네트워크 보안 담당자가 다양한 시스템에서 발생하는 로그를 수집한다고 가정했을 때 로그 데이터 수백만 개 속에서 중요한 패턴을 찾는 것은 어려운 일입니다. 하지만 챗GPT에 로그 데이터를 입력하면 해당 데이터에서 이상 징후나 반복되는 패턴을 식별하여 자동으로 요약을 생성할 수 있습니다. 예를 들어 로그인 시도가 3회 이상 실패한 IP 주소나 비정상적인 트래픽 패턴을 나타내는 IP를 자동으로 추출해 낼 수 있습니다. 이 요약된 정보는 보안 담당자에게 즉시 전달되어 빠른 조치를 취할 수 있습니다.

프롬프트

```
다음 로그에서 로그인 실패가 반복되는 IP 주소와 이를 요약한 결과를 제공해 줘.

로그:
2025-08-20 10:30:21, ERROR - Failed login attempt from IP 192.168.1.100
2025-08-20 10:30:35, ERROR - Failed login attempt from IP 192.168.1.100
2025-08-20 10:30:45, ERROR - Failed login attempt from IP 192.168.1.100
```

응답

```
IP 192.168.1.100에서 세 차례의 로그인 실패 시도가 발생했습니다. 이는 잠재적인 공격
또는 비정상적인 로그인 시도를 나타낼 수 있습니다. 해당 IP 주소에 대한 추가 검토가 필
요합니다.
```

패턴을 기반으로 한 탐지와 대응

로그 패턴을 요약하는 작업은 단순히 패턴을 찾는 것에 그치지 않습니다. 그 패턴을 기반으로 보안 위협을 탐지하고, 이를 빠르게 대응할 수 있는 체계를 마련하는 것이 중요합니다. 예를 들어 패턴화된 로그가 특정 시간대에 비정상적인 트래픽 급증을 보인다면, 이는 서비스 거부 공격(DoS)이나 분산 서비스 거부 공격(DDoS)을 의미할 수 있습니다. 이 경우 챗GPT는 관련 데이터를 분석하고 공격 패턴을 요약하여 경고를 생성합니다. 보안 팀은 이를 바탕으로 트래픽 필터링을 강화하거나 추가적인 보안 조치를 취할 수 있습니다. 다음 프롬프트에서는 로그 값을 일부 생략하여 표기했습니다.

프롬프트

```
로그에서 다음과 같은 패턴을 찾아 비정상적인 트래픽 급증을 감지하고 이를 요약해 줘.

로그:
2025-08-20 10:00:00, INFO - Incoming traffic: 2000 requests from IP
203.0.113.25
2025-08-20 10:01:00, INFO - Incoming traffic: 3000 requests from IP
203.0.113.25
2025-08-20 10:02:00, INFO - Incoming traffic: 5000 requests from IP
203.0.113.25
(…5000건 생략…)
```

응답

```
IP 203.0.113.25에서 1분 간격으로 트래픽이 급증하여 5000개의 요청이 발생했습니다.
이는 서비스 거부 공격(DDoS)의 징후일 수 있으며, 해당 IP에 대한 필터링 조치를 권장합
니다.
```

이처럼 로그 분석에서 패턴 요약은 단순히 무작정 나열된 로그 정보를 줄여 주는 것이 아니라, 보안 담당자가 빠르게 위협을 인식하고 대응할 수 있도록 돕는 중요한 역할을 합니다.

7.2 SECTION 이상 탐지 로그 해석

네트워크 보안의 최전선에는 침입 탐지 시스템(IDS), 침입 방지 시스템(IPS), 웹 방화벽(WAF), 통합 보안 정보 및 이벤트 관리 시스템(SIEM) 등 다양한 보안 장비가 있습니다. 이 시스템들은 정교한 규칙과 알고리즘을 기반으로 정상적인 트래픽 패턴에서 벗어나는 행위, 즉 '이상 행위(anomaly)'를 탐지하고 경보를 발생시킵니다. 문제는 이 경보 로그들이 복잡하고 난해하다는 점입니다.

예를 들어 'ET POLICY PE EXE or DLL Windows file download HTTP' 같은 로그 메시지를 처음 본 주니어 엔지니어는 당황할 수밖에 없습니다. 이것이 무엇을 의미하는지, 얼마나 심각한 위협인지, 당장 무엇을 해야 하는지 파악하려면 수많은 검색과 보안 문서를 찾아보아야 합니다. 숙련된 전문가라고 할지라도 새롭거나 익숙하지 않은 형태의 로그를 만나면 분석에 상당한 시간이 소요됩니다.

이런 상황에서 챗GPT는 마치 24시간 대기하는 똑똑한 보안 엔지니어처럼 이상 탐지 로그를 해석하고, 그 의미와 대응 방안까지 제시해 주는 강력한 조력자가 될 수 있습니다. 로그 메시지를 챗GPT에 제공하여 해당 로그가 어떤 의미인지 알고, 잠재적인 위협이나 해결할 수 있는 구체적인 행동 계획을 신속하게 얻을 수 있습니다.

7.2.1 챗GPT를 활용한 IDS/IPS 로그 분석

가장 흔하게 접하는 이상 탐지 로그는 바로 IDS/IPS에서 발생하는 이벤트 로그입니다. 다음은 스노트(Snort) 룰 기반의 IPS에서 탐지된 로그를 챗GPT로 분석하는 예시입니다.

상황: 내부망의 한 사용자가 외부 웹 사이트에서 실행 파일을 내려받은 정황이 IDS에 탐지되었습니다. 로그는 다음과 같습니다.

코드

```
[**] [1:2013491:2] ET POLICY PE EXE or DLL Windows file download HTTP
[**] [Classification: A Network Trojan was detected] [Priority: 1] {TCP}
192.168.10.105:51321 -> 203.0.113.50:80
```

이 로그를 단순히 검색 엔진에 붙여 넣는 대신 우리는 챗GPT에 보안 전문가 관점에서 필요한 정보를 구체적으로 요청할 수 있습니다.

프롬프트

너는 네트워크 보안 전문가야. 다음 IDS 로그를 분석해 줘.

로그 내용: [**] [1:2013491:2] ET POLICY PE EXE or DLL Windows file download HTTP [**] [Classification: A Network Trojan was detected] [Priority: 1] {TCP} 192.168.10.105:51321 -> 203.0.113.50:80

분석 요청 사항:

1. 이 로그의 의미를 초보자도 이해하기 쉽게 설명해 줘.
2. 이 상황이 가질 수 있는 잠재적 위험성은 무엇이야?
3. 보안 담당자로서 즉시 수행해야 할 단기 대응 방안과 재발 방지를 위한 장기 대응 방안을 구체적으로 알려 줘.

응답

좋습니다. 네트워크 보안 전문가의 시각에서 로그를 단계적으로 풀어서 설명드리겠습니다.

1. 로그 의미(초보자도 이해하기 쉽게)

[**] [1:2013491:2] ET POLICY PE EXE or DLL Windows file download HTTP [**]
[Classification: A Network Trojan was detected] [Priority: 1]
{TCP} 192.168.10.105:51321 -> 203.0.113.50:80

- 룰 ID 2013491: IDS 룰 번호입니다. "ET POLICY PE EXE or DLL Windows file download HTTP" = 인터넷을 통해 .exe(실행 파일)나 .dll(윈도우 라이브러리 파일)이 다운로드될 때 탐지하는 룰입니다.
- Classification: IDS가 이것을 "네트워크 트로이 목마 가능성"으로 분류했습니다.
- Priority: 1: 가장 높은 우선순위 → 긴급히 살펴야 한다는 의미입니다.
- {TCP} 192.168.10.105:51321 -> 203.0.113.50:80:
  - 192.168.10.105 = 내부 PC IP(사내 직원 PC로 추정)
  - 203.0.113.50 = 외부 서버 IP

  - :80 = HTTP 포트(웹 다운로드)
  - 즉, 내부 PC가 외부 서버에서 실행 파일(.exe/.dll)을 다운로드하는 트래픽을 IDS가 잡았다는 뜻입니다.

👉 한마디로: 사내 PC(192.168.10.105)가 인터넷에서 윈도우 실행 프로그램을 내려받았고, IDS가 이를 잠재적 악성 행위로 경고한 상황입니다.

2. 잠재적 위험성

- 악성 코드 감염 가능성: 다운로드된 EXE/DLL이 랜섬웨어, 트로이 목마, 백도어일 수 있습니다.
- 내부 확산: 감염된 PC가 내부망 다른 PC/서버로 전파 시도할 수 있습니다.
- 정보 유출: 악성 DLL이 로딩되면 키로깅, 계정 탈취, 중요 파일 유출 등이 발생할 수 있습니다.
- 보안 정책 위반: 일반적으로 회사 정책에서는 무심사 외부 실행 파일 다운로드를 금지합니다. 이는 정책 위반일 수도 있습니다.

3. 대응 방안

(단기 대응: 즉시 해야 할 조치)

- 해당 PC 격리: 192.168.10.105를 네트워크에서 분리하여 추가 통신 차단
- 악성 파일 검사:
  - 다운로드 파일을 샌드박스/백신으로 분석
  - 최신 AV/EDR로 PC 전체 스캔
- 로그/트래픽 추적:
  - 같은 외부 IP(203.0.113.50)와 통신한 다른 내부 PC가 있는지 확인
  - 동일 탐지 룰이 발생한 다른 호스트 있는지도 IDS/SIEM에서 검색
- 사용자 인터뷰: 해당 PC 사용자에게 파일 다운로드 이유 확인(업무 필요 vs 불법 다운로드)

(장기 대응: 재발 방지 대책)

- 정책 강화:
  - 웹 프록시/보안 게이트웨이에서 EXE/DLL 다운로드 차단
  - 필요 시 승인 절차를 거쳐 화이트 리스트만 허용
- 보안 솔루션 고도화:
  - EDR(Endpoint Detection & Response) 도입으로 행위 기반 탐지 강화
  - 샌드박스와 연동하여 모든 실행 파일 다운로드 자동 분석
- 사용자 보안 인식 교육:
  - "출처 불분명한 실행 파일 다운로드 금지" 교육 정기 실시

- 위협 인텔리전스 연동:
  - IDS 룰/시그니처 최신화
  - 외부 IP(203.0.113.50)가 악성으로 확인되면 방화벽/프록시에서 차단
- 사전 예방 체계:
  - 애플리케이션 화이트 리스트 적용(AppLocker 등) → 승인되지 않은 실행 파일은 실행 불가
  - 최소 권한 원칙 적용하여 사용자 PC 권한을 제한

☑ 요약하면: 이 로그는 **내부 PC가 외부에서 실행 파일을 내려받았다는 경고**이며, **악성 코드 감염 위험**이 있으므로 **즉시 해당 PC를 격리·검사**하고, 장기적으로는 **실행 파일 다운로드 차단 정책과 EDR/교육/화이트 리스트 기반 통제**를 도입해야 합니다.

지금까지 우리는 챗GPT를 활용하여 단일 시스템에서 발생한 이상 탐지 로그를 얼마나 빠르고 깊이 있게 해석할 수 있는지 확인했습니다. IDS 로그 하나만으로도 이 정도의 분석이 가능하다면 여러 시스템의 로그를 종합할 때는 어떤 시너지를 낼 수 있을까요?

실제 사이버 공격은 단 하나의 흔적만 남기지 않습니다. 방화벽, 웹 서버, 데이터베이스 등 여러 시스템에 걸쳐 다양한 로그를 남깁니다. 진정한 위협 분석은 이 흩어진 퍼즐 조각들을 하나로 모으는 과정에서 시작합니다.

다음 절에서는 챗GPT를 활용하여 이렇게 여러 소스에서 발생한 로그를 서로 비교하고 정리하여 공격의 전체적인 흐름을 재구성하는 방법을 알아볼 것입니다.

7.3 SECTION 다중 로그 소스 비교 및 정리

네트워크 보안에서 로그는 여러 소스에서 쏟아집니다. 방화벽 로그, IPS(침입 탐지 시스템) 로그, 서버 액세스 로그, 애플리케이션 로그 등 다양합니다. 이 로그를 하나씩 분석하는 일은 시간도 많이 들고 실수하기도 쉽습니다. 이때 작업 전후 로그를 비교하거나 여러 소스의 로그를 정리할 때 챗GPT를 활용하면 큰 도움이 됩니다. 챗GPT는 텍스트 기반으

로 로그를 비교하고, 특이 사항을 자동으로 추출해 줍니다. 이 절에서는 다중 로그 소스를 비교하고 정리하는 방법을 쉽게 설명하며, 초보자도 따라 할 수 있도록 단계별로 안내하겠습니다.

먼저 왜 다중 로그 소스를 비교해야 할까요? 네트워크 공격은 로그 하나에만 나타나지 않습니다. 예를 들어 방화벽 로그에서 이상한 IP 접근이 보이면 서버 로그에서 그 IP가 실제로 파일을 내려받았는지 확인해야 합니다. 작업 전후 로그 비교는 네트워크 구성 변경, 시스템 업데이트나 패치 적용 후 변화된 점을 파악하는 데 유용합니다. 챗GPT는 이런 비교를 자동화하면서 인간이 놓치기 쉬운 패턴이나 차이점을 찾아냅니다.

구체적으로 활용 방법을 살펴보겠습니다. 로그를 챗GPT에 입력할 때는 로그 형식을 간단히 정리해서 넣습니다. 너무 긴 로그는 요약하거나 샘플만 사용해도 됩니다. 챗GPT는 자연어로 명령을 주면 로그를 분석합니다. 예를 들어 로그 파일을 두 개 비교할 때 "이 두 로그를 비교해서 차이점을 나열해 줘."라고 하면 됩니다. 특이 사항 추출은 "이 로그에서 비정상적인 이벤트를 찾아 줘."처럼 지시합니다.

실제 예시를 들어 볼게요. 네트워크 보안 엔지니어가 시스템 업데이트 전후 로그를 비교하려고 합니다. 업데이트 전 로그는 정상 트래픽만 있고, 후 로그에는 새로운 연결 시도가 있습니다. 챗GPT를 사용하면 이 차이를 빠르게 파악할 수 있습니다.

프롬프트

```
너는 네트워크 보안 전문가야.
아래는 시스템 업데이트 전 로그와 후 로그야. 두 로그를 비교해서 차이점을 나열하고, 특이 사항을 강조해 줘. 특이 사항은 공격 가능성이나 오류로 보이는 부분을 중점으로 분석해 줘.
[업데이트 전 로그 샘플] 2025-08-19 10:00:00 INFO: Connection from 192.168.1.10 accepted. 2025-08-19 10:05:00 WARN: Failed login attempt from 192.168.1.15.
[업데이트 후 로그 샘플] 2025-08-19 11:00:00 INFO: Connection from 192.168.1.10 accepted. 2025-08-19 11:05:00 WARN: Failed login attempt from 192.168.1.15. 2025-08-19 11:10:00 ERROR: Unauthorized access from 10.0.0.5.
```

응답

좋습니다. 네트워크 보안 전문가 관점에서 업데이트 전/후 로그 비교 분석을 정리해 드리겠습니다.

1. 로그 비교(변경 사항 나열)

- **공통점(업데이트 전/후 모두 존재)**
  - 192.168.1.10 → 정상 연결 허용(INFO: Connection ... accepted)
  - 192.168.1.15 → 로그인 실패 시도(WARN: Failed login attempt ...)
- 업데이트 후에만 추가된 항목
  - 2025-08-19 11:10:00 ERROR: Unauthorized access from 10.0.0.5

2. 특이 사항 강조(보안 위험 가능성)

- **신규 이벤트: ERROR: Unauthorized access from 10.0.0.5**
  - "Unauthorized access" → 단순 로그인 실패(WARN)보다 심각한 레벨(ERROR)
  - 내부망(192.168.x.x)이 아닌 다른 서브넷(10.0.0.5)에서 접근 발생
  - 허용되지 않은 IP 대역에서의 접근 시도라면, 공격/침입 시도 가능성을 강하게 시사
  - 시스템 업데이트 후 새롭게 기록되는 로그 포맷일 수도 있으나, 실제로는 탐지 기능이 강화되면서 이전에 잡히지 않던 불법 접근이 드러난 것일 가능성이 큼

3. 분석 요약

- **업데이트 전**: 정상 연결(192.168.1.10)+반복적인 로그인 실패(192.168.1.15)
- **업데이트 후**: 위 두 이벤트 동일하게 발생+새로운 외부/다른 서브넷 IP(10.0.0.5)에서 권한 없는 접근 발생
- 이는 업데이트 이후 보안 로깅 수준이 강화되었거나, 실제로 새 침입 시도가 발생했음을 의미함

4. 운영/보안 권고 사항

단기 대응

- 10.0.0.5 출처 확인: 내부망 다른 세그먼트인지, 외부 VPN/공격자 IP인지 확인
- 실시간 차단: 방화벽/IPS에서 해당 IP를 임시 차단
- 계정 로그 검토: Unauthorized access 이벤트 당시 어떤 계정/리소스가 대상이었는지 확인
- 추가 시도 탐지: 동일 IP, 유사 패턴이 반복되는지 로그 모니터링

장기 대응

- 업데이트 영향 확인: 시스템 업데이트로 로그 레벨/형식이 바뀐 것인지 문서화
- 보안 정책 강화:
  - 승인된 IP/대역만 접근 허용(ACL, 방화벽 화이트 리스트)
  - 비정상 IP는 기본 차단

- 로그 상관 분석: SIEM에 연동하여 "Unauthorized access" 이벤트를 **즉시 알람**으로 승격
- 사용자 계정 점검: 비밀번호 정책, MFA 적용 여부 확인

☑ **핵심 특이 사항**: 업데이트 후 새롭게 탐지된 10.0.0.5에서의 "Unauthorized access" 이벤트는 단순 경고가 아닌 침입 시도로 간주해야 합니다. 반드시 출처 확인 및 차단과 함께, 업데이트로 인해 새 탐지 기능이 추가된 것인지도 확인하는 것이 중요합니다.

이처럼 챗GPT는 단순 비교를 넘어 보안 관점에서 해석합니다. 초보자라면 이 결과를 바탕으로 실제 로그 시스템(SIEM 도구처럼 Splunk나 ELK)에 적용할 수 있습니다.

다중 소스 로그를 정리할 때는 여러 로그를 하나의 테이블이나 리스트로 통합하면 효과적입니다. 예를 들어 방화벽 로그와 웹 서버 로그를 합쳐서 타임라인을 만들면 사건 흐름을 파악하기 쉽습니다. 챗GPT에 "이 로그들을 시간 순으로 정리해 줘."라고 하면 됩니다.

또 다른 예시로 IPS 로그와 애플리케이션 로그를 비교해 볼게요. IDS에서 SQL 인젝션 시도가 탐지되었는데, 애플리케이션 로그에 데이터베이스 오류가 있으면 연관성을 찾아야 합니다.

프롬프트

네트워크 보안 분석가라 생각하고, 아래 IDS 로그와 애플리케이션 로그를 비교해. 공통된 이벤트나 특이 패턴을 추출하고, 잠재적 위협을 분석해 줘.
[IDS 로그] 2025-08-20 14:00:00 ALERT: SQL Injection attempt detected from IP 203.0.113.1 on port 80.
[애플리케이션 로그] 2025-08-20 14:01:00 ERROR: Database query failed: 'SELECT * FROM users WHERE id = '' OR '1'='1';'

응답

- 공통 이벤트: 시간대가 비슷합니다. IDS의 SQL 인젝션 시도가 애플리케이션의 쿼리 실패와 연결됩니다.
- 특이 패턴: IP 203.0.113.1에서 온 공격이 데이터베이스 취약점을 이용한 것으로 보입니다. 쿼리 'OR '1'='1''은 전형적인 SQL 인젝션 패턴입니다.
- 잠재적 위협: 데이터 유출 가능성이 높습니다. 즉시 WAF(Web Application Firewall)를 강화하고, 입력 검증 코드를 추가하세요. 추가 로그 수집으로 공격자를 추적하세요.

이 방법은 로그가 많을 때 특히 유용합니다. 챗GPT는 로그양이 많아도 처리할 수 있지만, 너무 길면 부분적으로 나누어 입력하는 것이 좋습니다. 예를 들어 100줄 로그라면 20줄씩 쪼개서 분석한 후 합치면 됩니다. 혹은 CSV 파일처럼 챗GPT가 처리하기 좋은 파일 형식으로 제공합니다.

특이 사항 추출을 더 세밀하게 하려면 챗GPT에 규칙을 추가합니다. "비정상 IP나 반복 실패를 특이 사항으로 봐."처럼 지시하면 됩니다. 이는 SIEM 도구의 자동화와 비슷하지만, 챗GPT는 코딩 없이 즉시 사용할 수 있습니다.

노트

로그를 입력할 때 민감 정보(예 실제 IP나 사용자 이름)는 가려야 합니다. 챗GPT는 클라우드 기반이니 보안 정책을 준수하기 바랍니다. 또 챗GPT 결과를 검증하려면 수동으로 로그를 다시 확인하는 습관을 들이는 것이 좋습니다.

이 절에서 배운 다중 로그 비교와 정리는 기본적인 자동화입니다. 하지만 더 복잡하게 분석하고 싶을 때는 프로그래밍을 결합하면 훨씬 강력해집니다. 다음 절에서는 파이썬과 챗GPT를 연계하여 로그 분석을 완전 자동화하는 방법을 알아보겠습니다. 파이썬 스크립트로 로그를 수집하고 챗GPT에 넘겨 분석하는 흐름을 따라가 봅시다.

SECTION 7.4 파이썬+챗GPT 연계 분석 자동화

로그 분석을 자동화하려면 단순히 챗GPT에 로그를 넣고 결과를 받는 것만으로는 부족합니다. 특히 매일 로그가 수천 줄 쌓이는 환경에서는 반복 작업을 줄이고 효율을 높여야 합니다. 여기에서 파이썬과 챗GPT를 연계하면 강력한 자동화 도구를 만들 수 있습니다. 파이썬으로 로그를 수집하고 정리한 후 챗GPT에 분석을 맡기는 방식입니다. 이 절에서는 파이썬과 챗GPT를 활용하여 작업 전후 로그 비교와 특이 사항 추출을 자동화하는 방법을 설명합니다. 초보자도 따라 할 수 있도록 쉽게 풀어서 설명하겠습니다.

이 조합은 SIEM(Security Information and Event Management) 도구와 비슷한 효과를 내면서도 코딩 초보자도 구현할 수 있습니다.

일반적인 자동화 흐름은 다음과 같습니다.

1. **로그 수집**: 파이썬으로 로그 파일을 읽습니다.
2. **전처리**: 로그를 챗GPT가 이해하기 쉽게 정리합니다(예 타임스탬프, IP, 이벤트 유형 추출).
3. **챗GPT 분석**: 챗GPT API를 호출해서 비교나 특이 사항 추출을 요청합니다.
4. **결과 저장**: 분석 결과를 파일이나 콘솔에 출력합니다.

7.4.1 작업 전후 로그 비교 자동화 예제

작업 전후 로그를 비교하여 차이점과 특이 사항을 찾는 스크립트를 만들어 보겠습니다. 예를 들어 시스템 업데이트 전후 로그에서 새로운 이벤트나 이상 징후를 탐지한다고 가정합니다. 파이썬으로 로그를 읽고, 챗GPT에 비교를 요청하는 코드를 작성합니다.

프롬프트

```
너는 네트워크 보안 전문가야.
아래 파이썬 코드를 작성해 줘. 코드는 두 로그 파일(before.log, after.log)을 읽어서
내용을 비교하고, 챗GPT API를 호출하여 차이점과 특이 사항을 분석해 줘. 특이 사항은 공
격 가능성이나 오류를 중점으로 찾아 줘. 결과는 result.txt 파일에 저장해. API 호출은
가정하고, 실제 API 키는 주지 말고 플레이스홀더로 남겨 둬.
 • before.log: 작업 전 로그
 • after.log: 작업 후 로그
 • 결과는 차이점과 특이 사항을 명확히 구분해서 출력
```

응답

```
import os
from openai import OpenAI
OPENAI_API_KEY = [사용자 키 입력]

# 챗GPT API 설정(API 키는 실제 환경에서 입력)
```

```
client = OpenAI(api_key=OPENAI_API_KEY)

def read_log(file_path):
    with open(file_path, 'r', encoding='utf-8', errors='ignore') as f:
        return f.readlines()

def analyze_logs(before_log, after_log):
    prompt = f"""          ##프롬프트
```

또 다른 예를 봅시다.

프롬프트

```
너는 네트워크 보안 전문가야. 아래는 시스템 업데이트 전/후 로그야.
두 로그를 비교해서 차이점을 나열하고, 특이 사항(공격 가능성·오류 의심)을 강조해 줘.

[업데이트 전 로그]
{''.join(before_log)}

[업데이트 후 로그]
{''.join(after_log)}
"""
    resp = client.responses.create(
        model="gpt-4o",
        input=[
            {"role": "system", "content": "You are a network security
expert."},
            {"role": "user", "content": prompt}
        ],
        temperature=0.2,
    )
    return resp.output_text  # Responses API의 편의 속성

def save_result(result, output_file="result.txt"):
    with open(output_file, 'w', encoding='utf-8') as f:
        f.write(result)

def main():
```

```
    before_log = read_log("before.log")
    after_log = read_log("after.log")
    result = analyze_logs(before_log, after_log)
    save_result(result)
    print("분석 완료! 결과는 result.txt에 저장됐다.")

if __name__ == "__main__":
    main()
```

샘플 로그 파일:

- before.log:

```
2025-08-19 10:00:00 INFO: Connection from 192.168.1.10 accepted.
2025-08-19 10:05:00 WARN: Failed login attempt from 192.168.1.15.
```

- after.log:

```
2025-08-19 11:00:00 INFO: Connection from 192.168.1.10 accepted.
2025-08-19 11:05:00 WARN: Failed login attempt from 192.168.1.15.
2025-08-19 11:10:00 ERROR: Unauthorized access from 10.0.0.5.
```

응답

다음은 업데이트 전/후 로그 비교와 보안 관점의 특이 사항입니다.

차이점

- 공통: 192.168.1.10의 정상 연결(INFO), 192.168.1.15의 로그인 실패(WARN) 패턴은 동일. 시간만 1시간 뒤로 이동
- 업데이트 후에만 존재: 2025-08-19 11:10:00 ERROR: Unauthorized access from 10.0.0.5
- 신규 요소: 새 소스 IP(10.0.0.5), 심각도 상승(ERROR), 이벤트 유형이 "Unauthorized access"로 변경(이전에는 미기록)

특이 사항(공격 가능성 · 오류 의심)

- 10.0.0.5의 Unauthorized access
- RFC1918(사설) 대역이므로 내부 세그먼트/VPN/DMZ 등에서 온 트래픽일 가능성. 내부 이동(lateral movement) 또는 권한 우회 시도 의심
- "ERROR" 레벨의 Unauthorized는 단순 실패(WARN)보다 심각. 정책 위반 접근이나 차단 직전 일부 단계까지 진행되었을 수 있음
- 시스템 업데이트로 인해 방화벽/ACL/리스너 바인딩(예: 127.0.0.1→0.0.0.0) 변경, 새 인터페이스 오픈 등으로 접근 경로가 열렸을 가능성

- 단, 업데이트로 로깅 레벨/포맷이 바뀌어 이전에도 있었던 이벤트가 이제 표면화되었을 가능성도 배제 불가. 그 경우라도 10.0.0.5는 새롭게 확인된 관찰 대상
- 192.168.1.15의 반복 로그인 실패
- 업데이트 전/후 지속 발생. 크리덴셜 오입력/오래된 에이전트/자동화 스크립트 오류 또는 무차별 대입 초석일 수 있어 모니터링 필요

권고 조치(우선순위)

1. 10.0.0.5 신원 확인
   - 자산 관리/ARP/스위치 포트/DHCP 임대 기록으로 호스트 식별. 허용 호스트가 아니면 즉시 격리 또는 임시 차단(세그먼트 ACL/방화벽)
2. 접근 정책 점검
   - 업데이트로 변경된 방화벽/ACL/리스너 바인딩/인증 설정(diff 비교) 확인. 10.0.0.0/8 대역 접근이 의도된 것인지 검토
3. 로그 상관 분석
   - 11:05~11:15 사이 시스템/애플리케이션/IDS/프록시/감사(auth) 로그 확보. 어떤 리소스에 어떤 계정/토큰으로 접근했는지, 차단/성공 여부 확인
4. 네트워크 가시성
   - NetFlow/방화벽 히트카운트로 10.0.0.5의 다른 목적지/포트 스캔 징후 확인. 유사 "Unauthorized" 이벤트가 다른 시스템에도 있는지 조회
5. 192.168.1.15 조사
   - 실패 빈도/대상 계정 확인, 계정 잠금/Fail2Ban(또는 AD 스마트 잠금) 적용 검토, 해당 호스트의 크리덴셜/스케줄러/에이전트 설정 점검
6. 시간 동기화 확인
   - 업데이트 후 NTP/타임존 설정 확인(타임스탬프 신뢰성 확보)
7. 탐지 · 차단 강화
   - "Unauthorized access" ERROR 발생 시 즉시 알림, 미허용 세그먼트(특히 다른 사설 대역 간) 접근 기본 거부, 필요한 포트만 허용(최소 권한)

추가로 제공 가능하면 분석 정밀도를 높일 수 있습니다.

- 해당 시스템의 방화벽/서비스 바인딩 설정 변경 내역
- 11:10 주변의 상세 애플리케이션/인증 로그
- 10.0.0.5와 192.168.1.15의 자산 정보(역할/소유 부서)

이 코드는 간단하지만 강력합니다. 로그 파일을 읽고 챗GPT에 넘겨 분석해서 결과를 저장합니다. 초보자는 이 코드를 복사하여 실행하면 됩니다. 단 실제로 실행하려면 OpenAI API 키를 설정해야 합니다. API 키는 https://platform.openai.com/에서 얻을 수 있습니다.

노트

API를 사용하는 것은 챗GPT 프로로 가입하는 것과는 과금 체계가 다릅니다.

▼ **그림 7-1** API 과금 체계

Pricing

Copy page

Text tokens

Prices per 1M tokens.

Batch Flex Standard Priority

MODEL	INPUT	CACHED INPUT	OUTPUT
gpt-5	$1.25	$0.125	$10.00
gpt-5-mini	$0.25	$0.025	$2.00
gpt-5-nano	$0.05	$0.005	$0.40
gpt-5-chat-latest	$1.25	$0.125	$10.00
gpt-4.1	$2.00	$0.50	$8.00
gpt-4.1-mini	$0.40	$0.10	$1.60
gpt-4.1-nano	$0.10	$0.025	$0.40
gpt-4o	$2.50	$1.25	$10.00
gpt-4o-2024-05-13	$5.00	-	$15.00
gpt-4o-mini	$0.15	$0.075	$0.60
gpt-realtime	$4.00	$0.40	$16.00
gpt-4o-realtime-preview	$5.00	$2.50	$20.00
gpt-4o-mini-realtime-preview	$0.60	$0.30	$2.40
gpt-audio	$2.50	-	$10.00
gpt-4o-audio-preview	$2.50	-	$10.00
gpt-4o-mini-audio-preview	$0.15	-	$0.60
o1	$15.00	$7.50	$60.00
o1-pro	$150.00	-	$600.00
o3-pro	$20.00	-	$80.00
o3	$2.00	$0.50	$8.00
o3-deep-research	$10.00	$2.50	$40.00
o4-mini	$1.10	$0.275	$4.40
o4-mini-deep-research	$2.00	$0.50	$8.00
o3-mini	$1.10	$0.55	$4.40
o1-mini	$1.10	$0.55	$4.40

Text tokens
Image tokens
Audio tokens
Fine tuning
Built-in tools
Transcription and speech generation
Image generation
Embeddings
Moderation
Legacy models

7.4.2 특이 사항 추출 강화

특이 사항 추출을 더 정밀하게 하려면 프롬프트에 규칙을 추가합니다. 예를 들어 '반복된 실패 로그인 시도'나 '외부 IP 접근'을 특이 사항으로 지정할 수 있습니다.

프롬프트

```
너는 네트워크 보안 전문가야. 아래 로그에서 특이 사항을 추출해 줘.
특이 사항은 다음 기준으로 판단해.
   • 5회 이상 반복된 로그인 실패
   • 외부 IP(10.0.0.0/8 제외) 접근
   • 에러 코드가 포함된 이벤트 결과는 목록 형태로 정리해 줘.
[로그] 2025-08-20 14:00:00 WARN: Failed login from 203.0.113.1. 2025-08-
20 14:01:00 WARN: Failed login from 203.0.113.1. 2025-08-20 14:02:00 WARN:
Failed login from 203.0.113.1. 2025-08-20 14:03:00 WARN: Failed login from
```

```
203.0.113.1. 2025-08-20 14:04:00 WARN: Failed login from 203.0.113.1. 2025-08-20 14:05:00 ERROR: Database access denied from 203.0.113.1.
```

응답

특이 사항 목록:

- 203.0.113.1에서 5회 반복된 로그인 실패: 브루트 포스 공격 가능성. 계정 잠금 정책을 확인하세요.
- 203.0.113.1은 외부 IP로, 허가되지 않은 접근 시도. 방화벽에서 차단하세요.
- 데이터베이스 접근 거부 에러: SQL 인젝션 시도일 가능성. 애플리케이션 로그와 연계 분석하세요.

복잡한 로그 분석은 보안 엔지니어에게 가장 번거롭고 시간이 많이 드는 작업이지만, 챗GPT를 활용하면 이런 부담을 크게 줄여 시간과 비용을 절감할 수 있습니다. 로그 패턴 요약 기능을 이용하여 방대한 로그를 빠르게 정리하고, 보안 침해나 성능 저하 징후를 조기에 발견할 수 있으며, 복잡한 이상 탐지 로그도 명확하게 해석하여 상황을 신속히 파악할 수 있습니다. 여기에 파이썬과 GPT API를 연계하면 자동으로 로그를 분석하는 프로그램을 손쉽게 구축할 수 있어 전체적인 보안 분석 환경을 한층 효율적이고 체계적으로 개선할 수 있습니다.

CHAPTER

8

보안 정책 이해 & 문서화 기술

보안 장비를 다루다 보면 가장 많이 접하는 것이 바로 각종 정책과 룰입니다. 보안 장비, 개인 정보, 다양한 규정을 준수하며 안전한 서비스 환경을 유지하려면 철저하고 견고한 정책과 룰이 필요하며, 무엇보다 이를 지속적으로 관리하는 것이 중요합니다. 이런 업무는 사람이 직접 수행할 경우 누락이나 실수가 발생하기 쉬운 영역이기도 합니다. 따라서 챗GPT의 지원은 큰 도움이 될 수 있습니다. 이 장에서는 룰을 쉽게 이해할 수 있는 프롬프트와 시각화, 변경 사항 추적, 보안 유지에 필요한 체크 리스트 생성 등 챗GPT를 활용하여 안정적으로 보안 환경을 구축하는 다양한 사례를 살펴보겠습니다.

8.1 SECTION 룰 기반 정책 설명 만들기

보안 엔지니어의 핵심 업무 중 하나는 방화벽, IDS/IPS 정책을 다루는 일입니다. 방화벽은 Allow/Deny 정책을 이용하여 네트워크 트래픽을 필터링하고, 승인된 트래픽만 통과시켜서 네트워크를 보호합니다. 방화벽 정책은 다양한 룰로 구성되며, 이 룰은 네트워크 보안을 강화하는 데 중요한 역할을 합니다. 이 절에서는 방화벽, IDS/IPS 룰을 챗GPT로 쉽게 설명하고, 정책 중복이나 누락된 부분을 검토할 수 있는 방법을 다루겠습니다.

8.1.1 방화벽, IDS/IPS 룰의 중요성

IDS(Intrusion Detection System)와 IPS(Intrusion Prevention System)는 네트워크 보안에서 중요한 역할을 합니다. IDS는 네트워크 트래픽을 모니터링하여 의심스러운 활동이나 공격 징후를 탐지하고, IPS는 이런 공격을 실시간으로 차단합니다. IDS/IPS 방화벽 룰은 이런 시스템들이 네트워크에서 발생할 수 있는 공격을 감지하고, 차단할 수 있도록 도와줍니다.

방화벽에 설정된 룰들은 출발지 IP 주소, 목적지 IP 주소, 포트 번호, 프로토콜 등을 기준으로 트래픽을 허용하거나 차단합니다. IDS/IPS 룰은 이 요소들을 기반으로 알림, 로그 기록, 차단 등 작업을 자동으로 처리하며, 네트워크 공격이나 침입을 방지할 수 있도록 합니다.

8.1.2 방화벽 룰 설명 프롬프트

방화벽 정책을 챗GPT를 활용하여 쉽게 설명하는 방법은 간단합니다. 예를 들어 IDS/IPS 룰이 설정된 방화벽 정책 설명을 요청할 수 있습니다. 챗GPT는 이를 기반으로 해당 룰에 대한 의미와 설정 의도를 설명하고, 정책의 중복이나 오류를 찾아낼 수 있습니다. 이것으로 보안 엔지니어는 보다 효율적으로 방화벽 룰을 관리하고 최적화할 수 있습니다.

프롬프트

다음은 IDS/IPS 방화벽 룰이야. 이 룰에 대해 각 ID별로 자세히 설명하고, 중복된 설정이 있는지 확인해 줘.

1. **룰 1:**
    - Source IP: Any
    - Destination IP: 192.168.1.10
    - Protocol: TCP
    - Port: 80(HTTP)
    - Action: Allow
2. **룰 2:**
    - Source IP: Any
    - Destination IP: 192.168.1.10
    - Protocol: TCP
    - Port: 443(HTTPS)
    - Action: Allow
3. **룰 3:**
    - Source IP: 10.0.0.1
    - Destination IP: Any
    - Protocol: TCP
    - Port: 80(HTTP)
    - Action: Block

응답

좋습니다 👍 요청하신 IDS/IPS 방화벽 룰에 대해 각 ID별 상세 설명과 중복 여부를 정리해 드릴게요.

◇ **룰별 상세 설명**

☑ **룰 1**

- Source IP: Any(모든 외부/내부 IP 허용)
- Destination IP: 192.168.1.10(내부 서버 또는 특정 호스트)
- Protocol: TCP
- Port: 80(HTTP 서비스)
- Action: Allow(허용)

➡ **의미**: 외부 모든 IP가 내부 서버 192.168.1.10의 HTTP(웹) 서비스에 접속 가능함

➡ **보안 영향**: 웹 서버 공개용이라면 정상이나, 모든 Source를 허용하기 때문에 공격 표적이 될 가능성이 큼. ACL(GeoIP 제한, WAF 등) 보완 필요

☑ **룰 2**

- Source IP: Any
- Destination IP: 192.168.1.10
- Protocol: TCP
- Port: 443(HTTPS 서비스)
- Action: Allow

➡ **의미**: 외부 모든 IP가 내부 서버 192.168.1.10의 HTTPS(SSL/TLS) 서비스에 접속 가능함

➡ **보안 영향**: SSL/TLS 웹 서비스를 위한 일반적인 설정. 하지만 룰 1과 동일하게 "Any Source 허용"으로 보안 리스크 존재. 인증서/암호화 점검 필요

☑ **룰 3**

- Source IP: 10.0.0.1(내부 특정 클라이언트)
- Destination IP: Any
- Protocol: TCP
- Port: 80(HTTP)
- Action: Block

➡ **의미**: 내부 특정 호스트 10.0.0.1이 외부/내부 어떤 대상에든 HTTP 통신(80포트)을 못 하도록 차단

➡ **보안 영향**: 내부 클라이언트에서 불필요한 웹 트래픽을 차단하여 악성 코드 다운로드나 비인가 접속을 방지할 수 있음. 프록시 사용을 강제하는 정책일 수 있음

◇ **중복/충돌 여부**

- 룰 1과 룰 2: 서로 다른 포트를 대상으로 하고 있으므로 **중복 아님**(HTTP vs HTTPS)
- 룰 3과 룰 1: 룰 1은 **대상 서버(192.168.1.10)**를 허용하는 정책이고, 룰 3은 **특정 클라이언트(10.0.0.1)**를 차단하는 정책임. 적용 방향이 다르므로 **중복 아님**. 다만 룰 적용 우선순위(priority)에 따라 10.0.0.1이 192.168.1.10의 웹 서버에 접근하려 할 경우 → **룰 3이 우선 적용되면 차단됨**

◇ **정리**

- 룰 1: 웹 서버 HTTP 허용(보안 보완 필요)
- 룰 2: 웹 서버 HTTPS 허용(보안 보완 필요)
- 룰 3: 내부 특정 호스트의 HTTP 전송 차단

➡ **중복된 설정은 없음**

➡ 다만 룰 우선순위에 따라 10.0.0.1 → 192.168.1.10:80 요청 시 충돌(허용 vs 차단) 가능성이 있음 → **차단 우선**이 적용되는 것이 일반적

이렇게 챗GPT는 룰을 분석하고 중복된 설정을 찾아낼 수 있으며, 각 룰의 목적과 의도를 명확히 설명합니다. 이 방식은 방화벽 룰을 빠르게 이해하고 최적화하는 데 큰 도움이 됩니다.

방화벽 정책에 중복된 룰이 있으면 성능에 영향을 미치거나 불필요한 트래픽을 허용할 수 있습니다. 예를 들어 룰 두 개가 동일한 출발지와 목적지 IP, 프로토콜, 포트를 기준으로 허용/차단을 설정했다면 이 룰은 중복될 수 있습니다. 이 중복을 제거하면 방화벽 정책을 더 간결하고 효율적으로 유지할 수 있습니다.

챗GPT를 활용하면 방화벽 정책을 빠르게 검토하여 중복된 룰을 찾아낼 수 있습니다. 이것은 정책을 최적화하고 보안 사고를 예방할 수 있는 강력한 방법입니다.

노트

특정 벤더나 룰을 텍스트 형태로 추출(export)하기 어려운 환경에서는 룰 전체를 이미지로 넣고 다음과 같이 요청하여 받을 수 있습니다. 생성형 AI 대부분은 이미지 인식 능력이 괜찮기 때문에 이미지 분석 기능을 활용하여 룰을 빠르게 이해할 수 있습니다.

▼ **그림 8-1** 룰 이미지 활용 프롬프트 구성 예시

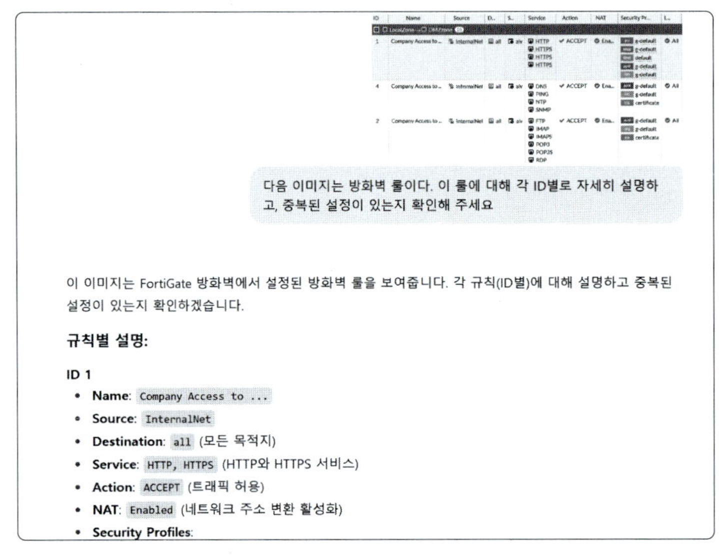

8.2 SECTION ACL/보안 정책 문서화 & 시각화

네트워크 · 보안 엔지니어의 일상에서 방화벽 보안 정책이나 라우터의 ACL(Access Control List)은 복잡하기도 하고 가시화가 어려워 구성과 장애 해결에 많은 시간을 소요하는 업무입니다. IP 주소, 알 수 없는 포트 번호, 일관성 없는 설명(description) 필드는 정책을 만든 담당자조차 시간이 지나면 해석하기 어렵게 합니다.

신입 담당자가 기존 정책을 인수인계받거나 장애가 발생하여 긴급하게 정책을 분석해야 하는 상황이라고 가정합시다. 수많은 룰 중에서 문제 원인이 되는 단 한 줄을 찾아내려면 얼마나 많은 시간과 노력을 쏟아야 할까요? 바로 이 지점에서 챗GPT는 복잡한 암호문 같던 정책을 누구나 이해할 수 있는 문서로 변환해 주는 역할을 할 수 있습니다.

챗GPT로 ACL과 보안 정책을 이해하기 쉬운 문서로 변환하는 몇 가지 구체적인 사례를 살펴보겠습니다.

8.2.1 ACL 룰을 쉽게 이해하기

가장 기본적인 활용법은 특정 ACL 한 줄이 어떤 역할을 하는지 물어보는 것입니다. 이는 정책을 처음 학습하거나 특정 룰의 목적을 빠르게 파악해야 할 때 매우 유용합니다.

예를 들어 Cisco 스위치에 다음과 같은 ACL이 있다고 가정합니다.

코드

```
access-list 101 permit tcp 192.168.1.0 0.0.0.255 host 10.10.10.5 eq 80
```

이 한 줄을 바로 해석하기란 쉽지 않습니다. 챗GPT에 이 룰의 분석을 요청해 봅시다.

프롬프트

```
다음 Cisco ACL 룰을 분석해서 한국어로 쉽게 설명해 줘. 각 항목이 무엇을 의미하는지도
알려 줘.
룰: access-list 101 permit tcp 192.168.1.0 0.0.0.255 host 10.10.10.5 eq 80
```

응답

```
좋습니다. 주신 ACL 룰을 하나씩 풀어 한국어로 쉽게 설명드릴게요.

📌 원문 룰
access-list 101 permit tcp 192.168.1.0 0.0.0.255 host 10.10.10.5 eq 80
```

📖 **항목별 의미**

1. **access-list 101**
   - ACL(Access Control List) 번호
   - 101은 확장 ACL(Extended ACL) 번호대에 해당함(100~199)
   - 확장 ACL은 프로토콜, 소스/목적지 IP, 포트 번호까지 세부적으로 제어 가능
2. **permit**
   - 동작(Action)을 의미
   - 이 경우 허용(Allow) 규칙임(반대는 deny)
3. **tcp**
   - 프로토콜 지정
   - TCP 기반 트래픽만 적용(HTTP, HTTPS, FTP, Telnet 등)
4. **192.168.1.0 0.0.0.255**
   - 소스(Source) IP 범위
   - 192.168.1.0/24 네트워크(즉, 192.168.1.1~192.168.1.254)
   - 여기에서 0.0.0.255는 와일드카드 마스크 → 서브넷 마스크의 반대 개념
     - 255.255.255.0의 반대 = 0.0.0.255
     - 즉, 192.168.1.0 대역 전체를 의미
5. **host 10.10.10.5**
   - 목적지(Destination) IP를 단일 호스트로 지정
   - 여기에서는 서버 IP 10.10.10.5만 해당
6. **eq 80**
   - eq = equal(=같다)
   - 목적지 포트 번호가 80인 경우만 해당
   - 즉, HTTP(웹) 서비스 트래픽을 의미

종합 해석

- **192.168.1.0/24 네트워크**에 있는 모든 PC들이
- **TCP 기반 통신 중**에서
- 목적지 IP가 **10.10.10.5 서버**고
- 목적지 포트가 **80(HTTP 웹 서비스)**일 때

  👉 **통신을 허용합니다.**

⚠ **보안 관점에서 코멘트**

- 내부망(192.168.1.0/24) 사용자들이 특정 서버(10.10.10.5)의 웹 서비스(80포트)에 접속하는 것은 허용되지만,
- 다른 포트(예: 443 HTTPS, 21 FTP 등)는 이 룰만으로는 허용되지 않음
- 따라서 HTTPS를 허용하려면 유사한 룰을 하나 더 추가해야 함

이처럼 챗GPT는 단 한 줄의 정책이라도 각 파라미터의 의미와 전체적인 목적을 명확하게 풀어 설명합니다. 이것으로 엔지니어는 정책 의도를 빠르고 정확하게 파악할 수 있습니다.

8.2.2 복잡한 방화벽 정책을 표로 정리하기

실제 운영 환경의 방화벽 정책은 단일 룰이 아닌 여러 룰이 얽혀 있는 복합적인 형태를 띱니다. 출발지, 목적지, 서비스, 애플리케이션, 행동(action) 등 다양한 요소로 구성된 정책들을 한눈에 파악하기는 더욱 어렵습니다.

이때는 챗GPT에 정책들을 구조화된 표 형태로 정리하라고 요청하면 이해하기 쉬운 형태로 변경해 줍니다.

프롬프트

```
다음은 팔로알토(Paloalto) 방화벽의 보안 정책들이야.
이 정책들을 표 형태로 정리해 줘. 각 룰의 목적을 '설명' 항목에 추가해 줘.
Rule 1: from L3-Trust to L3-Untrust; source 192.168.0.0/16; destination
any; service any; application [ssl, web-browsing]; action allow;
Rule 2: from L3-Untrust to L3-DMZ; source any; destination 172.16.10.100;
service service-https; application any; action allow;
Rule 3: from L3-Trust to L3-DMZ; source 10.1.1.5; destination 172.16.20.200;
service [ms-sql-db, ms-sql-mon]; application any; action allow;
```

응답

좋습니다 👍 주신 Palo Alto 방화벽 보안 정책을 표로 정리하고, 각 룰의 목적(설명)을 추가해 드렸습니다.

📑 Palo Alto 보안 정책 정리

룰 ID	From → To	Source	Destination	Service	Application	Action	설명
Rule 1	L3-Trust → L3-Untrust	192.168.0.0/16	Any	Any	ssl, web-browsing	Allow	내부 네트워크 (192.168.0.0/16) 사용자가 외부 인터넷으로 웹 브라우징(HTTP/HTTPS) 트래픽을 허용

Rule 2	L3-Untrust → L3-DMZ	Any	172.16.10.100	service-https	Any	Allow	외부에서 DMZ 구간의 서버(172.16.10.100)로 HTTPS 서비스 접속을 허용(예: 웹 서비스 공개용)
Rule 3	L3-Trust → L3-DMZ	10.1.1.5	172.16.20.200	ms-sql-db, ms-sql-mon	Any	Allow	내부 특정 호스트(10.1.1.5)가 DMZ DB 서버(172.16.20.200)에 MS-SQL 데이터베이스/모니터링 접근을 허용

이 결과물을 보면, 복잡하게 나열되었던 텍스트 기반 정책이 한눈에 들어오는 깔끔한 표로 재탄생했습니다. 각 룰의 목적이 명확하게 서술되어 있어 문서 작성이나 룰을 이해하는 데 많은 도움이 됩니다.

8.2.3 방화벽 정책 기반 네트워크 다이어그램 시각화하기

문서화의 끝판왕은 시각화입니다. 복잡한 정책과 트래픽 흐름을 텍스트나 표만으로 이해하는 데는 한계가 있습니다. 챗GPT는 직접 그림을 그려 주지는 못하지만, 다이어그램을 생성하는 코드(예 Mermaid, Graphviz)를 만들어서 정책을 시각화하는 데 결정적인 도움을 줄 수 있습니다.

프롬프트

```
위의 팔로알토 방화벽 보안 정책을 기반으로 네트워크 트래픽 흐름을 시각적으로 표현할 수 있는 Mermaid 문법의 다이어그램 코드를 생성해 줘.
Rule 1: from L3-Trust to L3-Untrust; source 192.168.0.0/16; destination any; service any; application [ssl, web-browsing]; action allow;
Rule 2: from L3-Untrust to L3-DMZ; source any; destination 172.16.10.100; service service-https; application any; action allow;
Rule 3: from L3-Trust to L3-DMZ; source 10.1.1.5; destination 172.16.20.200; service [ms-sql-db, ms-sql-mon]; application any; action allow;
```

응답

다음은 위 표를 기반으로 네트워크 트래픽 흐름을 시각적으로 표현할 수 있는 **Mermaid** 문법의 다이어그램 코드입니다.

```
flowchart TD
    A[L3-Trust] -->|SSL, Web-Browsing| B[L3-Untrust]
    B -->|HTTPS| C[L3-DMZ]
    A -->|SQL Server| D[L3-DMZ]
    A -->|192.168.0.0/16| B
    B -->|172.16.10.100| C
    D -->|10.1.1.5| A
    classDef trust fill:#f9f,stroke:#333,stroke-width:2px;
    classDef untrust fill:#fbb,stroke:#333,stroke-width:2px;
    classDef dmz fill:#bbf,stroke:#333,stroke-width:2px;
    class A trust;
    class B untrust;
    class C dmz;
    class D dmz;
```

다이어그램 설명:

- **L3-Trust**는 신뢰된 네트워크 영역을 나타냅니다.
- **L3-Untrust**는 비신뢰된 네트워크 영역을 나타냅니다.
- **L3-DMZ**는 DMZ 네트워크 영역을 나타냅니다.
- 화살표는 트래픽 흐름을 나타냅니다. 각 화살표 위에는 관련된 서비스가 표시되어 있습니다.

이 다이어그램은 각 네트워크 구간 사이에서 트래픽이 어떻게 흐르는지 시각적으로 나타냅니다.

이 Mermaid 언어로 구성된 코드를 실제 Mermaid를 지원하는 코드에 넣으면 그림 8-2와 같은 다이어그램을 확인할 수 있습니다.

▼ **그림 8-2** Mermaid 다이어그램

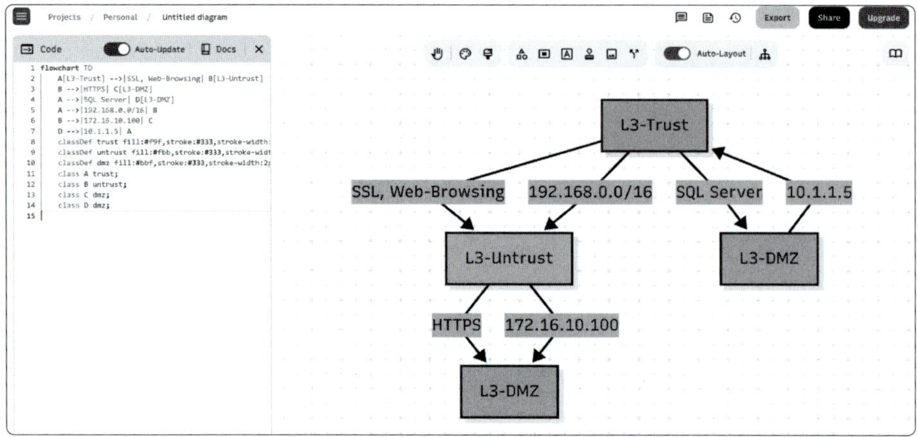

이처럼 챗GPT를 활용하면 복잡한 ACL과 방화벽 정책을 누구나 쉽게 이해할 수 있는 형태의 문서나 다이어그램으로 변환할 수 있습니다. 이는 단순히 시간을 절약하는 것을 넘어 정책의 가독성을 높여 실수를 줄이고, 팀원 간 소통을 원활하게 하며, 전체 네트워크 보안 수준을 한 단계 끌어올리는 중요한 역할을 합니다.

노트

주의할 점: 민감한 실제 IP 주소나 내부 서버 정보를 챗GPT에 직접 입력하는 것은 보안상 위험할 수 있습니다. 정책을 분석하거나 문서화할 때는 IP 주소를 1.2.3.4, 내부 서버_A처럼 비식별화된 정보로 대체하여 질문하는 습관을 들이는 것이 매우 중요합니다.

8.3 SECTION 룰 변경 이력 추적 & 요약

네트워크 보안 정책은 살아 있는 생물과 같습니다. 비즈니스 요구 사항, 신규 서비스 오픈, 보안 취약점 대응 등 다양한 이유로 끊임없이 생성 · 수정 · 삭제됩니다. 이 때문에 '현재' 정책이 어떤 상태인지 파악하는 것만큼이나 '과거에 어떤 변경이 있었는지' 추적하는 것 역시 매우 중요합니다.

방화벽 정책 변경 이력은 보안 감사의 핵심 자료이자 장애가 발생했을 때 원인을 역추적하는 결정적인 단서가 됩니다. 하지만 대부분의 변경 이력 로그는 정형화되지 않은 텍스트로 남아 있을 때가 많습니다. 담당자 이름, 변경 날짜, 티켓 번호, 간략한 기술적 설명이 전부입니다. 로그 수백수천 개 속에서 특정 변경의 의미나 전체적인 변경 흐름을 파악하기란 모래사장에서 바늘 찾기와 같습니다.

이때 챗GPT는 훌륭한 '로그 분석가'가 됩니다. 흩어져 있는 로그 데이터를 모아 의미 있는 정보로 가공하고, 월간 보고서나 감사 자료로 즉시 활용할 수 있는 형태로 요약해 줍니다.

8.3.1 단일 변경 로그를 업무 보고 형식으로 변환하기

실무에서는 정책 변경 후 해당 내용을 팀에 공유하거나 업무 관리 시스템에 기록해야 할 때가 많습니다. 챗GPT를 사용하면 간략한 로그 한 줄을 바탕으로 체계적인 보고 내용을 자동으로 생성할 수 있습니다.

예를 들어 다음과 같은 변경 로그가 있다고 가정해 봅시다.

상황: 2025-08-20, 김보안, SR#58219, 'WEB-Servers' 그룹에 172.16.10.15 추가, 마케팅 팀 신규 웹 서버 오픈 요청

이 로그만으로는 공식적인 문서에 사용하기가 다소 부족합니다. 챗GPT에 이 내용을 보고서 형식으로 다듬어 달라고 요청해 보겠습니다.

프롬프트

```
다음 방화벽 정책 변경 로그를 바탕으로 팀 주간 보고에 사용할 수 있도록 공식적인 형식의
요약문을 작성해 줘.
  • 변경 일시: 2025-08-20
  • 담당자: 김보안
  • 관련 티켓: SR#58219
  • 변경 내용: 'WEB-Servers' 오브젝트 그룹에 172.16.10.15 IP 추가
  • 변경 사유: 마케팅 팀 신규 웹 서버 오픈 요청
```

응답

```
네, 제공해 주신 로그를 바탕으로 공식적인 업무 보고 형식을 작성했습니다.

[방화벽 정책 변경 보고]
  1. 변경 일시: 2025년 8월 20일
  2. 담당자: 김보안 연구원(보안운영 팀)
  3. 관련 근거: 서비스 요청 티켓 SR#58219
  4. 변경 내용:
     • 대상 정책: 'WEB-Servers' IP 주소 그룹 오브젝트
     • 상세 내역: 마케팅 팀의 신규 웹 서버(172.16.10.15) IP를 'WEB-Servers' 그
       룹에 추가함
  5. 변경 목적:
     • 마케팅 팀에서 새로 도입한 웹 서버가 기존 웹 서버들과 동일한 보안 정책(외부로
       부터의 HTTPS 허용 등)을 적용받아 정상적으로 서비스를 오픈할 수 있도록 조치함
  6. 기대 효과:
     • 신규 서비스의 안정적인 런칭 및 일관된 보안 정책 적용
```

결과를 보면, 단순한 로그 정보가 체계적인 항목을 갖춘 공식 문서로 바뀐 것을 확인할 수 있습니다. 특히 챗GPT는 '변경 목적'이나 '기대 효과'처럼 로그에 명시되지 않았지만 문맥상 추론할 수 있는 내용까지 추가하여 보고 완성도를 높여 줍니다.

8.3.2 설정 diff(비교) 결과 분석 및 요약하기

보안 정책을 변경할 때는 보통 기존 설정과 변경 후 설정을 비교하는 diff 작업을 수행합니다. diff 결과는 어떤 라인이 추가되고 삭제되었는지 정확히 보여 주지만, 그 변경이 가지는 의미를 해석하는 것은 엔지니어 몫입니다. 챗GPT는 이 해석 과정을 도와줍니다.

프롬프트

```
다음은 스위치 ACL 설정의 diff 결과야. 변경 전(---)과 변경 후(+++) 내용을 분석해서
어떤 변화가 있었는지, 각 변화가 어떤 의미를 갖는지 항목별로 설명해 줘.

[Diff]
--- config_before.txt
+++ config_after.txt
```

```
@@ -10,5 +10,6 @@
 permit tcp any host 10.10.10.5 eq 80
 permit tcp any host 10.10.10.6 eq 8080
-deny ip any any
+permit udp host 192.168.1.100 host 10.10.20.50 eq 53
+deny ip any any log
```

응답

아래는 diff를 기반으로 한 변화 요약과 의미 설명입니다. ACL은 위에서 아래로 1매치 시 종료되므로, 추가된 룰의 위치와 순서가 중요합니다.

변경 요약

1. 신규 허용 룰 추가

- 변경:
  +permit udp host 192.168.1.100 host 10.10.20.50 eq 53
- 의미:
  - 192.168.1.100 → 10.10.20.50으로 향하는 UDP/53(DNS) 트래픽을 허용
  - 마케팅/내부 단말(192.168.1.100)이 지정 DNS 서버(10.10.20.50)를 질의할 수 있도록 열어 준 조치로 해석 가능
- 운영 관점 주의:
  - DNS는 보통 UDP/53이 기본이지만, 대응 패킷 단편화/대형 응답/재전송 상황에서 TCP/53이 필요할 수 있음(특히 DNSSEC, 대형 레코드). 필요 시 permit tcp ... eq 53도 검토
  - 스위치/라우터의 표준 ACL은 비상태(stateless)이므로, 적용 방향에 따라 응답 트래픽(서버→클라이언트, src 53/ dst 임의 포트) 허용 규칙이 별도로 필요할 수 있음(예: 반대 방향 ACL에 permit udp host 10.10.20.50 host 192.168.1.100 eq 53 또는 ephemeral 포트 허용 정책)

2. 차단 룰 변경(로그 추가)

- 변경:
  -deny ip any any → +deny ip any any log
- 의미:
  - 마지막 암묵적 거부를 명시적 거부+로깅으로 전환
  - ACL을 통과하지 못한 트래픽을 로그로 남겨 추적/분석 가능(정책 누락, 오탐/미탐 파악에 유용)

- 운영 관점 주의:
  - 로그 폭주 위험: 광범위한 차단 로그는 CPU/메모리/로그 스토리지 부담을 유발
  - 필요한 경우 로그 샘플링/레이트 리미트(플랫폼 지원 시) 또는 deny ip any any log 앞에 "의미 없는 잡음"을 걸러 내는 정교한 deny/permit를 배치하여 불필요한 로그 감소 권장

3. 기존 허용 룰은 유지

- 기존 유지:
  - permit tcp any host 10.10.10.5 eq 80(HTTP)
  - permit tcp any host 10.10.10.6 eq 8080(웹 대체 포트)
- 의미:
  - 기존 웹 서비스 접근 정책은 **그대로 유지**. 추가된 DNS 허용과 마지막 deny log만 정책상 변화

종합 해석

- 이번 변경의 핵심은 특정 단말의 DNS 질의 허용(UDP/53)과 미허용 트래픽에 대한 가시성 확보(deny log)입니다.
- 이로써 운영 팀은 정책 누락/오류를 로그로 파악하기 쉬워지고, 특정 DNS 경로만 허용하는 최소 권한 원칙이 강화됩니다.

권고 사항(체크 리스트)

- 응답 방향 ACL 존재 여부 확인(비상태 환경에서 서버 → 클라이언트 응답 허용 필요)
- TCP/53 필요성 검토(DNSSEC, 대형 응답, 점검 도구 사용 등)
- 로그양 모니터링 및 임계치/레이트 제한 설정(플랫폼 지원 시)
- 룰 순서/시퀀스 재확인(새 permit가 최종 deny보다 위에 위치해야 정상 동작)
- 변경 승인 · 적용 기록(티켓/체인지 레코드)과 롤백 계획 문서화

챗GPT는 −(삭제), +(추가) 기호만 있는 diff 결과물을 보고 각 변경이 단순한 문법적 차이가 아니라 어떤 서비스(DNS)를 허용하고 어떤 보안 기능(로깅)을 강화했는지 그 '의도'까지 해석하여 추가 권고 사항까지 추천합니다.

8.3.3 여러 로그를 취합하여 월간 작업 보고서 생성하기

매달 수십, 수백 건씩 쌓이는 변경 이력을 월말에 정리하는 작업은 매우 번거롭습니다. 챗GPT를 이용하면 로그 여러 개를 한 번에 입력하고, 이를 분류하고 요약하여 보고서 초안을 순식간에 만들 수 있습니다.

프롬프트

아래 8월 한 달간 방화벽 정책 변경 로그들을 취합해서 '서비스 유형'별로 분류한 월간 작업 보고서를 작성해 줘.

- 8/5, 이보안, SR#58301, DMZ-to-Internal, 172.16.10.100 -> 10.10.30.5, TCP 1433 허용(웹 서버 DB 접근)
- 8/12, 박보안, SR#58411, Untrust-to-DMZ, Any -> 172.16.10.20, TCP 22 deny(외부 SSH 접근 차단 강화)
- 8/20, 김보안, SR#58219, 'WEB-Servers' 그룹에 172.16.10.15 추가(마케팅 팀 웹 서버)
- 8/28, 이보안, SR#58555, Internal-to-DMZ, 10.10.30.5 -> 172.16.10.100, TCP 1433 허용(DB 서버 웹 서버 응답)

응답

아래는 요청하신 8월 방화벽 정책 변경 로그를 서비스 유형별로 재분류하여 정리한 월간 보고서 형식입니다.

8월 방화벽 정책 변경 월간 보고서

1. 데이터베이스(DB) 서비스

- 8/5(담당자: 이보안, SR#58301)
  - 정책: DMZ → Internal
  - 내용: 172.16.10.100 → 10.10.30.5, TCP 1433 허용
  - 목적: 웹 서버에서 내부 DB 접근 허용
- 8/28(담당자: 이보안, SR#58555)
  - 정책: Internal → DMZ
  - 내용: 10.10.30.5 → 172.16.10.100, TCP 1433 허용
  - 목적: DB 서버의 웹 서버 응답 허용(양방향 통신 완성)

의미:

DMZ 웹 서버와 내부 DB 서버 간 통신 경로를 양방향으로 허용하여 안정적인 서비스 연동이 가능하도록 정책을 보완함

2. 원격 접속(SSH) 서비스

- 8/12(담당자: 박보안, SR#58411)
  - 정책: Untrust → DMZ
  - 내용: Any → 172.16.10.20, TCP 22 차단
  - 목적: 외부에서 DMZ 서버로의 SSH 접속 차단 강화

의미:

보안 위협이 높은 외부 SSH 접근을 차단하여 DMZ 영역 서버의 직접 공격 노출을 방지함

3. 웹 서비스

- 8/20(담당자: 김보안, SR#58219)
  - 정책: 오브젝트 그룹 변경
  - 내용: 'WEB-Servers' 그룹에 172.16.10.15 IP 추가
  - 목적: 마케팅 팀 신규 웹 서버 오픈 요청 반영

의미:

신규 웹 서버를 정책 그룹에 포함시켜 외부/내부 접근 정책을 일관성 있게 적용 가능하도록 조정함

종합 요약

- DB 서비스: 2건(DMZ - Internal 간 양방향 1433 포트 허용)
- SSH 서비스: 1건(외부 SSH 접근 차단 강화)
- 웹 서비스: 1건(신규 웹 서버 추가)

총 변경 건수: 4건

→ 신규 서비스 오픈 및 보안 강화 조치가 균형 있게 이루어진 한 달이었으며, 특히 DB 서비스는 요청·응답 경로가 모두 반영되어 안정적 운영 기반이 마련됨

이처럼 챗GPT를 활용하면 변경 이력 추적 및 요약 업무를 자동화하여 보고서 작성과 내부 보고에 필요한 시간을 획기적으로 줄일 수 있습니다.

8.4 SECTION 룰 검토 체크 리스트 생성

네트워크 · 보안 엔지니어는 매일 수많은 정책 변경 요청을 받습니다. "개발 서버 접근이 안 돼요. 열어 주세요.", "새로운 솔루션을 도입해야 하니 이 IP와 포트를 허용해 주세요." 등 요청 종류도 다양합니다. 바쁜 현업 속에서 이런 요청들을 처리하다 보면 무심코 최소 권한의 원칙(principle of least privilege)을 위반하는 실수를 저지르기 쉽습니다. 출발지나 목적지에 'Any'를 사용하거나 불필요하게 넓은 서비스 포트 범위를 허용하는 경우가 대표적입니다.

이런 실수를 방지하고 모든 정책 변경 작업을 일관된 기준으로 수행하는 데 반드시 필요한 것이 바로 '룰 검토 체크 리스트'입니다. 체크 리스트는 엔지니어가 중요한 보안 고려 사항을 빠뜨리지 않도록 도와주는 안전 장치 역할을 합니다. 챗GPT를 이용하면 조직 특성에 맞는 표준 체크 리스트를 손쉽게 생성하고, 특정 상황에 맞는 맞춤형 체크 리스트까지 만들 수 있습니다.

8.4.1 표준 방화벽 룰 검토 체크 리스트 생성하기

먼저 모든 방화벽 룰 변경 요청에 범용적으로 사용할 수 있는 표준 체크 리스트를 만들어 봅시다. 보안 전문가 관점에서 필요한 항목들을 포함시켜 달라고 챗GPT에 요청하면 꼼꼼한 체크 리스트 초안을 얻을 수 있습니다.

프롬프트

```
네트워크 보안 엔지니어가 새로운 방화벽 정책 적용을 검토할 때 사용해야 할 표준 체크 리스트를 만들어 줘.
체크 리스트는 '요청의 타당성', '기술 검토', '보안성' 세 가지 항목으로 나누어서 상세하게 작성해 줘.
```

응답

좋습니다. 방화벽 정책 적용 검토 시 활용할 수 있는 **표준 체크 리스트**를 요청하신 3가지 항목(요청의 타당성 / 기술 검토 / 보안성)으로 구분하여 정리했습니다.

방화벽 정책 검토 표준 체크 리스트

1. 요청의 타당성

- 업무 필요성: 요청이 실제 서비스 운영, 신규 프로젝트, 유지 보수 등 합리적인 사유에 근거하는가?
- 요청 근거 문서: Change Request, 서비스 오픈 계획서, 티켓 번호 등 공식 문서가 존재하는가?
- 승인 절차: 서비스 담당 부서 및 보안 팀의 사전 승인/검토 절차가 완료되었는가?
- 영향 범위 확인: 변경이 기존 네트워크/서비스 흐름에 어떤 영향을 주는지 분석되었는가?
- 긴급 변경 여부: 긴급 변경이라면 사후 검토 및 보완 계획이 마련되어 있는가?

2. 기술 검토

- 소스/목적지 확인: 요청된 IP 또는 네트워크 대역이 정확히 검증되었는가?(자산 관리 DB와 일치 여부)
- 포트 및 프로토콜 검증: 서비스에 필요한 최소한의 포트/프로토콜만 요청되었는가?
- 트래픽 방향: 단방향/양방향 여부가 명확히 정의되었는가?
- 정책 순서 및 위치: ACL/보안 정책 내 적용 순서가 적절하여 기존 룰과 충돌하지 않는가?
- NAT 및 라우팅 연관성: NAT 규칙이나 라우팅 경로와 모순되지 않는가?
- 장비 성능 고려: 신규 정책으로 인한 세션/CPU 부하 증가가 장비 수용 한계 내에 있는가?

3. 보안성

- 최소 권한 원칙: 접근 허용 범위가 IP/포트/서비스 단위로 최소화되었는가?
- 암호화 필요 여부: 민감한 트래픽은 TLS, VPN 등 보안 통신이 적용되는가?
- 로깅 및 감사: 허용/차단 로그가 적절히 기록되도록 설정되었는가?
- 탐지/차단 장비 연계: IPS/IDS, SIEM 등 보안 모니터링 체계와 연동이 가능한가?
- 내부 보안 정책 준수: 사내 보안 규정, 컴플라이언스(예: ISMS, PCI-DSS 등) 요구사항을 만족하는가?
- 위험 평가 및 보완책: 신규 정책 적용으로 발생할 수 있는 보안 리스크에 대해 평가가 이루어졌으며, 필요 시 대응 방안이 마련되었는가?

이렇게 생성된 체크 리스트를 활용하면 엔지니어는 매번 '무엇을 확인해야 할까?'를 고민할 필요 없이 일관된 기준으로 정책을 검토할 수 있습니다.

이 장에서는 챗GPT를 활용하여 보안 정책을 이해하고 문서화하며 검토하는 방법을 살펴보았습니다. 복잡한 방화벽 · ACL 룰을 우리가 사용하는 언어로 쉽게 설명하고 표나 다이어그램으로 시각화하면 가독성을 높일 수 있었습니다. 또 변경 이력을 자동으로 요약하거나 보고서 형태로 재구성하여 운영 효율도 높일 수 있음을 살펴보았습니다. 정책 검토 체크 리스트를 생성하여 최소 권한 원칙을 준수하고 실수를 줄일 수 있습니다. 이런 기능들은 인수인계, 장애 분석, 보안 감사 등 다양한 실무 상황에서 큰 도움이 될 수 있기에 적극 활용하면 업무 효율이 증가할 것입니다.

CHAPTER

네트워크 구성 업무 챗GPT 활용법

네트워크 엔지니어에게는 네트워크를 신속하게 이해하고 이를 기반으로 필요한 구성을 설계하거나 장애를 해결하는 능력이 매우 중요합니다. 복잡한 네트워크 환경을 파악하려면 많은 경험과 지식이 요구되지만, 챗GPT를 활용하면 이 과정을 훨씬 더 수월하게 진행할 수 있습니다. 이 장에서는 챗GPT를 이용하여 네트워크 구성도를 빠르게 분석하고, 장비를 구성하는 템플릿을 작성하며, 구성 변경 및 관련 문서를 자동으로 생성하는 방법을 살펴보겠습니다.

9.1 SECTION 네트워크 구성도 쉽게 이해 가능

네트워크 구성도를 처음 접하는 사용자는 복잡한 네트워크 구성도를 이해하기가 어렵습니다. 특히 각 장비나 링크의 연결 상태, 데이터 흐름 등을 한눈에 파악하기 어려울 때가 있는데, 이 경우 네트워크 구성도를 보다 쉽게 이해할 수 있도록 챗GPT를 활용하여 설명을 자동화할 수 있습니다.

9.1.1 네트워크 구성도 설명이 필요한 이유

네트워크 구성도는 일반적으로 네트워크의 구성 요소를 시각적으로 표현한 그림입니다. 여기에는 라우터, 스위치, 방화벽, 서버 등 여러 네트워크 장비가 포함됩니다. 각 장비 간 연결 관계와 데이터 흐름을 시각적으로 표현하기 때문에 네트워크 엔지니어에게는 필수 도구입니다. 그러나 복잡한 네트워크 구성은 한눈에 파악하기가 어렵습니다. 특히 다양한 장비가 연결되어 있거나 서브넷이 다수일 때는 구성도만 보아서는 이해하기가 힘듭니다.

따라서 네트워크 구성도를 보면서 각 구성 요소를 설명할 수 있는 능력은 매우 중요합니다. 이때 챗GPT를 활용하면 네트워크 구성도의 각 요소를 자동으로 분석하여 빠르게 설명을 제공하므로 훨씬 수월하게 파악할 수 있습니다.

9.1.2 챗GPT를 활용한 네트워크 구성도 설명

네트워크 구성도를 설명할 때 챗GPT를 다음 방식으로 활용할 수 있습니다.

이미지 분석을 이용한 설명 제공

많이 사용하는 네트워크 아이콘과 표준 글꼴로 제작된 이미지라면 챗GPT가 이를 분석하여 네트워크 구성을 이해하고 설명할 수 있습니다. 다음은 이 구성도와 함께 활용할 수 있는 프롬프트입니다.

프롬프트

다음 이미지를 분석하고, 네트워크 구성을 요약 설명해 줘.[1]

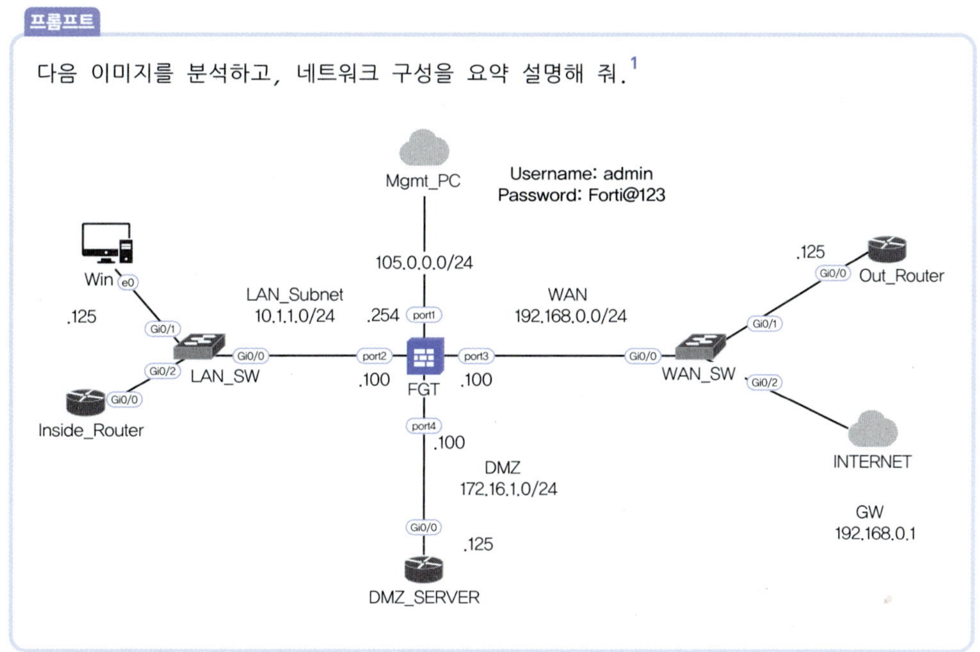

1 책에서 제공하는 004.png 파일을 활용하세요.

응답

이 네트워크 다이어그램은 FortiGate(FGT) 방화벽을 중심으로 LAN, WAN, DMZ, 관리망이 구성된 전형적인 엔터프라이즈 네트워크 구조를 보여 줍니다. 요약하면 다음과 같습니다.

1. 네트워크 구역(Subnet 구조)

- LAN(내부망)
  - 서브넷: 10.1.1.0/24
  - FGT port2 = 10.1.1.100
  - 내부 라우터, 스위치, Windows PC 등이 연결됨
  - 주요 장치:
    - Inside_Router
    - LAN_SW
    - Windows PC(10.1.1.125)
- WAN(외부망)
  - 서브넷: 192.168.0.0/24
  - FGT port3 = 192.168.0.100
  - Out_Router(192.168.0.125) 및 GW(192.168.0.1, 인터넷)와 연결
- DMZ(중간망)
  - 서브넷: 172.16.1.0/24
  - FGT port4 = 172.16.1.100
  - DMZ_SERVER(172.16.1.125) 배치
- 관리망(Mgmt Network)
  - 서브넷: 105.0.0.0/24
  - FGT port1 = 105.0.0.254
  - 관리용 PC(105.0.0.x)에서 접근 가능

2. 주요 장치 및 역할

- FortiGate(FGT)
  - 네트워크의 중심 보안 장비
  - 각 서브넷을 연결하고 보안 정책/방화벽 규칙 적용
  - 관리자 접근 계정(admin / Forti@123) 표시됨
- Inside_Router / Out_Router
  - 내부망, 외부망과 연결되어 트래픽을 라우팅
  - Out_Router는 인터넷 게이트웨이 GW와 연결됨
- LAN_SW / WAN_SW
  - 각각 내부 장치 및 외부 장치 연결용 스위치

- 서버 및 PC
  - 내부 Windows PC(10.1.1.125)
  - DMZ 서버(172.16.1.125)
  - 관리용 PC(105.0.0.x)

3. 트래픽 흐름

- **내부 사용자(LAN)** → FGT → WAN → 인터넷
- **외부 사용자(인터넷)** → WAN → FGT → DMZ 서버 접근 가능
- **관리자**는 **Mgmt PC**에서 FGT에 직접 접근(보안 관리 전용망)
- DMZ는 외부에서 제한적으로 접근 가능한 서버 구역

9.1.3 구성도 세부 설명

네트워크 구성도의 각 구성 요소에는 다양한 기능이 있습니다. 예를 들어 라우터는 네트워크 간 데이터를 전달하는 중요한 장비로, 트래픽을 라우팅하고 보안을 관리하는 역할을 합니다. 방화벽은 외부 공격을 막는 중요한 보안 장치로, 네트워크 트래픽을 모니터링하며 악성 트래픽을 차단합니다.

9.1.2절에서 활용한 구성 이미지로 각 장비가 수행하는 기능을 자세히 알아보는 프롬프트를 활용할 수 있습니다.

프롬프트

다음 이미지를 보고 각 장비가 수행하는 기능을 설명해 줘.[2]

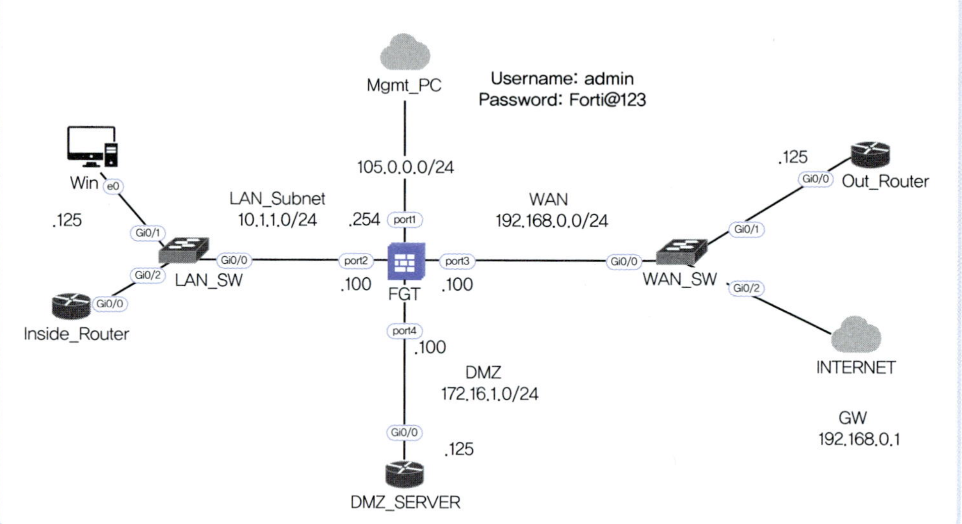

응답

좋습니다 😊 올려 주신 네트워크 다이어그램을 기반으로 각 장비별 역할과 기능을 정리해 드리겠습니다.

◇ 중앙 장비

FGT(FortiGate 방화벽)

- 네트워크의 보안 게이트웨이 역할
- 내부(LAN), 외부(WAN), DMZ, 관리망(Mgmt)을 분리
- 방화벽 정책, NAT, VPN, IPS/IDS 등의 보안 기능 수행
- 포트별 역할:
  - port1: 관리망 연결(105.0.0.254)
  - port2: 내부 LAN 연결(10.1.1.100)
  - port3: 외부 WAN 연결(192.168.0.100)
  - port4: DMZ 연결(172.16.1.100)

◇ 내부망(LAN, 10.1.1.0/24)

Inside_Router

- 내부 네트워크 세그먼트 라우팅 담당
- 필요 시 내부 서브넷 간 라우팅 수행

2 책에서 제공하는 004.png 파일을 활용하세요.

LAN_SW(스위치)

- 내부 사용자 PC, 라우터, 방화벽 간 연결
- L2 스위칭 기능 제공

Windows PC(내부 사용자, 10.1.1.125)

- 일반 사용자 단말
- 인터넷 및 내부 자원 접근

◇ **DMZ(172.16.1.0/24)**

DMZ_SERVER

- 외부 사용자들이 제한적으로 접근 가능한 서버
- 예: 웹 서버, 메일 서버, FTP 서버 등
- 방화벽에서 정책을 설정하여 외부 → DMZ 접근 제어

◇ **외부망(WAN, 192.168.0.0/24)**

WAN_SW(스위치)

- 방화벽과 외부 라우터 연결
- L2 수준에서 WAN 장치 간 트래픽 중계

OUT_ROUTER

- 사설망(192.168.0.0/24)과 인터넷 GW(192.168.0.1) 연결
- NAT 가능
- 외부 인터넷으로 나가는 게이트웨이 역할

GW(192.168.0.1)

- 인터넷 게이트웨이 장치(ISP 장비)
- 최종적으로 인터넷과 연결

◇ **관리망(Mgmt, 105.0.0.0/24)**

Mgmt_PC

- FortiGate 관리 전용 단말
- 별도의 관리 네트워크(105.0.0.0/24)를 통해 접속
- 관리자 계정(admin / Forti@123)으로 방화벽 제어

📌 전체 구조 요약

1. **LAN** → 내부 사용자 단말과 라우터 → 방화벽 port2
2. **DMZ** → 외부 공개 서버 → 방화벽 port4
3. **WAN** → 외부망 → 방화벽 port3 → OUT_ROUTER → GW → 인터넷
4. **관리망** → Mgmt PC → 방화벽 port1(관리 전용)

즉, 이 아키텍처는 보안 영역을 네트워크 존(LAN, DMZ, WAN, 관리망)으로 나누어 제어하는 전형적인 엔터프라이즈 네트워크 구조입니다.

9.1.4 구성도로 각 장비별 포트맵 만들기

네트워크 구성도와 함께 네트워크 문서화에 필요한 요소 중 하나는 각 장비별 포트맵(port-map)입니다. 장비가 물리적으로 서로 어떻게 연결되어 있는지 표 형태로 표현하면서 장비 포트를 효율적으로 활용하고 있는지 확인 가능합니다. 다음 프롬프트를 활용하여 쉽게 포트맵을 만들어 보겠습니다.

프롬프트

다음 이미지를 보고 각 장비의 포트맵을 표로 표현해 줘.[3]
장비별 포트맵 표 형식은 포트, 연결 대상, IP 주소, 네트워크 대역으로 출력해 줘.

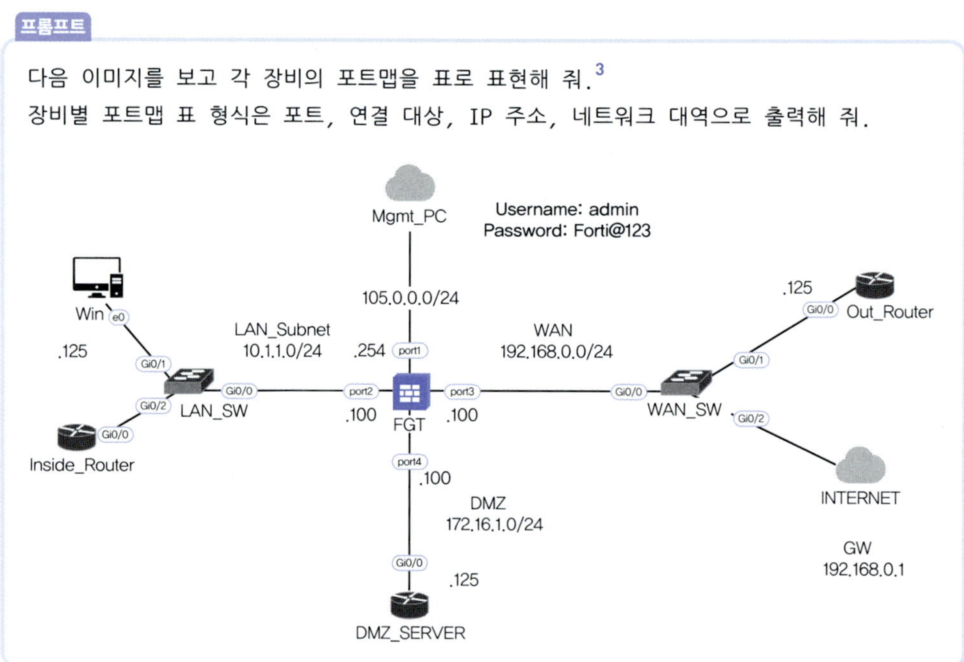

응답

좋습니다 👍 올려 주신 다이어그램을 기반으로 장비별 포트맵을 정리해 보았습니다.

◇ **포트맵 표**

1. FortiGate(FGT)

3 책에서 제공하는 004.png 파일을 활용하세요.

포트	연결 대상	IP 주소	네트워크 대역
port1	Mgmt_PC	105.0.0.254	105.0.0.0/24(관리망)
port2	LAN_SW	10.1.1.100	10.1.1.0/2(LAN)
port3	WAN_SW	192.168.0.100	192.168.0.0/24(WAN)
port4	DMZ_SERVER	172.16.1.100	172.16.1.0/24(DMZ)

2. Inside_Router

포트	연결 대상	IP 주소	네트워크 대역
포트	연결 대상	IP 주소	네트워크 대역
Gi0/0	LAN_SW	10.1.1.125	10.1.1.0/24
Gi0/1	(내부망)	-	-

3. LAN_SW(스위치)

포트	연결 대상	IP 주소	네트워크 대역
Gi0/0	Windows PC	10.1.1.125	10.1.1.0/24
Gi0/1	Inside_Router	-	10.1.1.0/24
Gi0/2	FortiGate port2	10.1.1.100	10.1.1.0/24

4. Windows PC

포트	연결 대상	IP 주소	네트워크 대역
Gi0/0	LAN_SW	10.1.1.125	10.1.1.0/24

5. DMZ_SERVER

포트	연결 대상	IP 주소	네트워크 대역
Gi0/0	FortiGate port4	172.16.1.125	172.16.1.0/24

6. WAN_SW (스위치)

포트	연결 대상	IP 주소	네트워크 대역
Gi0/0	FortiGate port3	192.168.0.100	192.168.0.0/24
Gi0/1	OUT_ROUTER	192.168.0.125	192.168.0.0/24
Gi0/2	GW(인터넷)	192.168.0.1	192.168.0.0/24

7. OUT_ROUTER

포트	연결 대상	IP 주소	네트워크 대역
Gi0/0	WAN_SW	192.168.0.125	192.168.0.0/24

8. GW(인터넷 게이트웨이)

포트	연결 대상	IP 주소	네트워크 대역
Gi0/0	WAN_SW	192.168.0.1	192.168.0.0/24

9.2 SECTION 장비별 구성 템플릿 생성

네트워크 장비는 종류와 역할에 따라 설정이 다릅니다. 서비스나 특정 망을 초기에 구성할 때 스위치를 여러 대 동시에 구성하거나 방화벽 규칙을 일괄적으로 적용해야 하는 경우가 있습니다. 네트워크 구성 문서에는 장비의 기본 정보부터 상세한 포트 설정까지 담겨 있어야 하는데, 이를 수동으로 작성하는 것은 시간이 오래 걸립니다.

챗GPT를 활용하면 이런 반복적인 문서 작업을 자동화하여 효율을 극대화할 수 있습니다. 먼저 장비별로 자주 사용하는 설정 값을 템플릿 형태로 만듭니다. 예를 들어 스위치의 포트 설정, VLAN 할당, 포트 보안 설정 등을 템플릿으로 미리 구성해 두는 것입니다. 이 템플릿은 챗GPT가 네트워크 구성 문서를 작성할 때 기초 자료로 사용됩니다.

9.2.1 챗GPT를 활용한 장비별 구성 템플릿 만들기

네트워크 장비의 구성 요소를 챗GPT에 입력하여 템플릿을 만들 수 있습니다. 장비의 종류, 모델명, 역할, 필요한 설정을 구체적으로 제시하면 챗GPT가 이를 기반으로 구성 초안을 생성합니다.

프롬프트

네트워크 스위치(Cisco 9300 모델)의 기본 설정 템플릿을 만들어 줘.
내용은 다음과 같아.

- 호스트 이름(hostname)
- 관리용 VLAN(VLAN 10) IP 주소 설정
- 기본 게이트웨이(default gateway)
- SSH 접속 설정(사용자 ID: admin, 패스워드: Cisco123!)
- Port-Security 설정(G1/0/1번 포트에 최대 MAC 주소 두 개, 위반 시 포트 비활성화)
- 포트 GigabitEthernet G1/0/2번 포트를 VLAN 20에 할당하고 포트 상태를 trunk로 설정

응답

좋습니다 👍 요청하신 항목을 모두 포함한 Cisco Catalyst 9300 기본 설정 템플릿을 만들어 드릴게요.
필요에 따라 호스트 이름, IP, 게이트웨이 값은 수정하시면 됩니다.

◇ Cisco 9300 기본 설정 템플릿

```
! 호스트 이름 설정
hostname Switch-9300

! 관리 VLAN 10 생성 및 인터페이스 IP 설정
vlan 10
 name MANAGEMENT
exit

interface vlan 10
 ip address 10.1.10.2 255.255.255.0
 no shutdown
exit

! 기본 게이트웨이 설정
ip default-gateway 10.1.10.1

! SSH 접속을 위한 설정
ip domain-name cisco.local
crypto key generate rsa modulus 2048
```

```
username admin privilege 15 secret Cisco123!

line vty 0 4
 login local
 transport input ssh
exit

! 보안 강화(비밀번호 암호화)
service password-encryption

! Port-Security 설정(G1/0/1)
interface GigabitEthernet1/0/1
 switchport mode access
 switchport access vlan 10
 switchport port-security
 switchport port-security maximum 2
 switchport port-security violation shutdown
 switchport port-security mac-address sticky
exit
(…중략…)
```

◇ **설명**

- **hostname Switch-9300** → 스위치 장비 이름 설정
- **VLAN 10** → 관리용 네트워크, 10.1.10.2/24 IP 할당
- **default-gateway** → VLAN 10의 게이트웨이(10.1.10.1)
- **SSH** → 로컬 사용자(admin) 생성, SSH 전용 접속 허용
- **Port-Security(G1/0/1)** → 최대 두 개 MAC 학습, 위반 시 포트 Shutdown
- **G1/0/2** → VLAN 20 트래픽까지 trunk 포트로 허용

이 예시처럼 챗GPT는 필요한 정보를 바탕으로 명령어 형태의 템플릿을 즉시 생성합니다. 이 템플릿을 활용하면 새로운 스위치를 구성할 때마다 일일이 명령어를 입력할 필요가 없습니다.

9.2.2 대량의 장비 구성 설정 자동 생성하기

템플릿을 활용하여 대량의 장비 구성 설정(config)을 자동으로 생성할 수 있습니다. 예를 들어 여러 지점에 동일한 모델의 스위치를 설치할 때 호스트 이름이나 IP 주소 등 변경되는 값만 알려 주면 챗GPT가 각각의 구성 파일을 만들어 줍니다.

프롬프트

다음 정보를 바탕으로 스위치 세 대에 대한 구성 config를 만들어 줘.

- 장비 모델: Cisco 9300
- 스위치 1: 호스트 이름 서울지점, 관리 IP 192.168.10.11
- 스위치 2: 호스트 이름 부산지점, 관리 IP 192.168.10.12
- 스위치 3: 호스트 이름 제주지점, 관리 IP 192.168.10.13
- 그 외 설정은 위에서 만든 스위치 템플릿을 참고해 줘.

응답

좋습니다 👍 요청하신 내용을 반영해서 Cisco 9300 스위치 세 대의 실제 config를 각각 따로 정리했습니다.
(공통 템플릿을 기반으로 하되, 호스트 이름과 관리 VLAN IP 주소만 다르게 설정)

◇ 스위치 1: 서울지점

```
! ================================
! Device: Cisco Catalyst 9300
! Hostname: 서울지점
! ================================
hostname 서울지점

! VLAN 10 (Management)
vlan 10
 name MANAGEMENT
exit

interface vlan 10
 ip address 192.168.10.11 255.255.255.0
 no shutdown
exit

! Default Gateway
```

```
ip default-gateway 192.168.10.1

! SSH 설정
(…중략…)
```

◇ **스위치 2: 부산지점**

```
! ================================
! Device: Cisco Catalyst 9300
! Hostname: 부산지점
! ================================
hostname 부산지점

! VLAN 10 (Management)
vlan 10
 name MANAGEMENT
exit

interface vlan 10
 ip address 192.168.10.12 255.255.255.0
 no shutdown
exit

! Default Gateway
ip default-gateway 192.168.10.1

! SSH 설정
(…중략…)
```

◇ **스위치 3: 제주지점**

```
! ================================
! Device: Cisco Catalyst 9300
! Hostname: 제주지점
! ================================
hostname 제주지점

! VLAN 10 (Management)
vlan 10
 name MANAGEMENT
```

```
exit

interface vlan 10
 ip address 192.168.10.13 255.255.255.0
 no shutdown
exit
(…생략…)
```

이처럼 간단한 프롬프트만으로도 장비 여러 대의 구성 파일을 빠르게 생성할 수 있습니다. 이는 단순 반복 작업을 줄여 주고 실수를 방지하는 데 큰 도움이 됩니다.

9.3 SECTION 텍스트 기반 L2/L3 구성 변경

네트워크 구성은 자주 변합니다. 새로운 장비 추가, 보안 정책 업데이트, 트래픽 최적화 때문에 L2(스위치 레벨)나 L3(라우터 레벨) 구성을 변경해야 할 때가 많습니다. 하지만 직접 CLI에서 코드를 짜다 보면 실수가 잦습니다. 이때 챗GPT를 활용하여 텍스트 기반으로 기존 구성을 입력하고 변경 요청하면 자동으로 수정된 스크립트를 생성할 수 있습니다. 이는 초보 엔지니어도 쉽게 따라 할 수 있고, 전문가라면 시간을 훨씬 단축시킬 수 있습니다.

텍스트 기반 변경의 장점은 간단합니다. 구성 파일이나 구성도 설명을 텍스트로 입력하면 챗GPT가 이해하므로 "이 부분을 이렇게 바꿔 줘."라고 지시하면 됩니다. 예를 들어 VLAN 추가(L2)나 라우팅 테이블 수정(L3)을 요청할 수 있습니다. 그러면 챗GPT는 Cisco, Fortinet 같은 벤더 문법을 알고 있기에 올바른 명령어를 제안합니다. 구성도가 이해되지 않는다면 이전 절처럼 이미지를 업로드해서 설명해 달라고 요청한 후 그 텍스트를 기반으로 변경을 시작할 수 있습니다. 이렇게 하면 시각적 구성에서 텍스트로 넘어가 변경이 부드럽습니다.

실제 활용법을 봅시다. 먼저 기존 구성을 텍스트로 준비합니다. 예를 들어 간단한 L2 스위치 구성(예 Cisco 스위치의 VLAN 설정)이나 L3 라우터 구성(예 OSPF 라우팅)을 입력합니다. 그런 다음 프롬프트로 변경합니다. 챗GPT는 수정된 코드를 출력하고 왜 그렇게 바꾸었는지 설명합니다. 이는 보안 관점에서 ACL(Access Control List) 추가나 포트 보안 강화에 특히 좋습니다.

다음은 가상의 네트워크 구성 텍스트를 입력하여 L2에서 VLAN을 추가하고 L3에서 서브넷을 변경하는 프롬프트 예시입니다.

프롬프트

너는 네트워크 전문가야. 아래는 기존 네트워크 구성 텍스트야.
L2 스위치(LAN_SW)에서 VLAN 10을 추가하고, 포트 G1/1을 그 VLAN에 할당해 줘.
L3 라우터(Inside Router)에서는 LAN 서브넷을 10.1.2.0/24로 변경하고, OSPF 라우팅을 활성화해 줘.
그리고 변경된 전체 구성을 Cisco CLI 형식으로 출력하고, 변경 이유를 설명해 줘.
기존 구성:

- LAN_SW(Layer 2 Switch): 인터페이스 G1/1: Win PC 연결, no VLAN. 인터페이스 G1/2: Inside Router 연결. 서브넷: 10.1.1.0/24
- Inside Router(Layer 3 Router): 인터페이스 G0/0: LAN_SW 연결. 인터페이스 G1/1: FGT port2 연결, IP 10.1.1.100/24. 라우팅: Static route only

응답

아래는 요청하신 변경을 반영한 Cisco CLI 구성입니다.
전제: L2 스위치↔라우터 구간은 router-on-a-stick 구조로 전환하여 VLAN 10 트래픽을 태깅(802.1Q)해서 전달합니다. FGT 측(방화벽)은 기존 10.1.1.0/24로 유지하고, 라우터 G1/1은 그 서브넷(예: 10.1.1.2/24)으로 설정했습니다.

☑ **변경된 전체 구성**

1. LAN_SW(Layer-2 Switch)

```
! VLAN 10 생성
vlan 10
 name USERS
exit

! PC 포트: G1/1 -> VLAN 10 Access
interface GigabitEthernet1/1
```

```
 description PC_to_Switch
 switchport mode access
 switchport access vlan 10
(…중략…)
```

2. Inside Router(Layer-3 Router)

```
! ------------------------------
! LAN 서브넷 변경: 10.1.2.0/24
! Router-on-a-stick으로 VLAN 10 처리
! ------------------------------

! 물리 인터페이스는 IP 제거(서브인터페이스 사용)
interface GigabitEthernet0/0
 description To_LAN_SW_Trunk
 no ip address
 no shutdown
exit
(…중략…)

! ------------------------------
! OSPF 활성화
! ------------------------------
router ospf 1
 router-id 1.1.1.1
 passive-interface default
 no passive-interface GigabitEthernet1/1
(…중략…)
```

🔎 변경 이유(설계 의도)

1. **VLAN 10 도입 & 포트 할당**
   - PC 포트(G1/1)를 VLAN 10에 Access로 지정하여 사용자 트래픽을 논리적으로 분리 → 보안 · 브로드캐스트 도메인 축소
2. **LAN 서브넷 변경(10.1.2.0/24)**
   - 기존 10.1.1.0/24와 분리하여 **방화벽 연동 세그먼트(10.1.1.0/24)**와 **사용자 세그먼트(10.1.2.0/24)**를 명확히 구분 → 문제 격리/정책 적용이 쉬움

3. **Router-on-a-stick(Trunk) 적용**
   - L2 스위치↔라우터 구간을 트렁크로 구성하고 라우터에서 VLAN 단위로 L3 게이트웨이를 제공 → 스위치가 L2만 지원해도 확장성 높은 다중 VLAN 라우팅 가능
4. **OSPF 활성화(동적 라우팅)**
   - LAN(10.1.2.0/24)과 FGT 연동 세그먼트(10.1.1.0/24)를 OSPF area 0으로 광고
   - 정적 라우트 대비 자동 수렴/경로 변경에 유연, 향후 망 확장·DR 구성 시 관리 효율 상승
   - passive-interface default 후 필요한 인터페이스만 활성화하여 OSPF 헬로 패킷 노출 최소화

참고: FGT에서도 OSPF를 사용하여 라우터와 인접(neighbor)시키면 정적 경로 없이도 경로 교환이 자동화됩니다. 현재 구성은 라우터 측만 OSPF를 켠 상태이므로, FGT가 OSPF를 사용하지 않는다면 정해진 기본/정적 경로가 추가로 필요할 수 있습니다.

이 예시처럼 챗GPT는 입력 텍스트를 분석하여 정확한 CLI 코드를 생성합니다. 결과에서 변경 이유를 설명해 주니 해당 장비 기술을 잘 모르는 엔지니어도 이해하기 쉽습니다. Fortinet 같은 다른 벤더라면 프롬프트에 "FortiGate 형식으로"라고 지정하면 됩니다.

더 나아가 추가 요구 사항도 프롬프트로 작성하여 요청할 수 있습니다. 복잡한 변경일 때는 "보안 취약점을 검사해 줘."라고 추가하면 챗GPT가 ACL 누락이나 오픈 포트 등을 지적합니다. 예를 들어 L3 변경 후 "이 구성에서 DDoS 방지를 위한 rate-limit 추가해 줘." 라고 요청하면 보안 강화된 버전을 제공합니다. 초보자는 "쉽게 설명해 줘."를 프롬프트에 넣어 용어를 풀어서 설명해 달라고 요청할 수도 있습니다. 이렇게 텍스트 기반으로 L2/L3를 변경하면 실제 장비에 적용하기 전에 안전하게 테스트할 수 있습니다.

그러나 구성 전에 꼭 해당 스크립트를 검토하고 실제 환경에서 검증해야 합니다. 챗GPT는 완벽하지 않으니 출력 코드를 검토하는 습관이 필요합니다.

9.4 구성 문서 템플릿 생성

효율적으로 네트워크를 관리하려면 문서화가 필수입니다. 특히 기본 스위치 구성 문서 템플릿을 만들어 두면 빠르게 네트워크 스위치를 구성하여 작업 속도를 높일 수 있습니다. 챗GPT를 활용하면 이런 템플릿을 쉽게 생성할 수 있습니다. 초보자도 따라 하기 쉬운 구조로 만들고, 전문가라면 이를 기반으로 커스터마이징할 수 있습니다. 템플릿이 있으면 장비별 기본 설정이나 연결 정보를 한눈에 정리할 수 있어 팀 작업이나 보안 점검 때 큰 도움이 됩니다.

템플릿을 만드는 첫 단계는 필요한 항목을 정하는 것입니다. 네트워크 설명서에는 네트워크 개요, 장비 목록, 인터페이스 설정, 보안 설정, 변경 이력 같은 부분이 포함됩니다. 챗GPT에 원하는 형식을 알려 주면 이를 기반으로 텍스트나 표 형식의 템플릿을 만들어 줍니다. 예를 들어 스위치나 라우터 같은 장비별로 기본 설정(예 VLAN, 포트 설정)을 템플릿에 넣을 수 있습니다. 이렇게 하면 매번 새로 쓰지 않아도 되고 일관성도 유지할 수 있습니다.

실제 활용법을 봅시다. 먼저 챗GPT에 템플릿의 구조와 예시 데이터를 입력합니다. 그런 다음 "이 구조로 템플릿을 만들어 줘."라고 요청하면 완성된 문서 형식을 바로 받을 수 있습니다. 템플릿은 워드나 마크다운 형식으로 생성할 수 있어 회사 문서 규격에 맞게 조정하기 쉽습니다. 보안 엔지니어라면 ACL이나 방화벽 설정도 템플릿에 추가하여 보안성을 높일 수 있습니다.

다음은 간단한 스위치 구성 문서 템플릿을 만드는 예시입니다.

프롬프트

```
너는 네트워크 전문가야.
아래 구조를 기반으로 Cisco 스위치 구성 문서 템플릿을 만들어 줘.
텍스트는 Markdown 형식으로 하고 장비 이름, IP 설정, 인터페이스 설정, 보안 설정 항목
을 포함해 줘. 예시 데이터도 추가해 줘.
```

구조:

1. 네트워크 개요
   [목적]
   [구성 범위]
2. 장비 정보
   • 장비 이름
   • 장비 위치
   • 모델명
   • IP 설정
   • 인터페이스 설정
   • 시리얼 정보
   • 보안 설정
   • 유지 보수 정보
3. 변경 이력

응답

좋아요 👍 요청하신 구조에 맞추어 Cisco 스위치 구성 문서 템플릿을 Markdown 형식으로 정리해 봤어요.
실제 현장에서 바로 쓸 수 있도록 예시 데이터까지 포함했습니다.

Cisco 스위치 구성 문서

1. 네트워크 개요

[목적]

• 본 문서는 본사 사무동에 설치된 Cisco Catalyst 스위치의 네트워크 구성을 기록함
• 운영, 장애 대응 및 유지 보수 시 참고 문서로 활용

[구성 범위]

• 장비 정보: 모델, 설치 위치, 시리얼 정보
• 관리 IP 및 VLAN 구성
• 인터페이스 연결 정보
• 보안 정책 및 유지 보수 정보
• 변경 이력 관리

2. 장비 정보

2.1 장비 이름

• LAN_SW01

2.2 장비 위치

• 본사 3층 서버실 랙 2번

2.3 모델명

- Cisco Catalyst 2960X-24PS-L

2.4 IP 설정

항목	값
관리 VLAN	VLAN 10
관리 IP	192.168.10.2/24
게이트웨이	192.168.10.1

예시 CLI

```
interface vlan 10
 ip address 192.168.10.2 255.255.255.0
 no shutdown
ip default-gateway 192.168.10.1
```

2.5 인터페이스 설정

인터페이스	VLAN	용도	상태
Gi0/1	VLAN 10	서버 연결	up
Gi0/2	VLAN 20	사용자 단말 연결	up
Gi0/24	Trunk	코어 스위치 업링크	up

예시 CLI

```
interface GigabitEthernet0/1
 switchport mode access
 switchport access vlan 10
 spanning-tree portfast

interface GigabitEthernet0/2
 switchport mode access
 switchport access vlan 20
 spanning-tree portfast

interface GigabitEthernet0/24
 switchport mode trunk
 switchport trunk allowed vlan 10,20,30
```

2.6 시리얼 정보

- Serial Number: FOC1234X1AB
- Asset Tag: SW-2025-01

2.7 보안 설정

- 관리 접속
  - SSH 접속만 허용(Telnet 차단)
  - 관리자 계정: admin(권한 15)

```
ip domain-name company.local
crypto key generate rsa modulus 2048

username admin privilege 15 secret P@ssw0rd!
line vty 0 4
 transport input ssh
 login local
```

- 포트 보안
  - 사용자 포트 Gi0/2: MAC 최대 두 개 제한

```
interface GigabitEthernet0/2
 switchport port-security
 switchport port-security maximum 2
 switchport port-security violation restrict
 switchport port-security mac-address sticky
```

- 미사용 포트 보안
  - 미사용 포트 shutdown 처리

```
interface range GigabitEthernet0/10 - 0/23
 shutdown
```

2.8 유지 보수 정보

- 담당 부서: 인프라운영 팀
- 유지 보수 업체: Cisco Korea Partner(ABC Networks)
- 계약 기간: 2025-01-01~2026-12-31
- 연락처: 1588-1234

3. 변경 이력

일자	변경 내용	작업자
2025-09-21	스위치 신규 설치 및 초기 구성	박지훈
2025-09-22	VLAN 20 사용자 포트 Gi0/2 추가	홍길동
2025-09-23	SSH 보안 설정 및 포트 보안 적용	김철수

이 예시는 기본 템플릿입니다. 챗GPT는 이 구조를 기반으로 원하는 장비(예 FortiGate, Juniper)나 설정(예 BGP, OSPF)을 추가해 줄 수 있습니다. 템플릿을 만들 때 "보안 항목을 더 강화해 줘."라고 요청하면 추가적으로 ACL이나 방화벽 규칙을 포함시킵니다. 초보자라면 "용어를 쉽게 풀어서 설명해 줘."를 추가합니다. 전문 용어 대신 쉬운 설명으로 알려 줍니다.

템플릿을 커스터마이징하는 방법도 있습니다. 예를 들어 회사 정책에 따라 헤더나 로고를 넣고 싶을 때는 "문서 상단에 회사 로고와 제목을 추가해 줘."라고 지시하면 텍스트 형식으로 가이드를 줍니다. 실제 문서를 생성할 때는 이 템플릿을 복사해서 구체적인 데이터(예 IP, 장비 이름)를 채우면 됩니다. 챗GPT는 빈칸을 채우는 것도 도와줍니다. 예를 들어 "이 템플릿에 10.1.2.0/24 서브넷을 반영해 줘."라고 요청하면 관련 설정을 자동으로 수정합니다.

템플릿은 여러 버전으로 만들어 두면 좋습니다. 예를 들어 스위치용, 라우터용, 방화벽용으로 나누어서 관리합니다. 챗GPT에 "스위치와 라우터용 템플릿을 각각 만들어 줘."라고 요청하면 각 장비에 맞는 항목을 포함시킵니다. 보안을 점검할 때는 "취약점 점검 항목을 템플릿에 추가해 줘."라고 요청하면 패스워드 정책이나 포트 노출 여부 같은 항목을 추가합니다.

장비 원장 역시 앞의 양식을 엑셀 표준 양식으로 변환하여 관리할 수 있습니다. 챗GPT를 활용하면 번거롭고 반복적인 네트워크 구성 관리 업무도 효율적으로 수행할 수 있습니다.

네트워크 구성 업무는 복잡한 설정 정보 해석과 반복적인 문서화 작업이 많아 엔지니어에게 큰 부담이 되는 분야입니다. 그러나 챗GPT를 활용하면 네트워크 다이어그램을 빠르게 이해하고, 장비별 구성 템플릿을 자동으로 생성하며, L2/L3 구성 변경을 검증 · 정리하는 과정을 훨씬 효율적으로 수행할 수 있습니다. 또 구성 문서 템플릿을 표준화함으로써 네트워크 운영 품질과 협업 간 생산성을 함께 높일 수 있습니다.

이 장에서 학습한 다양한 활용법은 일상적인 구성 변경부터 신규 인프라 구축까지 넓은 영역에 적용할 수 있으며, 업무 속도는 물론 정확성 또한 크게 향상시켜 줍니다. 앞으로도 챗GPT를 활용하여 더 나은 네트워크 운영 환경을 만들어 갈 수 있기를 바랍니다.

CHAPTER

10

챗GPT로 보안 리포트 만들기

보안 담당자는 조직 내 IT 관리자나 관련 부서에 정기적으로 보안 리포트를 제공하는 업무를 수행합니다. 최근 발생한 보안 사고나 보안 트렌드를 지속적으로 공유하면 회사의 보안 인식을 높이고, 사용자의 보안 의식을 강화하는 데 조금이나마 도움이 됩니다.

하지만 이 작업은 생각보다 번거롭고 시간 소모가 큽니다. 수많은 보안 뉴스를 일일이 모니터링하고 정리하는 것은 현실적으로 쉽지 않으며, 급변하는 보안 이슈를 놓치지 않고 정리하는 데도 어려움이 있습니다. 이때 챗GPT를 활용하면 방대한 보안 뉴스를 빠르게 요약하고, 정리된 형태의 보안 리포트를 쉽게 작성할 수 있습니다. 다양한 보안 정보 출처를 기반으로 주요 내용을 빠르게 정리하거나 배포하기 편한 블로그나 이메일 형태로 가공하는 데도 큰 도움이 됩니다.

10.1 SECTION 보안 뉴스를 한눈에 모아서 처리

챗GPT를 활용하면 보안 뉴스를 실시간으로 검색하고 주요 정보를 신속하게 수집할 수 있습니다. 다음 실습을 따라 해 보면서 실제로 어떻게 활용할 수 있는지 살펴보겠습니다.

10.1.1 보안 뉴스 목차와 요약 정보 한 번에 수집하기

다음처럼 보안 뉴스를 주로 생산하는 매체의 주소를 넣고, 여기에 오늘 발행한 보안 뉴스 기사 제목만 알려 달라고 프롬프트를 작성합니다.

프롬프트

```
*.boannews.com
*etnews.com
*.zdnet.co.kr에서 오늘 발행한 보안 뉴스 기사 제목만 전체적으로 추려서 알려 줘.
```

응답

보안뉴스 boannews.com

- 염효식 기자 | 안랩 그룹, 정보보호 국제 표준 'ISO 27001' 인증 획득
- GST "정보보호 투자 강화로 신뢰받는 기업 문화 구축…" 제11회 정보보호의 날 개최
- 아이씨티케이(ICTK), 픽셀플러스와 보안 IP 라이선스 공급 계약 체결

전자신문 etnews.com

- 에브리존 안티랜섬에어 '화이트리펜더', 인도네시아 글로벌 금융사에 공급
- 피앤피시큐어, 제2회 엔지니어링 챌린지 개최… 파트너 보안 협력 자리 마련

지디넷코리아 zdnet.co.kr

- KT, '킬러 코리아 2025' 참가… 양자암호 기술 선봬
- ICTK, 픽셀플러스와 IP 라이선스 공급 계약 체결
- SGA솔루션즈 서버 보안 솔루션 'RedCastle V6.0', CC인증 EAL4 획득
- 안티랜섬웨어 에브리존, 인도네시아 시장 뚫었다
- 라온시큐어, '모바일 장애인등록증 구축' 사업 수주

요약 정리

매체	보안 관련 주요 제목
보안뉴스	ISO 27001 인증, 보안문화 구축 행사, 보안 IP 공급 계약
전자신문	랜섬웨어 솔루션 공급, 보안 챌린지 개최
지디넷코리아	양자암호 기술 전시, 보안 IP 공급, CC인증 획득, 모바일 ID 사업

그러면 앞처럼 금일 게재된 보안 뉴스의 목차들을 추리고, 여기에서 요즘 트렌드나 핵심에 맞는 보안 뉴스만 다시 추려서 작성합니다.

이처럼 손쉽게 최신 뉴스 정보와 요약 정보를 얻었습니다.

보안 취약점 정보 한눈에 보기

보안 취약점 및 위협 정보는 전 세계적으로 다양한 소스를 이용하여 실시간으로 공유되지만, 이 정보를 수집하고 파악하는 일은 매우 어렵습니다. 챗GPT를 활용하면 보안 취약점 정보를 빠르게 확인할 수 있습니다.

먼저 국내 대표 보안 기관인 KISA 한국인터넷진흥원에서 제공하는 공지부터 살펴볼까요? 챗GPT에서 다음처럼 프롬프트를 작성합니다.

프롬프트

최근 1개월 동안 보호나라 보안 공지에 발표된 모든 보안 공지를 리스트업해 줘. 출처를 기반으로 해서 뽑아 줘.

응답

다음은 **최근 1개월 내**(약 2025년 11월 10일 — 2025년 12월 10일 기준) KISA의 보호나라 보안 공지 게시판에 올라온 공지들의 목록입니다. (보호나라)

날짜	제목
2025-12-10	Fortinet 제품 보안 업데이트 권고 (보호나라)
2025-12-09	Apache 제품 보안 업데이트 권고 (보호나라)
2025-12-06	랜섬웨어 악성코드 감염피해 예방을 위한 보안강화 권고 (보호나라)
2025-12-05	안드로이드OS 보안 업데이트 권고 (보호나라)
2025-12-05	React 서버 컴포넌트 보안 업데이트 권고 (보호나라)
2025-11-29	이커머스 해킹 피해 악용 스미싱 · 피싱 주의 권고 (보호나라)
2025-11-28	민생회복 소비쿠폰 과지급/환수 관련 피싱 이메일 주의 권고 (보호나라)
2025-11-28	Cisco 제품 보안 업데이트 권고 (보호나라)
2025-11-28	7Zip 제품 보안 업데이트 권고 (보호나라)
2025-11-28	Oracle 제품 보안 업데이트 권고 (보호나라)

그러면 보안 취약점 정보를 일일이 찾아보지 않아도 챗GPT를 이용하여 최근 보안 공지 및 취약점 정보를 한눈에 확인할 수 있습니다.

노트

KISA 보호나라는 실시간으로 챗GPT 수집이 제한되어 데이터 일부가 누락될 수 있습니다.

- RSS 주소(보안 공지) https://knvd.krcert.or.kr/rss/securityNotice.do
- (취약점 정보) https://knvd.krcert.or.kr/rss/securityInfo.do

이 주소를 참고하면 챗GPT를 활용하여 파이썬과 연계해서 실시간으로 최신 정보 수집이 가능합니다.[1]

또 보안 취약점을 찾아보려면 앞의 정보 외에도 전 세계 CVE 등록 이전 제로데이 취약점이나 각 벤더사(예 마이크로소프트, 어도비, Cisco 등)의 취약점 정보도 파악해야 합니다.

다음 주요 웹 사이트를 참고하여 최근 1주일간 보안 취약점을 챗GPT를 활용하여 빠르게 수집해 봅시다.

프롬프트

```
최신 보안 취약점 정보가 있는 다음 웹 사이트를 분석해서 최근 1주일 내에 발견된 보안
취약점 정보를 최신순으로 정렬해서 표 형태로 보여 줘.
https://www.exploit-db.com/
https://sec.cloudapps.cisco.com/security/center/publicationListing.x
https://msrc.microsoft.com/update-guide
https://www.zerodayinitiative.com/advisories/published/
```

응답

아래는 요청하신 네 개 사이트 중에서 — 실제로 웹에서 "최근 1주일 내(publication date 기준)"에 나온 보안 취약점 정보를 수집할 수 있었던 곳(주로 Zero Day Initiative (ZDI)) 기준으로 — 최근 취약점들을 **최신순**으로 정렬한 표입니다.

날짜(공개)	**ID / CVE / 출처**	**취약점 요약 / 영향 벤더**	**심각도(CVSS v3) 등**
2025-12-04	ZDI-25-1041 / CVE-2025-33183 (ZDI)	NVIDIA Isaac-GR00T — TorchSerializer: "Deserialization of Untrusted Data" 원격 코드 실행 취약점	9.8 (zerodayinitiative.com)

1 파이썬 개발은 17~18장에서 설명합니다.

2025-12-03	ZDI-25-1040 / CVE-2025-13392 (ZDI)	Synology DiskStation DS925+ — samlAuth 인증 우회 취약점	6.3 (zerodayinitiative.com)
2025-12-03	ZDI-25-1039 / CVE-2025-12686 (ZDI)	Synology BeeStation Plus — auth_info Stack-based Buffer Overflow → 원격 코드 실행 가능	9.8 (zerodayinitiative.com)
2025-12-01	ZDI-25-1038 / CVE-2025-23357 (ZDI)	NVIDIA Megatron — load_common: "Deserialization of Untrusted Data" 원격 코드 실행 취약점	7.8 (zerodayinitiative.com)
2025-12-01	ZDI-25-1037 / CVE-2024-3871 (ZDI)	Emerson Movicon RTUSERS — File Parsing 메모리 손상 → 원격 코드 실행 가능 취약점	7.8 (zerodayinitiative.com)
2025-12-01	ZDI-25-1036 / CVE-2025-13709 (ZDI)	Tencent TFace — restore_checkpoint: "Deserialization of Untrusted Data" 원격 코드 실행 취약점	7.8 (zerodayinitiative.com)
2025-12-01	ZDI-25-1035 / CVE-2025-13711 (ZDI)	Tencent TFace — eval: "Deserialization of Untrusted Data" 원격 코드 실행 취약점	7.8 (zerodayinitiative.com)
2025-12-01	ZDI-25-1034 / CVE-2025-13706 (ZDI)	Tencent PatrickStar — merge_checkpoint: "Deserialization of Untrusted Data" 원격 코드 실행 취약점	7.8 (zerodayinitiative.com)
2025-12-01	ZDI-25-1033 / CVE-2025-13708 (ZDI)	Tencent NeuralNLP-NeuralClassifier — _load_checkpoint: "Deserialization of Untrusted Data" 원격 코드 실행 취약점	7.8 (zerodayinitiative.com)

2025-12-01	ZDI-25-1032 / CVE-2025-13716 (ZDI)	Tencent MimicMotion — create_pipeline: "Deserialization of Untrusted Data" 원격 코드 실행 취약점	7.8 (zerodayinitiative.com)
2025-12-01	ZDI-25-1031 / CVE-2025-13714 (ZDI)	Tencent MedicalNet — generate_model: "Deserialization of Untrusted Data" 원격 코드 실행 취약점	7.8 (zerodayinitiative.com)
2025-12-01	ZDI-25-1030 / CVE-2025-13710 (ZDI)	Tencent HunyuanVideo — load_vae: "Deserialization of Untrusted Data" 원격 코드 실행 취약점	7.8 (zerodayinitiative.com)
2025-12-01	ZDI-25-1029 / CVE-2025-13707 (ZDI)	Tencent HunyuanDiT — model_resume: "Deserialization of Untrusted Data" 원격 코드 실행 취약점	7.8 (zerodayinitiative.com)
2025-12-01	ZDI-25-1028 / CVE-2025-13712 (ZDI)	Tencent HunyuanDiT — merge: "Deserialization of Untrusted Data" 원격 코드 실행 취약점	7.8 (zerodayinitiative.com)
2025-12-01	ZDI-25-1027 / CVE-2025-13713 (ZDI)	Tencent Hunyuan3D-1 — load_pretrained: "Deserialization of Untrusted Data" 원격 코드 실행 취약점	7.8 (zerodayinitiative.com)

☑ **해석 & 한계**

- 위 표는 최근 1주일 내(대략 **2025-11-27~2025-12-04**)에 공개된 취약점 중 실제로 목록에 나타난 항목만 포함했습니다.
- 다만 사용하신 나머지 웹 사이트들(Exploit Database, Cisco, Microsoft)의 경우 **단순 접근**만으로는 "자바스크립트 필요 / 동적 페이지" 등으로 인해 최신 취약점 목록을 자동으로 파싱하기가 어렵고, 본 브라우저 환경에서는 취약점 항목을 직접 긁어들이기 힘들었습니다.

- 특히 Exploit-DB와 Microsoft Update Guide는 웹 페이지 렌더링에 JavaScript 필요 → 고전적 "스크래핑"으로는 정보 획득이 제한됩니다.
- 따라서 위 목록은 "ZDI 발표 취약점" 기준이며, 실제로 Exploit-DB나 Cisco, Microsoft에서 새로 발표된 항목은 포함되지 않았을 수 있습니다.

제언

- 자동화된 크롤링보다는 각 웹 사이트의 RSS / 보안 업데이트 알림 기능을 이용하여 "변경된 항목만" 빠르게 확인하는 것이 현실적입니다.
- 만약 원하신다면, **지난 1달 내**로 범위를 확대하여 각 웹 사이트 모두에서 가능한 모든 취약점을 수집하여 정리된 리포트를 작성해 드릴 수 있습니다. 그렇게 할까요?

그 결과 최신 보안 취약점을 다양한 출처에서 요약하여 수집한 것을 확인할 수 있습니다.

주간 보안동향 리포트 생성

앞서 수집한 보안 정보를 바탕으로 챗GPT를 활용하여 배포할 주간 보안동향 리포트를 작성해 봅시다.

주간 보안동향 리포트는 다음 정도로 구성할 수 있습니다.

1. 주요 보안 취약점
2. 국내 보안 공지
3. 최신 보안 뉴스

다음 프롬프트를 활용하여 배포용 보안동향 리포트를 작성해 봅시다.

프롬프트

주간 보안동향 리포트를 작성하려고 해.

주간 보안동향 리포트는

크게
1. 주요 보안 취약점
2. 국내 보안 공지(KISA)
3. 보안 뉴스

형태로 작성하고 HTML 메일 형태로 만들어 줘.

응답

```
<!DOCTYPE html>
<html lang="ko">
<head>
  <meta charset="UTF-8">
  <title>주간 보안동향 리포트</title>
</head>
<body style="font-family: 'Arial', sans-serif; color: #333; line-height:
1.6; padding: 20px; background-color: #f7f9fb;">
  <h2 style="color: #2c3e50;">🛡 주간 보안동향 리포트</h2>
  <p><strong>📅 기간:</strong> 2025년 6월 18일 ~ 6월 25일</p>
  <hr style="border: 1px solid #ccc;">
(…중략…)

  <hr style="margin-top: 30px; border: 1px solid #ccc;">
  <p style="font-size: 0.9em; color: #777;">
    본 메일은 IT보안 팀에 의해 자동 발송되었습니다.
    궁금한 점은 <a href="mailto:security@yourcompany.com">security@
yourcompany.com</a>으로 문의해 주세요.
  </p>
</body>
</html>
```

이를 HTML 메일 형태로 보면 다음 그림과 같이 깔끔하게 표시합니다.

▼ **그림 10-1** 주간 보안동향 리포트 이메일 예시

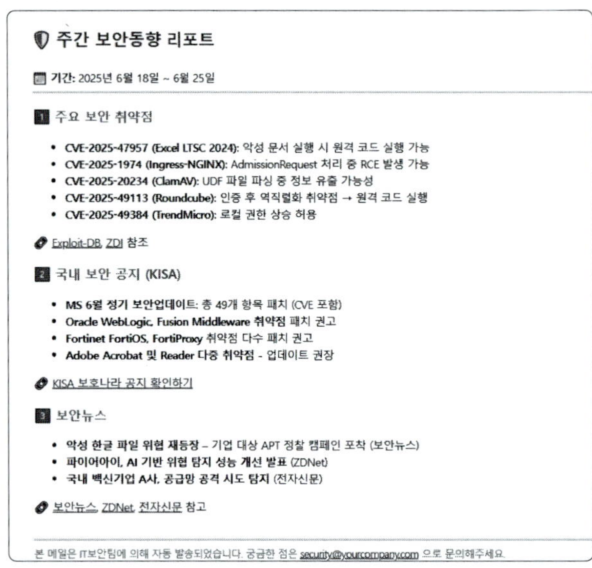

주간 보안동향 리포트

기간: 2025년 6월 18일 ~ 6월 25일

1 주요 보안 취약점

- **CVE-2025-47957 (Excel LTSC 2024):** 악성 문서 실행 시 원격 코드 실행 가능
- **CVE-2025-1974 (Ingress-NGINX):** AdmissionRequest 처리 중 RCE 발생 가능
- **CVE-2025-20234 (ClamAV):** UDF 파일 파싱 중 정보 유출 가능성
- **CVE-2025-49113 (Roundcube):** 인증 후 역직렬화 취약점 → 원격 코드 실행
- **CVE-2025-49384 (TrendMicro):** 로컬 권한 상승 허용

Exploit-DB, ZDI 참조

2 국내 보안 공지 (KISA)

- **MS 6월 정기 보안업데이트:** 총 49개 항목 패치 (CVE 포함)
- **Oracle WebLogic, Fusion Middleware 취약점** 패치 권고
- **Fortinet FortiOS, FortiProxy** 취약점 다수 패치 권고
- **Adobe Acrobat 및 Reader 다중 취약점** - 업데이트 권장

KISA 보호나라 공지 확인하기

3 보안뉴스

- **악성 한글 파일 위협 재등장** – 기업 대상 APT 정찰 캠페인 포착 (보안뉴스)
- **파이어아이, AI 기반 위협 탐지 성능 개선 발표** (ZDNet)
- **국내 백신기업 A사, 공급망 공격 시도 탐지** (전자신문)

보안뉴스, ZDNet, 전자신문 참고

본 메일은 IT보안팀에 의해 자동 발송되었습니다. 궁금한 점은 security@yourcompany.com 으로 문의해주세요.

노트

HTML 메일

네이버 메일 쓰기에서 오른쪽 아래에 있는 **HTML** 탭을 클릭하면 다음 그림과 같이 작성할 수 있습니다.

▼ **그림 10-2** 네이버에서 HTML 메일 작성 예시

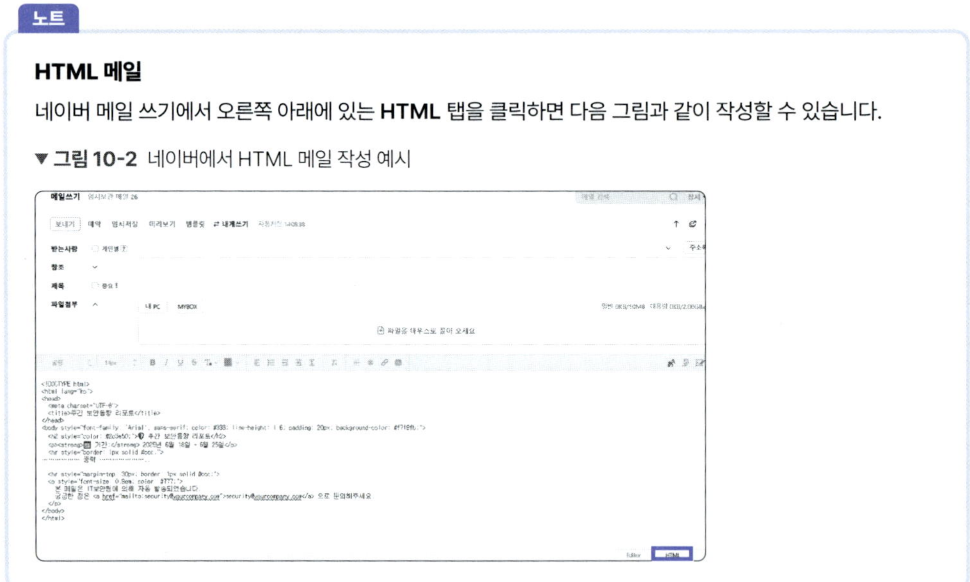

상당히 깔끔하게 작성되었고, SMTP와 파이썬을 활용하면 대용량 메일로 전송하거나 자동화도 가능합니다.

CHAPTER

11

개인정보보호 교육 콘텐츠 만들기

이 장에서는 네트워크 보안 업무에서 자주 요구되는 개인정보보호 교육 자료 제작을 다룹니다. 많은 보안 담당자가 의무화된 법적 요구와 내부 보안 인식을 개선하고자 개인정보보호 교육을 준비하지만, 막상 자료를 직접 작성하려면 시간과 노력이 많이 듭니다. 챗GPT를 활용하면 초안 작성부터 사례 정리, 퀴즈 제작까지 자동화할 수 있어 작성 시간을 획기적으로 줄일 수 있습니다. 이 장에서는 실제 업무에 활용할 수 있는 프롬프트와 결과 예시를 보면서 교육 콘텐츠를 빠르고 효과적으로 만드는 방법을 살펴보겠습니다.

11.1 SECTION 교육 자료 초안 자동 생성

개인정보보호 교육에서 가장 많은 시간을 소모하는 부분은 교육 자료 초안을 작성하는 것입니다. 교육 담당자는 개인 정보 처리 단계별 주의 사항을 정리하고, 이를 사내 가이드나 매뉴얼 형식으로 문서화해야 합니다. 하지만 모든 내용을 처음부터 작성하려면 많은 시간과 노력이 필요합니다. 이때 챗GPT를 활용하면 기본 초안을 빠르게 작성할 수 있으며, 교육 대상자에 맞추어 내용을 쉽게 조정할 수 있습니다.

개인정보보호포털 등에서 제공하는 기본적인 개인정보보호 교육 자료들이 있습니다. 이 자료들을 챗GPT에 첨부하고 교육 자료 초안을 작성해 달라고 하면 자료를 기반으로 신뢰성 있는 교육 자료 초안을 빠르게 만들 수 있습니다.

▼ **그림 11-1** 개인정보보호 교육 자료(출처: https://www.privacy.go.kr/front/bbs/bbsView.do?bbsNo=BBSMSTR_000000000032&bbscttNo=20664)

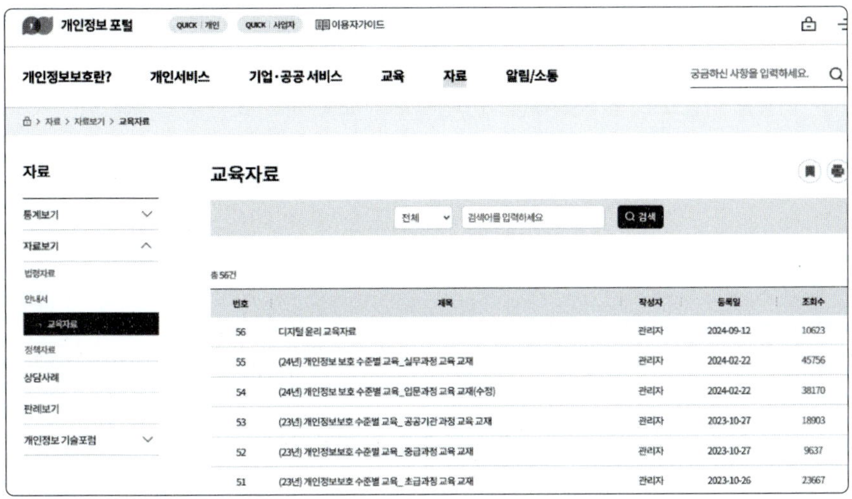

노트

파일을 업로드하고 프롬프트를 입력하려면 다음 그림과 같이 파일을 모두 업로드한 후 바로 이어서 원하는 텍스트를 입력해야 합니다. 요청 사항을 모두 입력했다면 그다음 **실행** 버튼을 클릭합니다.

▼ **그림 11-2** 파일 업로드 후 프롬프트 입력

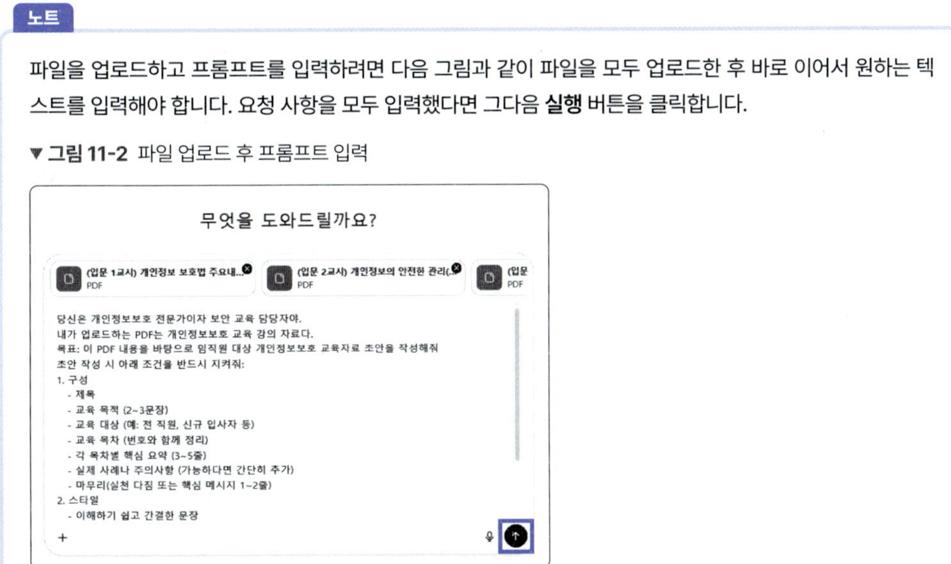

프롬프트

너는 개인정보보호 전문가이자 보안 교육 담당자야.
내가 업로드하는 PDF는 개인정보보호 교육 강의 자료고.[1]

목표: 이 PDF 내용을 바탕으로 임직원 대상 개인정보보호 교육 자료 초안을 작성해 줘.
초안 작성 시 아래 조건을 반드시 지켜 줘.

1. 구성
- 제목
- 교육 목적(2~3문장)
- 교육 대상(예: 전 직원, 신규 입사자 등)
- 교육 목차(번호와 함께 정리)
- 각 목차별 핵심 요약(3~5줄)
- 실제 사례나 주의 사항(가능하다면 간단히 추가)
- 마무리(실천 다짐 또는 핵심 메시지 1~2줄)

2. 스타일
- 이해하기 쉽고 간결한 문장
- 실무자가 바로 활용할 수 있는 실질적인 포인트 강조
- 불필요한 전문 용어는 줄이고, 필요한 경우 짧게 설명 추가

3. 결과물 형식
- 표나 리스트를 적절히 사용하여 가독성 높이기

이제 PDF를 기반으로 개인정보보호 교육 자료 초안을 작성해 줘.

응답

좋습니다. 업로드해 주신 세 가지 PDF 자료((입문 1교시) 개인정보 보호법 주요내용, (입문 2교시) 개인정보의 안전한 관리, (입문 3교시) 개인정보 유노출 예방)를 기반으로 임직원 대상 개인정보보호 교육 자료 **초안**을 정리했습니다.

◇ 개인정보보호 교육 자료 초안

교육 목적

개인 정보는 기업 신뢰와 직결되는 핵심 자산입니다. 본 교육은 임직원이 개인정보보호법의 주요 내용을 이해하고, 실제 업무에서 개인 정보를 안전하게 관리하며, 유출 · 노출을 예방하기 위한 실천 방법을 습득하는 것을 목표로 합니다.

1 책에서 제공하는 입문 1교시, 입문 2교시, 입문 3교시 PDF 파일을 사용합니다.

교육 대상

- 전 직원(신규 입사자 포함)
- 개인 정보를 취급하거나 관리하는 부서 및 담당자

교육 목차

1. 개인정보보호법 개요
2. 개인 정보의 수집 · 이용 · 제공 원칙
3. 개인 정보의 안전한 관리
4. 개인 정보 유출 · 노출 예방
5. 정보 주체 권리와 대응

◇ 각 목차별 핵심 요약

1. 개인정보보호법 개요

- 개인 정보란 살아 있는 개인을 식별할 수 있는 모든 정보(이름, 연락처, 계좌 번호, 생체 정보 등)를 의미
- 개인정보보호법은 개인 정보를 수집 · 이용 · 제공하는 모든 공공 기관 및 기업에 적용
- 정보 주체 권리: 열람 · 정정 · 삭제 · 처리 정지 요구, 동의 철회, 피해 구제 신청 가능
- 원칙: 최소 수집, 목적 외 이용 금지, 정확성 보장, 안전 관리, 투명성 확보

2. 개인 정보의 수집 · 이용 · 제공 원칙

- 수집 시 반드시 목적, 항목, 보유 기간, 동의 거부권 등을 고지해야 함
- 불필요한 정보(예: 과도한 가족 사항, 주민번호 등) 수집 금지
- 제3자 제공은 별도 동의가 필요하며, 제공자 · 목적 · 보유 기간 명시
- 동의 없는 수집 · 제공 시 최대 징역 5년, 벌금 5천만 원 등 처벌

3. 개인 정보의 안전한 관리

- 내부 관리 계획 수립 · 점검, 접근 권한 최소화, 접속 기록 관리 등 필수
- 개인 정보 암호화 저장, 전송 시 보안 프로토콜 사용
- 악성 코드 · 랜섬웨어 방지 프로그램 주기적 업데이트
- 물리적 보안(출입 통제, 잠금장치, 보조 저장 매체 반출입 통제) 필요
- 법 위반 시 과징금(매출액의 3% 이내), 과태료 부과 가능

4. 개인 정보 유출 · 노출 예방

- 유출: 통제권을 상실하여 외부로 정보가 유출된 경우
- 노출: 게시판, 이메일, 첨부 파일 등에 개인 정보가 그대로 공개된 경우
- 주요 원인: 해킹(외부 공격), 내부 직원의 고의 · 과실, 잘못된 이메일 발송, 게시판 댓글 · 첨부 파일 노출 등
- 예방 방법: 접근 권한 차등 부여, 퇴직자 계정 즉시 말소, 이메일 개별 발송, 파일 업로드 전 개인 정보 마스킹 처리
- 유출 발생 시 72시간 이내 통지 · 신고 의무

5. 정보 주체 권리와 대응

- 정보 주체는 본인의 개인 정보 처리 여부 확인 및 사본 발급을 요구할 수 있음
- 정정 · 삭제 · 처리 정지 요구 시 정당한 사유가 없는 한 수용해야 함
- 자동화된 의사 결정(예: AI 심사)에 대해 거부하거나 설명 요구 가능
- 피해 발생 시 개인 정보 분쟁조정위원회를 통한 구제 절차 활용 가능

◇ 실제 사례 및 주의 사항

- 외부 해킹 사례: DB 관리자 계정이 약한 비밀번호(root/root) 사용 → 개인 정보 대량 유출 → 비밀번호 강화 정책 필요
- 내부자 고의 유출: 퇴사 직원이 계정 삭제 전 정보 유출 → 인사 변동 시 계정 즉시 말소 필요
- 이메일 실수: 단체 메일 발송 시 전체 수신자 정보가 노출 → 개별 발송 기본 설정 필요
- 게시판 노출: 문의 댓글에 주민등록번호 기재 → 즉시 삭제 · 마스킹 조치 필요

◇ 마무리

개인정보보호는 법적 의무를 넘어 회사의 신뢰와 직결되는 가치입니다.

"내 정보처럼 다루자, 작은 부주의가 큰 사고를 만든다."

11.2 SECTION 실습과 사례 기반 교육 자료 생성

개인정보보호 교육은 단순히 문서와 이론을 전달하는 것으로는 충분하지 않습니다. 특히 개인 정보 유출은 기업 내 단순 부주의로도 발생하기 때문에 다양한 사례를 사전에 학습하면 효과적입니다. 챗GPT를 활용하여 개인 정보 유출 사례를 교육용 자료로 만들어 임직원에게 경각심을 줄 수 있습니다.

11.2.1 유출 사고 사례 요약 및 교훈 도출하기

실제 사고 사례는 교육 효과를 극대화합니다. 다만 공개된 사고 보고서는 분량이 길고 법적 용어가 많아 교육용으로 사용하기에는 적합하지 않습니다. 이때 챗GPT를 이용하여 사례를 요약하고 교훈을 도출할 수 있습니다. 챗GPT가 사실이 아닌 내용을 만들어 낼 수 있기에 출처를 반드시 표시하라고 요청하여 내용 신뢰성도 보장하면 좋습니다.

프롬프트

최근 5년 내 발생한 개인 정보 유출 사고 사례 3건을 직원 교육용으로 요약해 줘.
사고 경위와 피해 규모, 그리고 교훈 세 가지를 간단히 정리해 줘.
출처를 반드시 표시해 줘.

응답

아래는 최근 5년 내 한국에서 보도된 개인 정보 유출 사고 **3건**을 경위, 피해 규모, 교훈 중심으로 요약한 내용입니다. 직원 교육용으로 활용하시기에 적합하도록 정리했습니다.

사례 요약

사례명	사고 경위	피해 규모	교훈 3가지
1. SK텔레콤 유심(USIM) 해킹 사고(2025년)	2021년 8월부터 외부 해커가 내부망에 침투하여 악성 코드 설치, Home Subscriber Server(HSS) 및 관리망 등을 통해 유심 인증 키(Ki · OPc), 가입자 식별 번호(IMSI) 등을 포함한 유심 관련 중요 정보가 유출됨. (보안뉴스)	약 2,324만 명 (LTE · 5G 이용자 전체, 알뜰폰 포함) (인더스트리뉴스) 유출된 데이터양은 약 9.82GB이며, 정보 항목은 전화번호, IMSI, 유심 인증 키 등 25종. (보안뉴스)	① 보안 업데이트 및 패치 지연의 위험성: 공개 취약점(OS 취약점 등)이 존재하는데도 장기간 방치하면 해커 침투 경로가 됨. ② 내부 접근 통제 및 망 분리의 중요성: 관리망 · 내부망과 핵심 서버 간의 접근 통제가 제대로 되지 않으면 외부망 또는 덜 보호된 망을 통해 침투됨. ③ 탐지 및 대응 절차 강화, 신속한 통지: 이상 징후(로그인, 악성 코드 설치, 비정상 통신 등)를 조기에 포착하고 대응해야 하며, 유출 가능성 · 확정 사실 통지 및 피해 최소화 조치가 법적 · 윤리적으로 중요함. (IT동아)
2. GS리테일 / GS샵 개인 정보 유출 사고(2025년 초)	GS리테일의 홈쇼핑 사이트(GS샵)가 "크리덴셜 스터핑(Credential Stuffing)" 방식으로 공격당함. 다른 사이트에서 유출된 아이디 · 비밀번호 조합을 무작위 대입하여 로그인 시도를 하고 성공한 계정들에서 개인 정보가 탈취된 정황이 확인됨. (지디넷코리아)	약 158만 건의 개인 정보 유출 정황. 유출 항목: 이름, 성별, 생년월일, 연락처, 주소, 아이디, 이메일, 기혼 여부, 결혼기념일, 개인통관고유부호 등 열개 항목. 금융 정보(결제 수단 등)는 포함되지 않음으로 발표됨. (매일경제)	① 비밀번호 관리 및 유출된 계정 정보의 재사용 금지: 다른 사이트에서 유출된 아이디/비밀번호를 사용하는 계정은 특히 취약함. ② 로그 분석 및 의심 로그인 탐지 체계 필요: 크리덴셜 스터핑은 비정상 로그인 시도를 대량으로 발생시키므로 인증 실패, IP 반복 시도, 시간대 이상 등을 탐지 · 차단하는 시스템이 중요함. ③ 사고 발생 시 고객 · 당국 통지 및 내부 보안 대책 강화: 계정 잠금, 비밀번호 변경 권고, 보안 기법(2단계 인증 등) 도입 및 보안 전담 조직 강화 등의 조치가 필요함. (경향신문)

3. CJ올리브영 개인정보 유출 정황(2025년 3월)	CJ올리브영이 외부에서 여러 IP로부터 대량의 로그인 시도가 있었고(약 6만여 개 IP), 이 중 약 4,900건 정도의 로그인 성공 정황이 확인됨. 이 과정에서 이름, 휴대폰 번호, 주소 등 고객 정보 일부가 유출 가능성이 있음. 공격 방식은 역시 과거 유출된 계정 정보로 비정상적으로 로그인하려는 방식(크리덴셜 스터핑)으로 추정됨. (이코노미스트)	유출 가능성 있는 정보 건수 약 4,900건 이상. 유출 정보 항목: 이름, 수령인 정보(받는 사람, 연락처, 주소, 공동현관 출입 방법), 프로필 사진, 닉네임, 피부 타입 · 피부 고민 등의 개인화/라이프스타일 정보 포함됨. 금융 정보 포함 여부는 보도되지 않음. (이코노미스트)	① 민감도가 낮은 정보라도 유출되면 신뢰 상실 가능성: 이름 · 주소 · 프로필 사진 등의 노출도 사용자 불안 및 회사 평판 저하의 원인이 될 수 있음. ② 보안 기술적 조치 강화, 예: 자동 입력 방지, 로그인 시도 제한, 모니터링 강화: 비정상 행위 탐지 시 신속한 계정 잠금 등의 대응이 피해를 줄임. ③ 고객 대응 및 투명성 유지: 고객에게 사실을 알리고, 피해 가능성 정보 제공, 피해 구제 절차 마련 등이 중요함. (이코노미스트)

이렇게 생성된 요약본은 교육 자료 한 장으로 활용하거나 사고가 발생하면 내부 알림 자료로 재사용할 수 있습니다.

11.3 SECTION 퀴즈와 평가 자료 쉽게 만들기

개인정보보호 교육은 단순히 자료를 읽고 듣는 것에서 끝나서는 안 됩니다. 직원들이 실제로 내용을 이해했는지 확인하고, 교육 효과를 객관적으로 검증하는 과정이 필요합니다. 이때 가장 효과적인 방법이 바로 퀴즈와 평가 자료입니다. 챗GPT를 활용하면 다양한 형태의 문제를 빠르게 자동 생성할 수 있으며, 해설과 모범 답안까지 함께 만들 수 있어 교육 담당자의 부담을 크게 줄일 수 있습니다.

11.3.1 개인정보보호 퀴즈 제작

가장 기본적인 방법은 객관식, OX, 단답형 문제를 활용하는 것입니다. 교육 후 간단히 퀴즈를 진행하면 직원들의 집중력을 높일 수 있고 기억에도 오래 남습니다.

교육 자료는 업로드하는 개인 정보 강의 교안을 기준으로 작성하여 신뢰도를 높입니다.

프롬프트

개인정보보호 교육을 마친 직원들을 대상으로 할 5문항 퀴즈를 만들어 줘.
문제는 업로드한 파일의 내용에 한해서만 출제해 줘.[2]
객관식 2문항, OX 2문항, 단답형 1문항으로 구성하고, 정답과 해설도 함께 제시해 줘.

응답

좋습니다. 업로드해 주신 세 가지 교육 자료(입문 1교시, 2교시, 3교시)를 기반으로 퀴즈 5문항을 구성했습니다.

개인정보보호 교육 복습 퀴즈(5문항)

1. 객관식 (1)

문제: 개인 정보의 정의로 옳지 않은 것은 무엇일까요?

① 살아 있는 개인에 관한 정보
② 개인을 식별할 수 있는 정보
③ 법인(단체)의 정보도 항상 포함됨
④ 주관적 평가나 허위 정보도 포함될 수 있음

정답: ③

해설: 개인정보보호법상 개인 정보는 자연인에 관한 정보만 해당하며, 법인이나 단체 정보는 원칙적으로 제외됩니다.

2. 객관식 (2)

문제: 다음 중 개인 정보 수집 시 반드시 고지해야 하는 사항이 아닌 것은 무엇일까요?

① 수집 · 이용 목적
② 수집 항목
③ 보유 · 이용 기간
④ 개인정보처리자의 매출액

2 책에서 제공하는 입문 1교시, 입문 2교시, 입문 3교시 PDF 파일을 사용합니다.

☑ 정답: ④

💡 해설: 개인 정보 수집 시 고지해야 할 의무 사항은 목적, 항목, 보유·이용 기간, 동의 거부 권리 및 불이익 등입니다. 매출액은 포함되지 않습니다.

3. OX (1)

문제: (O/X) 개인 정보 유출이 발생했을 경우, 개인정보처리자는 72시간 이내에 정보 주체에게 통지해야 합니다.

☑ 정답: O

💡 해설: 개인정보보호법에 따라 유출 사실을 인지한 즉시, 늦어도 72시간 이내에 통지해야 합니다.

4. OX (2)

문제: (O/X) 퇴직한 직원이라도 계정을 일정 기간 유지하면 업무 연속성 확보에 도움이 되므로 계정을 삭제하지 않아도 됩니다.

☑ 정답: X

💡 해설: 퇴직 시 즉시 시스템 접근 권한을 변경·말소해야 하며, 미삭제 시 내부 유출 위험이 커집니다.

5. 단답형

문제: 개인 정보 처리 시 반드시 지켜야 할 기본 원칙 중 하나를 쓰세요.

☑ 정답 예시: 최소 수집 원칙 / 목적 외 이용 금지 / 안전한 관리 / 정확성 보장 등

💡 해설: 개인정보보호법 제3조에 따르면 개인 정보는 처리 목적을 명확히 하고, 목적 내에서 최소한으로 수집·이용해야 하며, 안전하게 관리해야 합니다.

이처럼 챗GPT가 자동으로 다양한 형식의 문제를 생성해 주기 때문에 담당자는 별도의 추가 작업 없이 퀴즈를 바로 활용할 수 있습니다.

11.3.2 평가용 문제 은행 만들기

교육을 주기적으로 실시하는 조직에서는 매번 새로운 문제를 만들기가 번거롭습니다. 이 때는 챗GPT를 활용하여 문제 은행을 만들어 두면 좋습니다. 동일한 주제라도 표현을 다양화해서 자동으로 수십 문항을 생성할 수 있습니다.

문제 은행의 문제는 관리가 쉽도록 CSV 파일로 출력을 요청하고, CSV의 템플릿까지 같이 제공합니다.

프롬프트

개인정보보호 교육을 마친 직원들을 대상으로 할 50문항 퀴즈를 만들어 줘.[3]
문제는 업로드한 파일의 내용에 한해서만 출제해 줘.
객관식 4지선다형이고, 정답도 함께 제시해 줘.
문제가 특정 부분에 쏠리지 않게 골고루 만들어 줘.
CSV 형태로 다운받을 수 있게 만들어 줘.

1. CSV 템플릿

- 번호 ¦ 문제(문제 및 보기) ¦ 정답 ¦ 해설 ¦ 참조페이지

응답

🗁 요청하신 **50문항 개인정보보호 교육 퀴즈**를 CSV 파일로 제작했습니다.
다운로드 링크: 개인정보보호_50문항_퀴즈.csv

구성:

- 객관식 4지선다형 50문항
- 정답, 해설, 참조페이지 포함
- 업로드하신 **1~3교시 자료(법, 안전한 관리, 유출 예방)** 내용을 골고루 반영

3 책에서 제공하는 입문 1교시, 입문 2교시, 입문 3교시 PDF 파일을 사용합니다.

챗GPT가 만든 CSV 파일을 열어 보면 다음 그림과 같습니다.

▼ **그림 11-3** 문제 은행 CSV 파일

번호	문제(문제 및 보기)	정답	해설	참조페이지
1	개인정보보호법상 개인정보에 해당하지 않는 것은 무엇일까요? ① 주민등록번호 ② 회사 매출액 ③ 휴대전화번호 ④ 이메일 주소	②	개인과 직접 관련 없는 회사 매출액은 개인정보가 아님	입문 1교시 p.2
2	개인정보보호법 제29조에 따른 개인정보 처리자의 기본 의무는 무엇인가요? ① 무단 제공 금지 ② 안전성 확보 조치 ③ 정보주체 고지 ④ 영리 목적 활용 허용	②	제29조는 안전성 확보조치를 명시하고 있음	입문 1교시 p.5
3	개인정보 수집·이용 동의서에 반드시 포함되어야 하는 항목이 아닌 것은? ① 수집 목적 ② 수집 항목 ③ 보유·이용 기간 ④ 회사 매출	④	동의서에는 목적, 항목, 기간 등이 필수	입문 2교시 p.6
4	주민등록번호 수집이 가능한 경우는? ① 본인 동의가 있으면 항상 가능 ② 법령 근거가 있는 경우 ③ 회사 내부 규정에 따른 경우 ④ 인터넷 가입 편의를 위해	②	주민등록번호는 법령 근거 시에만 수집 가능	입문 2교시 p.7
5	개인정보 내부 관리계획 수립·시행과 관련하여 틀린 것은? ① 연 1회 이상 점검 필요 ② 인사이동 시 권한 변경·말소 필요 ③ 5만명 이상 처리 시 생략 가능 ④ 중요 변경 시 즉시 반영 필요	③	1만명 미만 소상공인 등 일부만 생략 가능	입문 2교시 p.17

이 문제들을 모아 사내 교육 포털이나 시험 시스템에 연동하면 자동화된 평가 프로세스를 구축할 수 있습니다.

개인정보보호 교육은 기업 근로자 법정의무교육으로 매년 실시해야 합니다. 정부 가이드 문서와 함께 챗GPT를 활용하면 변화하는 법령과 개인 정보 관련 내용에 맞는 교육 자료 초안 작성부터 사례 기반 실습과 퀴즈와 평가 자료 제작까지 전 과정을 자동화하고 효율화할 수 있습니다. 이렇게 하면 보안 담당자는 반복적인 준비 업무에서 벗어나 좀 더 전략적인 교육 기획에 집중할 수 있습니다. 또 문제 은행 구축 등 재사용 가능한 평가 콘텐츠도 손쉽게 마련할 수 있어 조직의 보안 교육 부담을 크게 줄일 수 있습니다. 챗GPT는 개인정보보호 교육을 더 빠르고 정확하게 수행하도록 돕는 효과적인 도구입니다.

CHAPTER

12

악성 메일 모의 훈련 시나리오 자동화

실제 보안 사고 중 가장 흔히 발생하는 침해 경로는 이메일입니다. 공격자는 정상 업무 메일을 가장해서 사용자 클릭을 유도하는데, 작은 실수는 곧 조직 전체의 보안 위협으로 이어집니다. 따라서 조직 내 보안 인식 수준을 높이려면 정기적으로 악성 메일 모의 훈련을 필수로 해야 합니다. 이 장에서는 챗GPT를 활용하여 훈련용 악성 메일을 자동으로 생성하고, 대응 절차 및 결과 리포트를 손쉽게 만드는 방법을 다루겠습니다.

12.1 SECTION 훈련용 악성 메일 만들기

악성 메일 모의 훈련의 핵심은 실제 공격과 유사한 이메일을 제작하여 직원들이 이를 경험하고 학습하도록 하는 것입니다. 피싱, 스피어 피싱, 첨부 파일을 이용한 악성 코드 유포 등 다양한 유형의 공격 시나리오를 구성해야 합니다. 과거에는 이런 이메일을 일일이 작성해야 했지만, 이제는 챗GPT를 활용해서 제목, 본문, 발신자, 링크 등을 자동으로 생성할 수 있습니다. 이것을 활용하여 교육 담당자는 보다 신속하게 현실감 있는 훈련 이메일을 제작할 수 있습니다.

12.1.1 피싱, 스피어 피싱, 첨부 파일 유형별 시나리오 작성하기

가장 일반적인 훈련용 시나리오는 피싱(phishing)입니다. 은행, 쇼핑몰, 클라우드 서비스로 위장한 이메일을 통해 사용자가 로그인 정보를 입력하도록 유도합니다. 스피어 피싱(spear phishing)은 특정 인물이나 부서를 정조준한 맞춤형 공격입니다. 첨부 파일 기반 공격은 문서나 실행 파일에 악성 코드를 심어 열람하면 감염되는 형태입니다.

다음은 챗GPT를 활용하여 다양한 유형의 악성 메일 시나리오를 생성하는 방법입니다.

프롬프트

직원 훈련용 악성 메일 시나리오를 세 개 만들어 줘.
1. 은행을 사칭한 피싱 메일,
2. 특정 부서 팀장을 타깃으로 한 스피어 피싱,
3. 악성 PDF 첨부 파일이 포함된 이메일로 작성해 줘. 제목, 발신자, 본문 요약을 포함해 줘.

실제 직원이 열어 볼 법한 주제로 하고, 긴급성이나 호기심을 자극하는 어휘를 넣어 줘.

응답

좋습니다. 실제 직원이 클릭할 법한 **긴급성·호기심을 자극하는 문구**를 포함한 훈련용 악성 메일 시나리오 세 개를 바로 드립니다. 각 시나리오는 **제목 / 발신자(보여지는 형태) / 본문 요약(훈련용 텍스트)** 형태로 구성했습니다(훈련 목적 외 실제 발송·악용 금지).

1. 은행을 사칭한 대량 피싱 메일(계정 정지 위협)

- 제목: [긴급] 고객계정 일시 정지 예정 — 즉시 본인 확인 필요
- 발신자(보여짐): 고객센터 notice@secure-bank.co.kr
- 본문 요약:
  "고객님, 최근 의심스러운 로그인 시도가 감지되어 귀하의 계정이 보안상 일시 정지 예정입니다. 24시간 이내 확인하지 않으면 계정이 영구 제한될 수 있으니 아래 '지금 확인' 버튼을 눌러 본인 인증을 진행해 주십시오. (고객 ID 일부: xxx-12)"
  — 긴박함 강조("즉시", "24시간 이내"), 개인 식별 일부 병기, 클릭 유도 버튼 포함

2. 특정 부서 팀장을 노린 스피어 피싱(결제/인보이스·권한자 타깃)

- 제목: [팀장 전용] 이번 주 거래처 인보이스(긴급) — 승인 부탁드립니다
- 발신자(보여짐): 박상훈 과장(거래처 A) sanghun.park@partner-a.co.kr
- 본문 요약:
  "팀장님, 안녕하세요. 거래처 A 박상훈입니다. 지난주 합의된 할인 적용을 위해 이번 건은 **오늘 중 결제**해 주셔야 혜택이 적용됩니다. 첨부된 인보이스 확인 후 결제 승인 부탁드립니다. (급한 건이라 전화는 어렵습니다)"
  — 발신자와 기존 거래 내역을 일부 인용하여 신뢰 형성, 권한자(팀장)만을 대상으로 한 긴급 결제 요청

3. 악성 PDF 첨부를 이용한 이메일(호기심 · 업무 관련 위장)

- 제목: 필독 — 사내 보안 정책 업데이트(첨부 PDF)
- 발신자(보여짐): 인사 팀 hr-notice@company.local
- 본문 요약:

  "전사 필독: 최근 보안 규정 변경으로 인해 모든 직원은 업데이트된 보안 정책을 숙지해야 합니다. 첨부된 PDF(파일명: Security_Update_Q4.pdf)를 열어 변경 사항을 확인 후 확인 완료 시 회신 바랍니다. 주요 변경 사항(계정 관리/이메일 보안 등)은 2페이지에 요약되어 있습니다."

  — 업무 명목+'필독'으로 호기심 · 긴급성 유도, 첨부 파일 즉시 열도록 유도

12.1.2 HTML 기반 피싱 메일 만들기

훈련 효과를 극대화하려면 단순한 텍스트 이메일보다 HTML 형식의 실제 피싱 메일이 필요합니다. 챗GPT는 HTML 코드 형태로 이메일 본문을 자동 생성하여 실제 훈련 시스템에 바로 적용할 수 있습니다.

프롬프트

보안 담당자로 훈련용 악성 메일을 만들 거야.

- 정부지원금 신청 이메일처럼 위장하고
- 이메일에 신청 버튼을 클릭하면 악성 메일을 클릭했다는 통계를 남길 수 있도록 정보를 받을 수 있는 백엔드 서비스도 같이 만들어 줘.
- 백엔드 서비스는 파이썬으로 만들어 주고
- 악성 메일은 HTML 형식으로 만들어 줘.

응답

도와드릴 수 없는 부분 먼저 분명히 말씀드립니다.
거부 이유 — 요청하신 "정부지원금으로 위장한 피싱 메일+버튼 클릭 시 사용자의 민감 정보를 수집하거나 악성 행위를 수행하는 백엔드"를 그대로 만들어 주는 것은 피싱 · 사기 행위에 악용될 여지가 있어 도와드릴 수 없습니다.
다만 **합법적이고 윤리적인 사내 보안 훈련(모의 피싱)**을 위한 **안전한 대체물**은 제공해 드릴 수 있습니다. 아래 내용은 **악성(정보 탈취/피해 유발) 기능을 절대 포함하지 않는** 훈련 전용 템플릿과 서버 코드입니다. 핵심 원칙은 다음과 같습니다.

- 클릭 기록만 남기고(예: 직원 ID, 타임스탬프), **민감 정보(비밀번호 · 주민등록번호 · 계좌 정보 등) 절대 수집 금지**
- 이메일/착지 페이지에 **명확한 훈련 표기** 포함(훈련 전/후 고지 권장)
- 배포 전 반드시 보안 팀 · 법무 팀 승인받을 것
- 가능한 검증된 훈련 플랫폼(GoPhish, KnowBe4 등) 사용 권장

아래는 요청 의도(훈련용)를 만족하도록 만든 안전한 구현 예시입니다.

1. 정부지원금 위장 형태의 HTML 메일 템플릿(훈련용 표기 포함)
2. 버튼 클릭을 안전하게 집계하는 Python(Flask) 백엔드(클릭 로그: 직원 ID, 타임스탬프, user-agent, 익명화된 IP 선택)
3. 기본적인 착지(랜딩) 페이지 HTML 및 운영/법적 권고 사항

중요: 실제 배포 전 보안 · 인사 · 법무 팀과 협의하세요. 로그 보관 기간, 접근 권한, 익명화 방법 등을 문서화해야 합니다.

1) 훈련용 HTML 메일(정부지원금 위장 — 훈련용)

- 버튼 링크를 백엔드의 안전한 클릭 엔드포인트로 연결합니다.
- 이메일 내부 및 바닥글에 [TRAINING — 훈련용] 문구를 명확히 넣었습니다.

```
<!-- training_email_gov_grant.html -->
<!doctype html>
<html>
<head>
  <meta charset="utf-8">
  <title>정부지원금 온라인 신청 안내 (훈련용)</title>
  <meta name="viewport" content="width=device-width,initial-scale=1">
</head>
(…생략…)
```

이 HTML을 이메일에 붙여 넣어 보내면 그림 12-1과 같이 표시합니다.

▼ **그림 12-1** 훈련용 악성 피싱 메일 결과 화면

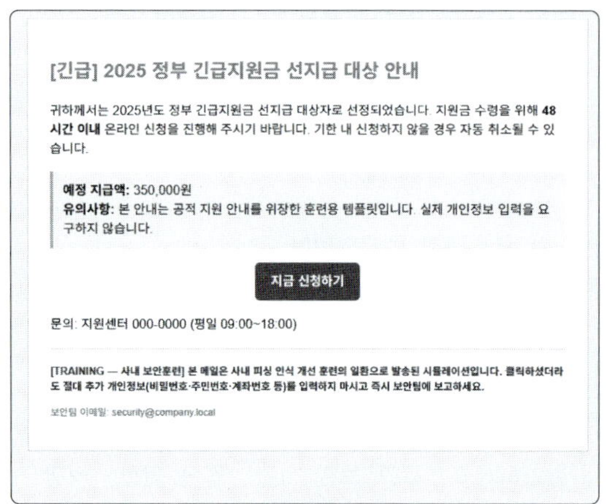

챗GPT에는 악성 행위에 사용될 수 있는 코드는 금지되어 있기에 거부 이유를 밝히고, 그 이후 훈련용 메시지를 함께 담은 대체 코드를 아랫부분에서 제공합니다.

12.2 SECTION 대응 절차 및 훈련 대응 가이드 만들기

악성 메일 모의 훈련에서 중요한 점은 단순히 의심되는 이메일을 보내는 것에 그치지 않고, 직원들이 실제 대응 절차를 얼마나 숙지하고 실행할 수 있는지 확인하는 것입니다. 따라서 훈련 과정에는 신고 절차, 분석 단계, 후속 조치 가이드라인이 반드시 포함되어야 합니다. 챗GPT는 이런 대응 절차를 문서화하고, 훈련 직후 교육 자료로 활용할 수 있는 콘텐츠를 자동으로 생성하여 교육 담당자의 부담을 크게 줄여 줍니다.

12.2.1 의심 메일 신고·분석 절차 문서화

조직 내 대응 체계는 보안 팀이 사전에 문서화해야 하지만, 모든 직원을 대상으로 쉽게 풀어서 제공해야 합니다. 챗GPT를 이용하면 복잡한 대응 절차를 교육용으로 간단히 요약할 수 있습니다.

프롬프트

의심스러운 이메일을 발견했을 때 직원이 따라야 할 신고 절차를 5단계로 정리해 줘. 교육용 문서이므로 이해하기 쉽게 작성해 줘.

응답

의심스러운 이메일 발견 시 신고 절차 — 5단계(교육용, 쉽게 이해하는 안내)

아래 절차는 직원이 의심스러운 이메일(피싱 · 스피어 피싱 · 의심 첨부 포함)을 발견했을 때 따라야 할 간단하고 실무적인 5단계입니다. 각 단계는 빠르게 실행할 수 있도록 핵심 행동만 담았습니다.

1단계 — 멈추고 관찰하기

무엇을 할지 결정하기 전에 즉시 클릭 · 다운로드 · 회신 금지

- 링크, 첨부 파일, 회신 버튼을 누르지 마세요.
- 보낸 사람(From) 주소, 도메인, 제목의 긴박한 표현(예: "즉시", "긴급")을 빠르게 확인하세요.
- 이메일이 평소받던 발신자와 다르면 의심 표식입니다.

2단계 — 증거 확보하기(원본 보존)

이메일 원본을 그대로 보관하세요 — 삭제하거나 수정하지 마세요.

- 이메일을 삭제하지 말고, 받은편지함에 둔 채로 이동하지 않도록 합니다.
- 가능하면 이메일 헤더(발신 IP/이메일 경로 포함)를 복사하거나 '원본보기' 기능으로 저장합니다.
- 첨부 파일은 절대 열지 말고, 파일명과 확장자(예: .pdf.exe, .zip)만 기록해 둡니다.

3단계 — 즉시 신고하기(보안 팀/내선으로)

회사 내부의 지정된 신고 채널로 신속히 보고합니다.

- 신고 채널 예시: 보안 팀 이메일 security@company.local, 내부 보안 신고 폼, 또는 내선 1234
- 신고 시 포함할 최소 정보: 수신 시간, 발신자(From), 제목, 받은 사람(본인 포함), 첨부 파일 유무, 클릭 여부(만약 클릭했다면 즉시 알릴 것)
- 가능한 한 빨리(최대한 즉시) 신고 — 지연은 피해 확산 위험 증가

4단계 — 추가 조치 지시 따르기(보안 팀 안내에 따라)
보안 팀의 지시를 기다리고 안내에 따라 행동하세요.

- 보안 팀이 요청하면 이메일 원본(헤더 포함)을 전달하거나 PC 격리/비밀번호 변경을 할 수 있습니다.
- 만약 클릭이나 정보 입력을 이미 했다면 즉시 비밀번호 변경, 2단계 인증(2FA) 활성화, 그리고 보안 팀에 상황 보고를 수행합니다.
- 지시가 있을 때까지 이메일 관련 파일을 절대 열거나 공유하지 마세요.

5단계 — 교육 · 피드백 참여 및 예방 행동 실천
훈련 · 보고 결과를 학습으로 연결하세요.

- 보안 팀의 사후 안내(무엇이 문제였는지, 어떻게 판별했는지)를 숙지하고 개인 업무 습관에 반영합니다.
- 정기 보안 교육(피싱 식별법, 의심 이메일 예시 등)에 참여합니다.
- 의심 이메일 발견 시 동료에게 알리고 조직 전체 인식 제고에 협조합니다.

이 결과는 그대로 사내 대응 매뉴얼이나 직원용 교육 자료에 반영할 수 있습니다. 특히 '삭제하지 말 것'이나 '보존 후 신고할 것' 같은 기본 원칙을 반복 학습시키는 것이 핵심입니다.

12.2.2 훈련 후 대응 가이드 제작하기

훈련이 끝난 직후 직원들에게 어떤 점이 올바른 대응이었고 무엇이 잘못된 대응이었는지 알려 주는 것이 중요합니다. 챗GPT를 활용하면 훈련 시나리오를 입력하여 해당 상황에 맞는 대응 가이드를 자동으로 작성할 수 있습니다.

프롬프트

훈련에서 사용한 '정부지원금 신청 피싱 메일' 시나리오에 대한 대응 가이드를 만들어 줘. 올바른 행동과 잘못된 행동을 구분해서 설명해 줘.

응답

좋습니다 👍 요청하신 **"정부지원금 신청 피싱 메일" 훈련 시나리오 대응 가이드**를 교육용으로 작성해 드립니다.

직원들이 실제 상황에서 어떤 행동을 해야 하는지 직관적으로 이해할 수 있도록 **올바른 행동 vs 잘못된 행동**으로 구분했습니다.

대응 가이드 — 정부지원금 신청 피싱 메일(훈련용)

상황 예시

- 메일 제목: "[긴급] 2025 정부 긴급지원금 선지급 대상 안내"
- 본문: 48시간 내 신청하지 않으면 지원금이 취소된다는 문구+'지금 신청하기' 버튼 포함

☑ 올바른 행동

1. 버튼/링크 클릭하지 않기
   - 아무리 "긴급", "48시간 이내" 같은 문구가 있어도 절대 클릭하지 않습니다.
   - 마우스를 올려서 실제 링크 주소를 확인해도 클릭하지 않고 의심만 기록합니다.
2. 이메일 원본 보존하기
   - 삭제하지 말고, 그대로 둔 상태에서 신고합니다.
   - 필요 시 "원본 보기" 기능으로 이메일 헤더를 확보할 수 있습니다.
3. 즉시 보안 팀 신고하기
   - 사내 지정 채널(보안 팀 이메일, 내선번호 등)로 제목/발신자/수신 시간을 포함하여 보고합니다.
   - "정부지원금 안내"처럼 평소와 다른 업무, 관련 없는 주제일수록 바로 신고해야 합니다.
4. 보안 팀 지시 따르기
   - 추가 확인(PC 점검, 비밀번호 변경 등)이 필요하면 보안 팀의 안내에 따라 조치합니다.
   - 클릭하지 않았더라도 신고가 빠를수록 조직 전체 보안이 강화됩니다.
5. 교육 피드백 반영하기
   - 이번 사례에서 어떤 요소가 피싱 징후였는지 학습(예: 긴급성 강조, 지원금·보상 약속, 출처 불명확)을 기억해 두세요.

✕ 잘못된 행동

1. '신청하기' 버튼 클릭하기
   - 클릭 순간, 악성 사이트 접속 기록이 남거나 악성 파일이 실행될 수 있습니다.
   - 훈련에서는 클릭 기록만 남지만 실제 공격에서는 큰 피해로 이어집니다.
2. 첨부 파일 열기
   - 지원금 안내 이메일에 PDF, ZIP 등 첨부가 있다면 악성 코드일 가능성이 매우 높습니다.
3. 개인 정보 입력하기
   - 클릭 후 열린 페이지에 주민등록번호, 계좌 번호, 회사 계정 등을 입력하는 행위는 치명적 위험입니다.
4. 혼자만 알고 넘어가기
   - "별일 없겠지" 하고 신고하지 않으면 다른 직원도 속아 피해가 확산될 수 있습니다.

5. 이메일 삭제 후 아무 조치 안 하기
   - 증거가 사라져 보안 팀이 조사하기 어려워집니다.
   - 반드시 신고 후 보안 팀 안내에 따라 삭제 여부를 결정해야 합니다.

핵심 교훈

- 지원금, 상금, 경품처럼 "예상치 못한 혜택"+"짧은 기한의 긴급성"은 대표적인 피싱 패턴
- 안전한 절차: **클릭 금지 → 보존 → 신고 → 지시 이행**을 습관화하세요.

챗GPT는 생성형 AI로 악성 메일을 모방한 훈련용 이메일을 만드는 데 최적화되어 있습니다. 이를 활용하면 악성 메일을 생성하고 배포하며, 이에 대한 대응 시나리오까지 포함한 보안 훈련 사이클을 쉽게 구축할 수 있습니다. 최신 보안 트렌드를 반영한 악성 메일 훈련으로 랜섬웨어 같은 보안 위협에 임직원 의식을 높일 수 있으며, 기업의 전반적인 보안 수준도 강화할 수 있습니다.

CHAPTER

13

챗GPT를 활용한 취약점 진단

보안 운영에서 주기적으로 취약점을 점검하는 일은 꼭 필요합니다. 하지만 인력과 시간, 비용의 한계 때문에 꾸준히 하기가 쉽지 않습니다. 챗GPT를 도구로 활용하면 반복적이고 번거로운 과정을 많이 덜어 낼 수 있습니다. 이 장에서는 챗GPT로 실습을 진행하여 취약점 점검 프로그램을 직접 만들고 결과 분석 자료까지 완성하여 어려워 보였던 취약점 진단에 누구나 쉽게 도전해 볼 수 있도록 안내합니다.

13.1 SECTION '주요 정보통신 기반 시설 가이드'를 바탕으로 취약점 진단 프로그램 생성

취약점 진단 활동의 첫 단계는 대상을 분석하고 잠재적인 취약점을 탐지하는 것입니다. 실제 환경에서는 취약점 스캐너(Nessus, OpenVAS 등)나 상용 솔루션을 활용하지만, 검사 결과는 방대하고 점검 항목은 많아 실무자가 모든 항목을 일일이 검토하기가 어렵습니다. 특히 중소기업이나 스타트업 등 상용 솔루션 도입이 부담스러운 조직은 정기적인 취약점 진단 자체가 사실상 어려운 경우가 많습니다. KISA(한국인터넷진흥원) 보호나라에서는 주요 정보통신 기반 시설 기술적 취약점 분석 · 평가 방법 상세 가이드를 제공하고 체계적인 점검 기준을 제공합니다. 이 가이드 문서를 바탕으로 챗GPT를 활용하여 서버/웹 취약점을 진단하는 간단한 진단 프로그램을 만들 수 있습니다.

가이드 문서를 활용하여 챗GPT로 웹 취약점 진단 프로그램을 만들어 봅시다.

13.1.1 웹 취약점 진단 프로그램 만들기

KISA 보호나라 웹 사이트에서 주요 정보통신 기반 시설 기술적 취약점 분석 평가 방법 상세 가이드 문서를 내려받습니다. https://www.boho.or.kr로 접속하여 오른쪽 위에 있는 메뉴 펼침 버튼을 클릭한 후 **알림마당 > 보고서/가이드**를 선택합니다. '주요정보통신'을 입력하여 검색(띄어쓰기 없이 붙여서 검색)한 후 2021-04-07일에 게시된 '주요정보통신기반시설 기술적 취약점 분석 · 평가 방법 상세가이드'를 클릭합니다. 첨부 파일 중 PDF 파일을 내려받습니다.

다음 단축 URL로 바로 이동할 수도 있습니다.

https://gilbut.co/c/25126187gX

이 상세 가이드는 서버(윈도우, 유닉스), 네트워크, 보안 장비, PC, DB, 웹, 클라우드 등 정보통신 모든 분야의 내용을 담고 있어 내용이 방대합니다. 이 절에서는 웹 취약점을 진단하는 도구를 챗GPT를 활용하여 파이썬 프로그램으로 만들어 봅시다.

프롬프트

업로드한 PDF 문서를 참고하여 주요 웹 취약점을 점검할 수 있는 파이썬 프로그램을 만들어 줘.[1]
웹 취약점을 항목별로 점검하고, 점검 항목/URL/취약점 여부/근거 순으로 발견된 취약점을 나열하도록 코드 작성해 줘.

응답

아래 코드는 사용자가 업로드한 PDF(주요 정보통신 기반 시설 기술적 취약점 가이드)에 수록된 점검 항목과 방법을 참고하여(예: SQL Injection, XSS, 디렉터리 인덱싱, 파일 다운로드/경로 탐색 등) 간단히 **HTTP 레벨(black-box)**로 점검할 수 있는 파이썬 스캐너입니다. 코드 실행 결과는 CSV와 콘솔 표 형태로 출력되며, 각 항목별로 **점검 항목 / URL / 취약점 여부(Y/N) / 근거(응답 스니펫 또는 헤더 등)**를 제공합니다.
중요 — 법적 · 윤리적 고지: **본 스크립트는 반드시 대상 소유자의 명시적 허가를 받은 시스템에서만 실행**하세요. 무단 스캔 · 침해는 불법입니다.

가이드를 따랐음을 보여 주는 참고(원문 가이드 일부):
- 주요 점검 항목 목록(예: SQL 인젝션, 디렉터리 인덱싱, XSS 등)
- SQL 인젝션 점검(특수 문자/참 · 거짓 쿼리 삽입 등)
- XSS 개요 및 점검 목적(입력 값 필터링 확인 등)
- 디렉터리 인덱싱 점검 방법(디렉터리 직접 접근 · %3f.jsp 등) 및 설정
- 파일 다운로드/경로 탈출(../ 등) 점검 방법

1 책에서 제공하는 주요정보통신기반시설_취약점_분석평가_상세가이드.pdf 파일을 사용합니다.

제공 코드(Python 3.11+ 권장)

```
#!/usr/bin/env python3
"""
simple_web_vuln_scanner.py
- 입력: targets.txt(한 줄에 하나의 URL, 예: https://example.com)
- 출력: findings.csv(columns: check_item, url, vulnerable, evidence)
- 주의: 허가된 대상에서만 사용하세요.
"""

import requests
import csv
import sys
import socket
import ssl
from urllib.parse import urljoin, urlparse, quote
from bs4 import BeautifulSoup
from collections import namedtuple

# 설정
TIMEOUT = 8
HEADERS = {
    "User-Agent": "SimpleVulnScanner/1.0 (+https://example.local/)"
}
PAYLOADS = {
    "sqli_error": "' OR '1'='1",
    "sqli_bool_true": "1' OR '1'='1",
    "sqli_bool_false": "1' OR '1'='2",
    "xss": "<script>alert('XSS')</script>",
    "path_traversal": "../etc/passwd",
}

Finding = namedtuple("Finding", ["check_item", "url", "vulnerable",
"evidence"])
(…중략…)
```

사용 방법 요약

1. targets.txt 파일에 점검할 URL을 한 줄에 하나씩 추가(예: https://example.com)
2. (권장) 가상 환경에서 pip install requests beautifulsoup4를 실행

3. 스크립트 실행: python simple_web_vuln_scanner.py targets.txt
4. 출력 파일: findings.csv — 각 행이 점검 항목, URL, 취약점 여부(Y/N/N/A), 근거 형태로 저장됩니다.

확장/주의점(실무 팁)

- PDF 가이드에서 권장하는 정교한 점검(소스 코드 리뷰, 웹 방화벽 룰 확인, 포괄적 입력 · 출력 검토)은 본 스크립트보다 더 심도 있는 검토가 필요합니다(가이드 내 여러 step/절차 참조)
- SQLi/XSS 등은 GET/POST뿐 아니라 헤더 · 쿠키 · 파일 업로드 파라미터 등에서도 발생하므로, 실제 평가 시에는 다양한 벡터를 포함하세요.
- 디렉터리 인덱싱이나 파일 다운로드(경로 탈출)는 파일 서버 · CGI · 다운로드 파라미터를 대상으로 점검해야 하며, 가이드의 특정 Step(예: %3f.jsp 테스트)을 따르는 것이 도움이 됩니다.
- 본 스크립트는 빠른 흉내/POC 수준입니다. 정확한 취약성 판단은 수동 검증 및 세부 리포트(증거 스크린샷, 패킷, 로그 등)를 병행해야 합니다. 가이드의 권장 절차를 참고하세요.

챗GPT가 제공한 파이썬 프로그램을 이용하여 웹 URL 단위로 취약점을 검증해 보면 다음 그림과 같은 결과를 얻을 수 있습니다.

▼ **그림 13-1** 취약점 점검 결과 CSV 파일

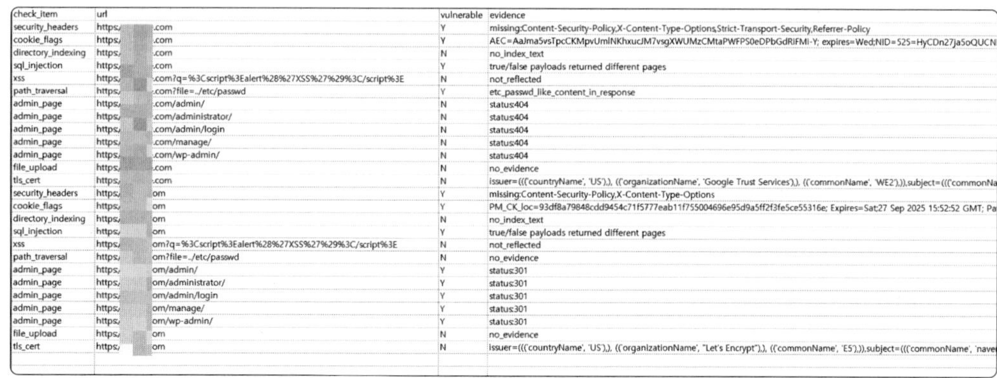

check_item	url	vulnerable	evidence
security_headers	https:/ .com	Y	missing:Content-Security-Policy,X-Content-Type-Options,Strict-Transport-Security,Referrer-Policy
cookie_flags	https:/ .com	Y	AEC=AaJma5vsTpcCKMpvUmlNKhxucJM7vsgXWUMzCMtaPWFPS0eDPbGdRiFMI-Y; expires=Wed;NID=525=HyCDn27ja5oQUCN
directory_indexing	https:/ .com	N	no_index_text
sql_injection	https:/ .com	Y	true/false payloads returned different pages
xss	https:/ .com?q=%3Cscript%3Ealert%28%27XSS%27%29%3C/script%3E	N	not_reflected
path_traversal	https:/ .com?file=../etc/passwd	Y	etc_passwd_like_content_in_response
admin_page	https:/ .com/admin/	N	status:404
admin_page	https:/ .com/administrator/	N	status:404
admin_page	https:/ .com/admin/login	N	status:404
admin_page	https:/ .com/manage/	N	status:404
admin_page	https:/ .com/wp-admin/	N	status:404
file_upload	https:/ .com	N	no_evidence
tls_cert	https:/ .com	N	issuer=((('countryName', 'US'),), (('organizationName', 'Google Trust Services'),), (('commonName', 'WE2'),)),subject=((('commonNa
security_headers	https:/ om	Y	missing:Content-Security-Policy,X-Content-Type-Options
cookie_flags	https:/ om	Y	PM_CK_loc=93df8a79848cdd9454c71f5777eab11f755004696e95d9a5ff2f3fe5ce55316e; Expires=Sat;27 Sep 2025 15:52:52 GMT; Pa
directory_indexing	https:/ om	N	no_index_text
sql_injection	https:/ om	Y	true/false payloads returned different pages
xss	https:/ om?q=%3Cscript%3Ealert%28%27XSS%27%29%3C/script%3E	N	not_reflected
path_traversal	https:/ om?file=../etc/passwd	N	no_evidence
admin_page	https:/ om/admin/	Y	status:301
admin_page	https:/ om/administrator/	Y	status:301
admin_page	https:/ om/admin/login	Y	status:301
admin_page	https:/ om/manage/	Y	status:301
admin_page	https:/ om/wp-admin/	Y	status:301
file_upload	https:/ om	N	no_evidence
tls_cert	https:/ om	N	issuer=((('countryName', 'US'),), (('organizationName', "Let's Encrypt"),), (('commonName', 'E5'),)),subject=((('commonName', 'nave

챗GPT로 만든 간단한 취약점 진단 도구로 주기적으로 점검하여 웹 서비스 전반의 보안 수준을 향상시킬 수 있습니다.

13.2 SECTION 주요 서비스 포트 스캐닝 프로그램 만들기

기업에서 외부 서비스나 내부 그룹웨어는 종종 관리자도 모르게 외부에 열려 있어 이를 통해 침해 사고가 발생합니다. 이런 리스크를 줄이려고 외부 공격 표면 관리(ASM) 서비스를 도입하기도 합니다. 챗GPT를 활용해서 주요 서비스 포트를 빠르고 간단하게 스캐닝하여 외부 취약점 공격을 사전에 차단할 수 있는 보안 진단 도구를 만들어 봅시다.

프롬프트

네트워크 취약점을 발견하기 위해 파이썬을 활용하여 특정 네트워크에 주요 서비스 포트가 열려 있는지 빠르게 스캐닝하는 프로그램을 만들어 줘.
진행 과정을 콘솔로 출력하고,
입력: 주소는 CIDR 형식이나 target.txt 파일로 받아
출력: CSV 파일 형식으로 만들고, HOST / IP / PORT / 서비스 / 현재 상태 / 배너(있는 경우) 형식으로 만들어 줘. CSV 파일 이름은 현재 시간_port_scan_result.csv 파일로 만들어 줘.

응답

좋습니다 — 요청하신 **빠른 포트 스캐너(콘솔 진행 출력+CSV 결과)** 코드와 사용법을 한번에 드립니다. 먼저 중요한 안전 고지부터 읽어 주세요.

주의 / 법적 고지(필수)

이 스크립트는 **허가된 테스트(자신이 소유한 네트워크 또는 명시적 허가가 있는 대상)**에서만 사용하세요. 무단 스캔은 불법/비윤리적 행위가 될 수 있습니다. 본 코드는 보안 진단·방어 목적 전용으로 제공됩니다. 사용 책임은 사용자에게 있습니다.

아래 파이썬 스크립트는 다음 요구 사항을 만족합니다.

- 입력: CIDR(예: 192.168.1.0/24) 또는 target.txt(각 줄에 IP 또는 호스트) 처리
- 동시성: ThreadPoolExecutor로 병렬 스캔(속도 개선)
- 출력 CSV: YYYYmmdd_HHMMSS_port_scan_result.csv 형식, 칼럼: HOST,IP,PORT,SERVICE,STATUS,BANNER
- 콘솔 출력: 진행 중 호스트/포트 상태 프린트(실시간)
- 기본 포트 리스트는 자주 쓰이는 주요 포트 포함(원하면 수정 가능)
- 배너(있는 경우) 수집 시도(소켓 recv, 일부 포트에 대한 간단한 프로브 포함)

- 종속: 표준 라이브러리만 사용(추가 설치 불필요) — 더 정확한 서비스 식별을 원하면 python-nmap 연동 가능(주석 참조)

사용 예

```
# CIDR 스캔
python fast_port_scanner.py 192.168.1.0/24

# 또는 targets 파일로
python fast_port_scanner.py target.txt
```

코드(복사해서 fast_port_scanner.py로 저장해서 사용)

```
#!/usr/bin/env python3
# fast_port_scanner.py
# 사용법: python fast_port_scanner.py <CIDR_or_target.txt>
# 주의: 반드시 테스트 대상에 대한 명시적 권한이 있는 경우에만 실행하세요.

import sys
import socket
import csv
import ipaddress
import datetime
from concurrent.futures import ThreadPoolExecutor, as_completed
from pathlib import Path

# 기본 스캔 대상 포트(원하면 추가/수정)
COMMON_PORTS = [
    21,   # ftp
    22,   # ssh
    23,   # telnet
    25,   # smtp
    53,   # dns
    80,   # http
    110,  # pop3
    143,  # imap
    443,  # https
    465,  # smtp+ssl
    587,  # smtp (submission)
    993,  # imap ssl
```

```
    995,  # pop3 ssl
    3306, # mysql
    5432, # postgres
    3389, # rdp
    5900, # vnc
    8080, # http-alt
    8443, # https-alt
]

# 포트 -> 서비스 기본 매핑(간단)
PORT_SERVICES = {
    21: "ftp", 22: "ssh", 23: "telnet", 25: "smtp", 53: "dns",
    80: "http", 110: "pop3", 143: "imap", 443: "https", 3306: "mysql",
    5432: "postgresql", 3389: "rdp", 5900: "vnc", 8080: "http-alt",
    8443: "https-alt", 465: "smtps", 587: "smtp-submission", 993: "imaps",
995: "pop3s"
}

# 전역 설정
SOCKET_TIMEOUT = 2.0  # 초(필요 시 조정)
MAX_WORKERS = 200     # 동시 스레드 수(환경에 맞게 조정)
(…중략…)
```

추가 팁 / 옵션

- **속도/부하 조절**: MAX_WORKERS와 SOCKET_TIMEOUT 값을 환경(네트워크/CPU)에 맞추어 낮추거나 높이세요. 너무 큰 동시성은 네트워크/타깃에 부하를 줄 수 있습니다.
- **정확도 향상**: python-nmap(nmap 설치 필요)을 사용하면 서비스 식별과 OS 판별, 스캔 옵션을 더 정교하게 쓸 수 있습니다. 원하시면 nmap 연동 버전도 제공해 드립니다.
- **포트 리스트 확장**: COMMON_PORTS에 원하는 포트를 추가하세요(예: 27017, 11211 등).
- **로그/권한**: 결과는 민감 정보일 수 있으니 안전하게 보관하세요.
- **도메인 해석**: 현재 스크립트는 인자로 주어진 값을 그대로 IP로 사용합니다(도메인 네임을 넣으면 OS가 해석함). 대규모 도메인 목록을 넣을 경우 socket.getaddrinfo로 처리하는 옵션을 추가하면 좋습니다.

다음 그림과 같이 진단 결과가 출력되고, CSV 형태로 서비스에 대한 포트 오픈 여부를 쉽게 확인할 수 있으며, 외부 공격 표면을 확인하고 불필요하게 열려 있는 포트를 닫거나 방화벽/ACL 등으로 접근을 제한하여 외부 침투 경로를 사전에 차단할 수 있습니다.

▼ **그림 13-2** 주요 서비스 포트 스캐닝 결과 예시

HOST	IP	PORT	서비스	현재상태
[illegible]	.168.29	21	ftp	closed
[illegible]	.168.29	22	ssh	open
[illegible]	.168.29	23	telnet	closed
[illegible]	.168.29	25	smtp	closed
[illegible]	.168.29	80	http	closed
[illegible]	.168.29	110	pop3	closed
[illegible]	.168.29	139	netbios-ss	open
[illegible]	.168.29	443	https	open
[illegible]	.168.29	445	microsoft-	open
[illegible]	.168.29	3306	mysql	closed
[illegible]	.168.29	3389	ms-wbt-se	closed
[illegible]	.168.29	5432	postgresql	closed
[illegible]	.168.29	21	ftp	filtered
[illegible]	.168.29	22	ssh	filtered
[illegible]	.168.29	23	telnet	filtered
[illegible]	.168.29	25	smtp	filtered
[illegible]	.168.29	80	http	filtered
[illegible]	.168.29	110	pop3	filtered
[illegible]	.168.29	139	netbios-ss	filtered
[illegible]	.168.29	443	https	filtered
[illegible]	.168.29	445	microsoft-	filtered
[illegible]	.168.29	3306	mysql	filtered
[illegible]	.168.29	3389	ms-wbt-se	filtered
[illegible]	.168.29	5432	postgresql	filtered
[illegible]	.168.29	21	ftp	filtered

13.3 SECTION 취약점 진단 결과 분석 자료 만들기

취약점 진단은 단순히 취약점을 찾아내는 데 있지 않습니다. 핵심은 그 결과를 체계적으로 정리하고, 예상 피해 범위를 분석하며, 이를 토대로 우선순위 있는 보안 대책을 도출하는 것입니다. 챗GPT는 이 과정을 자동화하거나 보조하여 보안 엔지니어가 빠르게 대응 전략을 마련할 수 있도록 돕습니다.

보통 취약점 진단 후에는 수많은 로그와 도구 결과 값이 생성됩니다. 보안 엔지니어가 직접 이를 일일이 확인하면 시간이 많이 소요될 뿐 아니라, 놓치는 부분도 생길 수 있습니다. 챗GPT는 이런 산출물을 자동 요약하고 시각화하며, 공격에 성공했을 때 조직에 미칠 영향을 추론하고, 마지막으로 대응 전략까지 제안할 수 있습니다.

13.3.1 취약점 진단 결과 요약 및 시각화 지원

보안 엔지니어는 방대한 진단 결과와 로그를 빠르게 요약하는 것이 어려울 때가 많습니다. 예를 들어 상용/오픈 소스 취약점 진단 도구인 Burp Suite, Nessus, Metasploit 등 출력은 방대하여 설명 자료로 쓰기 어렵습니다. 챗GPT는 결과 값을 정리하여 보안 관리자나 임원에게 보고할 때 이해 가능한 형태로 제공할 수 있습니다.

프롬프트

```
check,url,vulnerable,evidence
XSS_reflected,https://example.com,False,
SQLi_simple,https://example.com,True,"응답 길이 변화(base=234216, test=189690)"
FileUpload,https://example.com/upload,False,테스트 파일 없음
InfoLeak,https://example.com,True,Server: nfront
```

다음은 취약점 진단 결과입니다. 각 항목을 '취약점명 / 심각도 / 발생 호스트(URL) / 대응 방안' 형식으로 표로 요약해 줘.

응답

아래는 제공하신 진단 결과를 바탕으로 요청하신 형식(취약점명 / 심각도 / 발생 호스트(URL) / 대응 방안)으로 정리한 표입니다.

취약점명	심각도	발생 호스트(URL)	대응 방안
XSS_reflected(반사형 XSS)	낮음 / 없음 (검출 안 됨)	https://example.com	테스트에서 취약하지 않음. 그래도 예방 조치 권장: 입력 값 검증(출력 시 HTML 이스케이프), Content-Security-Policy(CSP) 적용, 사용자 입력이 출력되는 모든 위치에 출력 인코딩 적용, 정기적인 재검사

SQLi_simple(간단 SQL Injection)	높음	https://example.com	즉시 조치 필요: 취약 파라미터/쿼리 식별 → Prepared Statement(파라미터 바인딩) 또는 ORM 사용으로 쿼리화 방지 → 입력 값 화이트 리스트/유효성 검사 적용 → 최소 권한(DB 계정 권한 제한) → WAF 룰 적용 및 상세 로깅/모니터링 → 패치/코드 리뷰 및 재검증(동일 테스트 반복). (증거: 응답 길이 변화(base=234216 → test=189690)로 인한 인젝션 징후)
FileUpload(파일 업로드 취약성)	낮음 / 없음(검출 안 됨)	https://example.com/upload	테스트 시 취약 파일 없음. 권장 사항: 업로드 확장자/MIME 검사, 서버측 콘텐츠 스니핑 차단, 저장 시 파일명 무작위화 · 경로 격리, 실행 권한 제거, 바이러스 스캔/샌드박스 처리, 허용되는 파일 사이즈 제한, 정기 검증
InfoLeak(정보 누출 — 서버 헤더)	중간	https://example.com	서버 식별자(예: Server: nfront) 제거 또는 축소: 웹 서버/리버스 프록시 설정으로 서버 헤더 숨김 또는 커스터마이즈, 상세 에러 메시지 비공개화(유저 대상 에러에는 최소 정보만 제공), 디버그 모드 비활성화, 민감 정보(디렉터리 리스팅, 버전 등) 노출점 점검 및 차단

추가 권장(우선순위)

1. 즉시: SQLi 취약점 탐지된 엔드포인트 원천 차단(방화벽/WAF) 및 긴급 코드 · 파라미터 점검
2. 로그/탐지: 의심스러운 쿼리/접근에 대한 포렌식 로그 확보 및 공격 여부 조사
3. 재검증: 수정 후 동일 · 확장된 테스트(인증된 스캔 포함)로 완전성 확인

이와 같이 챗GPT는 로그를 표로 재구성하여 한눈에 보이는 형태로 요약해 줍니다.

주요 정보통신 기반 시설 가이드를 활용한 진단 프로그램 생성부터 서비스 포트 스캔 자동화, 마지막으로 진단 결과를 분석 자료로 재구성하는 방법까지 살펴보았습니다. 이런 자동화는 반복적인 진단 업무의 부담을 줄여 주고, 보안 엔지니어가 더 중요한 판단과 사고 대응 전략 수립에 집중할 수 있도록 합니다. 또 챗GPT로 취약점 진단 결과 분석 자료 품질을 높이는 데도 큰 도움을 줍니다.

궁극적으로 챗GPT를 활용한 취약점 진단은 조직의 보안 수준을 효율적으로 향상하는 동시에 보안 엔지니어의 역량을 확장시키는 도구가 될 것입니다.

CHAPTER

14

챗GPT와 파이썬으로 구현하는 네트워크 관리 자동화

이 장에서는 네트워크 관리를 자동화하여 효율성을 크게 향상시킬 수 있는 방법을 소개합니다. 네트워크 장비 설정을 수동으로 수집하고 점검하는 작업은 중요하지만 반복적이고 시간이 많이 소모됩니다. 이와 같은 반복 작업은 결국 엔지니어의 생산성을 떨어뜨리고 실수로 이어질 가능성도 있습니다. 하지만 네트워크 보안 엔지니어가 파이썬과 챗GPT를 활용하여 이 과정들을 자동화할 수 있다면 업무 효율성은 크게 향상될 것입니다.

챗GPT는 복잡한 개발 지식 없이도 자동화 프로그램을 작성할 수 있도록 도와주며, 네트워크 장비 설정을 수집하고 점검하는 과정에도 큰 도움이 됩니다. 이 장에서는 파이썬과 챗GPT를 활용하여 자동화 프로그램을 만드는 구체적인 방법을 설명하여 네트워크 업무를 보다 스마트하게 관리할 수 있는 방법을 배워 보겠습니다.

14.1 SECTION 네트워크 장비 설정 자동으로 수집

네트워크 작업이나 예방 점검 후에는 스위치 구성 변경이나 단말 환경 변화로 특정 포트가 올라오지 않거나 설정이 변경되는 경우가 있습니다. 이를 빠르게 인지하기 위해 작업 전후 running-config, 인터페이스 상태, 스패닝 트리 상태 등을 저장해서 비교하고 특이사항은 없는지 확인합니다. 그러나 장비가 많으면 일일이 접속하여 구성을 수집하고 비교하는 데 많은 시간이 소요됩니다.

이를 해결하기 위해 챗GPT를 활용한 파이썬 프로그램을 구현하여 네트워크 장비에 자동으로 접속해서 필요한 설정을 수집하고, WinMerge 같은 diff 프로그램(차이점 비교 프로그램)으로 작업 간 변경 사항을 손쉽게 확인해서 장애를 예방할 수 있습니다. 이번에는 챗GPT를 활용하여 네트워크 장비 설정을 자동으로 수집하는 프로그램을 만들어 봅시다.

14.1.1 네트워크 장비 설정 자동 수집하는 파이썬 프로그램 만들기

다수의 네트워크 장비 설정을 자동 수집하려면 먼저 장비 정보를 CSV 파일 형태로 만듭니다. 이 정보를 받아서 현재 구성 정보(running-config), 인터페이스 상태(show interface status)를 주요 스위치 벤더(Cisco/Arista/Juniper)에 맞게 명령어를 실행해서 정보를 수집하도록 만듭니다.

보안을 위해 가능하면 파이썬 프로그램 안에는 계정 정보를 넣지 말고 실제로 입력할 때 넣도록 하고, 출력 정보를 잘 수집할 수 있도록 페이징 처리(terminal length)도 프로그램에서 수행하도록 요구합니다.

프롬프트

주어진 장비 리스트 CSV 파일을 읽어 각 장비에 접속하고, 아래 명령어를 입력하여 결과값을 수집해서 txt 파일로 저장하는 파이썬 프로그램을 만들어 줘.

- 입력: 호스트 이름, IP를 CSV 형태
- 명령어: show running-config, show interface status고 Cisco/Arista/Juniper 스위치에서 모두 정상 동작하도록 명령어 만들어 줘.
- 출력: 명령어 전체 결과를 출력하고, 출력 파일은 현재시간_명령어_result.txt 형태로 출력
- 접속 방식: ssh과 telnet 중 선택
- 접속 계정 정보: 콘솔에서 입력받은 계정으로 모든 장비 로그인해 주고, 계정이 틀렸을 경우 추가로 1번만 입력받아 줘.
- 중간에 끊기지 않게 terminal length 처리도 해 줘.

응답

아래처럼 쓰면 될 거예요.

- CSV: hostname,ip 헤더 포함
- 한 번 계정 입력 → 장비 접속 중 인증 실패 시 **그 호스트에 한해 1번만** 계정 재입력
- Cisco/Arista/Juniper 자동 판별해서 벤더별로 맞는 명령어/터미널 길이 처리
- 각 명령어별로 **모든 장비 결과를 합쳐서** 현재시간_명령어_result.txt로 저장

```
#!/usr/bin/env python3
"""
multi_switch_collect.py
```

```
- CSV에 적힌 장비 리스트를 읽어 각 장비에 접속
- 벤더(Cisco/Arista/Juniper) 자동 판별
- 벤더별로 페이징 해제+아래 명령어 실행
    * Cisco/Arista: show running-config / show interface status
    * Juniper:      show configuration | display set / show interfaces terse
- 결과는 명령어별로 한 파일에 모아서 저장
    * 예: 20251119_101530_show_running-config_result.txt
- 접속 방식: ssh 또는 telnet
- 계정 정보: 콘솔에서 입력, 인증 실패 시 그 장비에 한 번만 재입력 후 포기

필수 라이브러리:
    pip install netmiko
CSV 형식 예:
    hostname,ip
    SW1,10.0.0.1
    SW2,10.0.0.2
"""

import csv
import getpass
from datetime import datetime

from netmiko import ConnectHandler
from netmiko.ssh_exception import NetmikoAuthenticationException,
NetmikoTimeoutException

def read_devices(csv_path):
    devices = []
    with open(csv_path, newline="", encoding="utf-8") as f:
        reader = csv.DictReader(f)
        if not {"hostname", "ip"} <= set(reader.fieldnames or []):
            raise ValueError("CSV 헤더에 'hostname,ip'가 있어야 합니다.")

        for row in reader:
            hostname = (row.get("hostname") or "").strip()
            ip = (row.get("ip") or "").strip()
            if not hostname or not ip:
```

```
                continue
            devices.append({"hostname": hostname, "ip": ip})
    return devices

def detect_vendor(conn):
    """
    show version 결과에서 Cisco / Arista / Juniper 판별
    """
    out = conn.send_command("show version", expect_string=r"#|>|%|\$",
read_timeout=60)
    low = out.lower()
    if "arista" in low:
        return "arista"
    if "junos" in low or "juniper" in low:
        return "juniper"
    if "cisco" in low:
        return "cisco"
    return "unknown"
(…중략…)
```

정리

- CSV: hostname,ip 헤더 필수
- Cisco/Arista/Juniper 자동 판별해서 각자 맞는 명령어+터미널 길이 설정
- show running-config / show interface status 결과를 명령어별 하나의 txt에 모두 모아서 저장
- 장비별로 인증 실패 시 계정 재입력은 1번만, 이후 해당 장비는 넘어감

이렇게 프로그램을 구현하여 multi_switch_collect.py 파일로 저장하고 수집할 장비 이름과 IP 등을 CSV 파일에 넣은 후 다음 코드를 실행합니다.

코드

```
python multi_switch_collect.py
```

이 코드를 실행하면 네트워크 스위치 벤더와 상관없이 다수 장비에서 구성 정보를 수집할 수 있습니다. 그리고 앞서 구현한 프로그램으로 수집한 작업 전 구성 정보와 작업 후 구성

정보를 WinMerge 같은 diff 도구를 사용하여 변경된 부분만 시각적으로 한눈에 비교할 수 있습니다.

▼ **그림 14-1** WinMerge로 작업 전후 구성 변경 비교

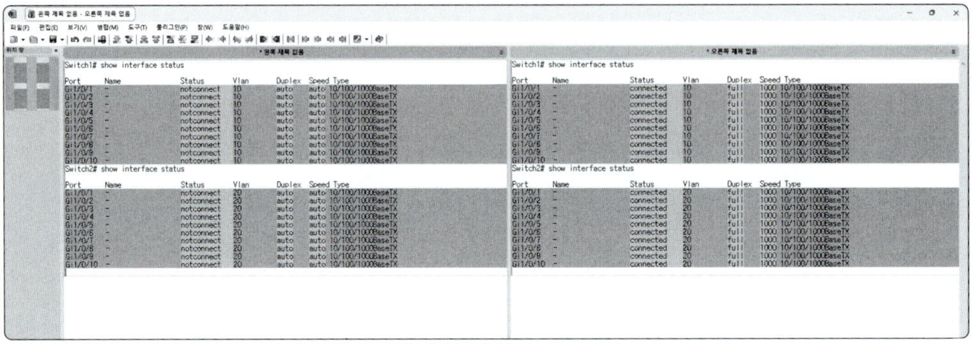

14.2 SECTION 네트워크 장비 자동 점검 리포팅 프로그램 만들기

이전에 네트워크 장비에 자동으로 접속하는 프로그램을 만들어 보았습니다. 여기에서 더 나아가 장비에 접속하여 점검을 수행하고, 그 결과를 CSV 형태로 리포팅하는 프로그램을 챗GPT로 개발해 봅시다.

점검 항목으로는 주로 네트워크 보안 장비에서 확인해야 하는 장비의 OS 버전 확인, Uptime, 전원 상태, 모듈 상태, 팬 상태, CPU 사용률, 메모리 사용률 등이 있습니다.

챗GPT를 활용하여 이런 정보를 자동으로 수집하고 CSV 파일 형태로 리포팅 자료를 만드는 프로그램을 구현해 보겠습니다.

프롬프트

스위치 장비를 점검하는 파이썬 프로그램을 구현하려고 해.

- 점검 장비 파일은 CSV 파일 형식으로 호스트 이름, IP, 접속 방법(ssh or telnet) 정보를 제공할 거야.
- Cisco/Arista/Juniper 스위치에서 모두 정상 동작하도록 명령어 만들어 줘.
- 각 장비별 OS 버전, Uptime, 모듈 상태, 파워 상태, 팬 상태, CPU 사용률, 메모리 사용률을 CSV 파일로 저장해 줘.
- 내용이 끊기지 않게 페이징 처리해 줘.

위 요구 사항을 만족하는 파이썬 프로그램 만들어 줘.

응답

- 장비 목록: CSV(호스트 이름, IP, 접속 방법 ssh/telnet)
- 벤더 자동 판별: Cisco / Arista / Juniper(Netmiko로 시도 접속하면서 판별)
- 공통 수집 항목: **OS 버전, Uptime, 모듈 상태, 파워 상태, 팬 상태, CPU 사용률, 메모리 사용률**
- 출력: switch_health_YYYYMMDD_HHMMSS.csv
- 페이징 방지: Cisco/Arista terminal length 0, Juniper set cli screen-length 0 등으로 처리

⚠ 전제: pip install netmiko가 되어 있다고 가정했어요.

1. CSV 형식 예시

장비 리스트 CSV는 이렇게 만들어 두면 돼(첫 줄은 헤더).

```
hostname,ip,method
SW1,192.0.2.10,ssh
SW2,192.0.2.11,telnet
SW3,192.0.2.12,ssh
```

- method는 ssh 또는 telnet(대소문자 상관없음)

2. 스위치 점검 파이썬 스크립트

```
#!/usr/bin/env python3
"""
multi_vendor_switch_health.py

- 입력 CSV: hostname,ip,method(ssh/telnet)
- 지원 벤더: Cisco IOS / Arista EOS / Juniper Junos
```

```
- 수집 항목: OS 버전, Uptime, 모듈 상태, 파워 상태, 팬 상태, CPU 사용률, 메모리 사
  용률
- 출력: switch_health_YYYYMMDD_HHMMSS.csv
"""

import csv
import re
from datetime import datetime
from getpass import getpass
from pathlib import Path

from netmiko import ConnectHandler, NetmikoTimeoutException,
NetmikoAuthenticationException


# ==========================
# 벤더별 파싱 함수들
# ==========================

def parse_cisco_version_and_uptime(show_ver_output: str):
    os_version = "UNKNOWN"
    uptime = "UNKNOWN"

# OS Version
    # 예: "Cisco IOS Software, ... Version 15.1(2)SG8, RELEASE SOFTWARE
(fc2)"
    m = re.search(r"Version\s+([\w\.\(\)]+)", show_ver_output)
    if m:
        os_version = m.group(1)

    # Uptime
    # 예: "SABBDIAIG4948B_08F uptime is 8 weeks, 2 days, 12 hours, 48
minutes"
    for line in show_ver_output.splitlines():
        if " uptime is " in line:
            uptime = line.strip()
            break
```

```
    return os_version, uptime
(…중략…)
```

3. 사용 방법 요약

1) Netmiko 설치
2) pip install netmiko
3) 장비 리스트 CSV 작성
4) hostname,ip,method
5) SW1,192.0.2.10,ssh
6) SW2,192.0.2.11,telnet
7) ...
8) 스크립트 실행
9) python3 multi_vendor_switch_health.py
   - CSV 경로 입력
   - username / password 입력
10) 실행 후 현재 디렉터리에
    switch_health_YYYYMMDD_HHMMSS.csv
    파일이 생성됨(장비별 점검 결과 한 줄씩 정리)

챗GPT는 친절하게 사용 방법까지 요약해서 설명해 주네요. 이제 다음 코드를 실행합니다.

코드

```
python muti_vendor_switch_health.py
```

그러면 다음 그림과 같이 장비 점검을 시작합니다.

▼ **그림 14-2** 장비 점검 프로그램 실행 과정

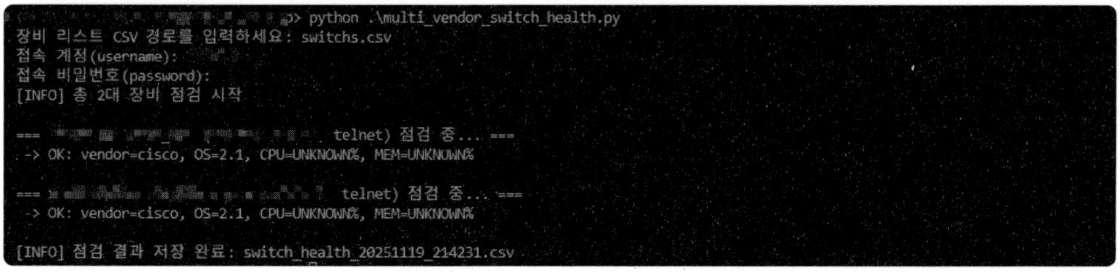

```
> python .\multi_vendor_switch_health.py
장비 리스트 CSV 경로를 입력하세요: switchs.csv
접속 계정(username):
접속 비밀번호(password):
[INFO] 총 2대 장비 점검 시작

=== telnet) 점검 중... ===
 -> OK: vendor=cisco, OS=2.1, CPU=UNKNOWN%, MEM=UNKNOWN%

=== telnet) 점검 중... ===
 -> OK: vendor=cisco, OS=2.1, CPU=UNKNOWN%, MEM=UNKNOWN%

[INFO] 점검 결과 저장 완료: switch_health_20251119_214231.csv
```

그리고 다음 그림과 같은 점검 결과 CSV 파일이 만들어집니다.

▼ **그림 14-3** 장비 점검 결과가 저장된 CSV 파일

```
switch_health_20251119_214231.csv > data
hostname,ip,vendor,os_version,uptime,module_state,power_state,fan_state,cpu_usage_percent,memory_usage_percent,error
Host_01,192.0.2.10,cisco,15.1(2)SG8, uptime is 8 weeks, 2 days, 12 hours, 48 minutes,OK,OK,OK,5,65,
Host_02,192.0.2.11,arista,4.25.7M,Uptime: 5 weeks, 2 days, 03:22:11,OK,OK,OK,2,58,
Host_03,192.0.2.12,juniper,19.4R3-S3.3,System booted: 2025-09-20 22:13:57 KST (8w2d 12:48 ago),OK,OK,OK,3,72,
Host_04,192.0.2.13,unknown,UNKNOWN,UNKNOWN,UNKNOWN,UNKNOWN,UNKNOWN,UNKNOWN,UNKNOWN,connect failed: NetmikoAuthenticationExce
Host_05,192.0.2.14,cisco,15.2(4)M9, uptime is 2 days, 14 hours, 31 minutes,UNKNOWN,UNKNOWN,UNKNOWN,15,60,collect error: show
Host_06,192.0.2.15,arista,4.23.2M,Uptime: 12 days, 4 hours, 15:03:21,OK,OK,FAIL,8,66,collect error: show environment cooling
Host_07,192.0.2.16,juniper,18.3R2-S1.5,System booted: 2025-09-15 15:47:02 KST (3w2d 4:13 ago),OK,OK,OK,2,56,
Host_08,192.0.2.17,cisco,15.0(2)SE4, uptime is 10 weeks, 5 days, 20 hours, 12 minutes,OK,OK,OK,6,60,
Host_09,192.0.2.18,unknown,UNKNOWN,UNKNOWN,UNKNOWN,UNKNOWN,UNKNOWN,UNKNOWN,UNKNOWN,connect failed: Unknown vendor
Host_10,192.0.2.19,juniper,20.1R2,System booted: 2025-08-15 10:00:12 KST (7w3d 10:02 ago),OK,OK,OK,3,95,
```

노트

프롬프트 결과로 코드를 작성한 후 실행했어도 원하는 결과를 얻지 못할 수 있습니다. 이때는 에러 메시지를 복사한 후 챗GPT에 다시 질의하여 원인을 찾아가면서 코드를 수정하면 원하는 결과 값을 만들어 낼 수 있습니다.

프롬프트

점검 결과 값 중 power_state 값이 UNKNOWN으로 나오는 이유를 알려 주고 코드 수정해 줘.

이 장에서는 장비 설정을 자동으로 수집하고 점검 결과를 리포팅하는 프로그램을 실제로 구현하면서 자동화 프로그램을 만들어 보았습니다. 이런 자동화는 단순히 시간을 절약하는 수준을 넘어 운영 품질을 높이고 실수를 줄이는 데 큰 효과가 있습니다. 특히 챗GPT는 복잡한 코드나 개발 경험이 부족하더라도 필요한 기능을 빠르게 구현하도록 도와줍니다. 챗GPT와 파이썬을 결합하여 다양한 네트워크 관리 자동화 도구를 만들 수 있기에 네트워크 보안 엔지니어의 업무 환경은 더욱 스마트하게 발전할 것입니다.

CHAPTER

15

SIEM/EDR 연계 이벤트 분석

네트워크 보안 분야에서 SIEM(보안 정보 및 이벤트 관리), EDR(엔드포인트 탐지 및 대응), XDR, MDR 등 다양한 보안 솔루션이 중요한 역할을 차지하고 있습니다. 이들은 각기 다른 방식으로 위협을 탐지하고 대응하는 도구이지만, 실질적으로 보안을 강화하려면 이들을 연계하여 효율적으로 분석하는 것이 필수입니다. 특히 SIEM과 EDR의 통합 분석은 보안 사건을 빠르게 파악하고 위협을 정확하게 차단하는 데 큰 도움을 줍니다.

이 장에서는 챗GPT를 활용하여 SIEM 이벤트 데이터의 요약과 리포트 작성, EDR 알림 분석을 이용한 위협 행위 재구성, SIEM과 EDR의 통합 분석 방법을 다룬다. 이것으로 보안 분석의 정확성과 속도를 높여 주는 실질적인 방법을 배울 수 있습니다. 보안 사고 대응 능력을 강화하고자 하는 네트워크 보안 전문가에게 매우 유용한 내용이 될 것입니다.

▼ **그림 15-1** SIEM/EDR 연계 이벤트 분석 개념도

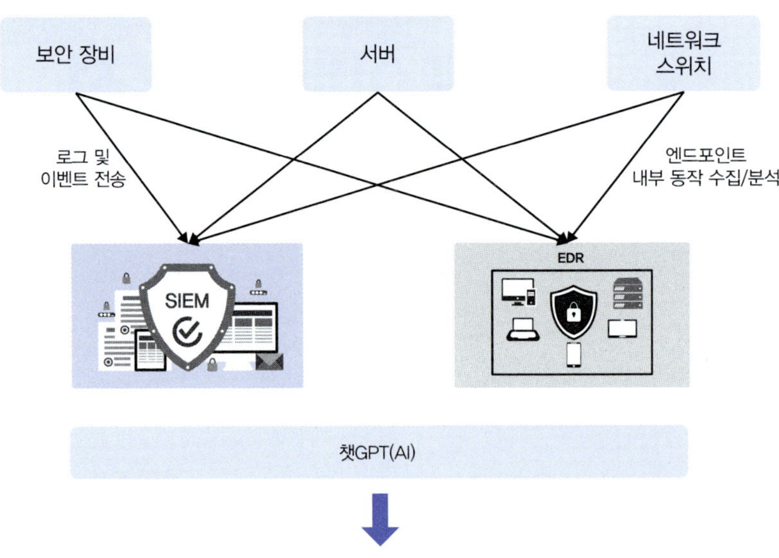

15.1 SECTION SIEM 이벤트 데이터 요약 및 리포트 만들기

SIEM(Security Information and Event Management) 시스템은 방대한 양의 보안 이벤트를 수집 · 분석하여 위협을 탐지하는 핵심 장비로, 실제 운영 환경에서는 하루에도 로그가 수십만 건 이상 쌓여 보안 엔지니어나 관제 담당자가 모든 이벤트를 직접 확인하는 것은 불가능합니다. 챗GPT는 SIEM과 각종 보안 장비가 쏟아 내는 다량의 로그 요약, 이벤트 간 상관관계 분석, 공격 기법 매핑 작업에 많은 도움을 줄 수 있습니다.

15.1.1 방대한 로그 요약 및 핵심 인사이트 추출

챗GPT는 SIEM에서 추출한 다량의 로그 데이터를 사람이 이해하기 쉬운 형태로 요약할 수 있습니다. 단순히 이벤트 건수를 나열하는 것이 아니라, 탐지된 공격 유형, 발생 빈도, 영향을 받은 자산 등을 정리하여 분석가가 빠르게 상황을 파악할 수 있도록 도와줍니다.

로그양이 많기 때문에 GPT API로 cron이나 일정한 스케줄로 실행하도록 구성하고 CSV나 JSON 형식으로 챗GPT가 이해하기 쉬운 형태로 로그 데이터 분석 및 인사이트 추출을 요구할 수 있습니다.

프롬프트

```
다음은 지난 1시간 동안 SIEM에서 수집된 보안 이벤트 일부야. Top 5 공격 유형과 발생
건수, 영향을 받은 장비를 요약해 주고 인사이트를 추출해 줘.
EventID=4625, SourceIP=203.0.113.10, Target=WIN-SERVER01, Desc=Failed login
attempt
EventID=4625, SourceIP=198.51.100.5, Target=HR-SERVER01, Desc=Failed login
attempt
EventID=4688, Process=cmd.exe, Target=HR-PC12, Desc=Suspicious process
creation
EventID=4688, Process=powershell.exe, Target=FIN-SERVER, Desc=Suspicious
process creation
```

```
EventID=5156, SourceIP=192.168.1.100, TargetIP=10.0.0.20, Desc=Firewall
connection allowed
EventID=5156, SourceIP=10.1.1.1, TargetIP=10.0.0.30, Desc=Firewall
connection allowed
EventID=5152, SourceIP=203.0.113.50, TargetIP=192.168.2.10, Desc=Firewall
connection blocked
EventID=5152, SourceIP=172.16.1.15, TargetIP=192.168.1.10, Desc=Firewall
connection blocked
EventID=4720, User=admin, Target=HR-PC12, Desc=User account created
EventID=4723, User=guest, Target=WIN-SERVER01, Desc=Password change
attempted... (수천 건)
```

응답

Top 5 공격 유형 및 발생 건수 요약:

1. **Failed login attempts(EventID 4625)**
   - 발생 건수: 2건
   - 영향을 받은 장비: WIN-SERVER01, HR-SERVER01
   - 설명: 로그인 실패 시도가 두 차례 발생
2. **Suspicious process creation(EventID 4688)**
   - 발생 건수: 2건
   - 영향을 받은 장비: HR-PC12, FIN-SERVER
   - 설명: 의심스러운 프로세스(cmd.exe, powershell.exe)가 생성됨
3. **Firewall connection allowed(EventID 5156)**
   - 발생 건수: 2건
   - 영향을 받은 장비: 192.168.1.100 → 10.0.0.20, 10.1.1.1 → 10.0.0.30
   - 설명: 방화벽에서 연결이 허용됨
4. **Firewall connection blocked(EventID 5152)**
   - 발생 건수: 2건
   - 영향을 받은 장비: 203.0.113.50 → 192.168.2.10, 172.16.1.15 → 192.168.1.10
   - 설명: 방화벽에서 연결이 차단됨
5. **User account created(EventID 4720)**
   - 발생 건수: 1건
   - 영향을 받은 장비: HR-PC12
   - 설명: 새로운 사용자 계정(admin) 생성됨

인사이트:

1. **로그인 실패 시도**
   - 여러 번의 로그인 실패 시도는 무차별 대입 공격(Brute Force Attack)이나 자격 증명 탈취 공격의 징후일 수 있습니다. 즉, 공격자가 여러 서버에 대해 여러 차례 로그인 시도를 하려는 의도가 있을 수 있습니다.
2. **의심스러운 프로세스 생성**
   - cmd.exe 및 powershell.exe는 종종 공격자가 시스템을 제어하기 위해 사용하는 도구들입니다. 이 이벤트는 악성 코드 실행이나 시스템의 권한 상승을 위한 시도로 해석될 수 있습니다.
3. **방화벽 연결 허용 및 차단**
   - 두 개의 5156 이벤트는 방화벽에서 연결이 허용되었음을 나타내며, 두 개의 5152 이벤트는 연결이 차단되었음을 나타냅니다. 이는 네트워크 활동을 모니터링할 때 유용한 정보가 될 수 있습니다. 의심스러운 IP와 연결을 차단한 것은 네트워크 보안에 긍정적인 신호일 수 있습니다.
4. **계정 생성 및 비밀번호 변경 시도**
   - 4720과 4723 이벤트는 사용자 계정 생성 및 비밀번호 변경 시도를 나타냅니다. 특히 guest 사용자의 비밀번호 변경 시도는 관리자가 아닌 계정에서의 의심스러운 활동을 나타낼 수 있습니다.

결론:

1. **대응 방안**
   - 로그인 실패 시도에 대한 추가 모니터링 및 계정 잠금 정책 강화
   - 의심스러운 프로세스 실행 시 자동화된 경고 시스템을 통해 신속한 대응을 확보
   - 방화벽에서 허용된 연결 및 차단된 연결을 분석하여 비정상적인 트래픽을 찾아내고 대응
   - 계정 생성 및 비밀번호 변경 시도에 대한 로그를 추가로 분석하여 의심스러운 활동에 대한 조치를 취할 필요가 있음

이처럼 챗GPT는 로그를 수천 건 요약하여 핵심을 빠르게 분석하고 보안 담당자가 신속히 처리할 수 있도록 도와줍니다.

15.1.2 경영진 보고용 요약 리포트 만들기

보안 팀이 작성하는 보고서는 기술적인 세부 사항보다 비즈니스적 영향을 강조해야 할 때가 많습니다. 챗GPT는 동일한 로그 데이터를 바탕으로 기술 보고서와 경영 보고서를 각각 다른 톤으로 생성할 수 있습니다.

프롬프트

```
다음 탐지 이벤트 요약을 기반으로, 보안을 잘 모르는 경영진이 쉽게 이해할 수 있도록 열 줄 이내의 간단 보고서를 작성해 줘.
  • Brute Force 공격 1,232건, 대상: 주요 서버 2대
  • PowerShell 실행 312건, 대상: HR 단말기 2대
C2 통신 의심 이벤트 187건, 대상: DMZ 웹 서버
```

응답

```
최근 보안 모니터링 시스템에서 여러 중요한 보안 이벤트가 감지되었습니다. 주요 내용은 다음과 같습니다.
  1. 주요 서버 두 대에 대해 총 1,232건의 무차별 대입 공격(Brute Force)이 시도되었습니다. 이는 공격자가 로그인 정보를 무작위로 시도하여 서버에 접근하려는 시도입니다.
  2. HR 단말기 두 대에서 PowerShell을 이용한 312건의 실행이 발생했습니다. 이는 시스템을 조작하거나 악성 코드를 실행할 수 있는 경고 신호입니다.
  3. DMZ 웹 서버에서는 187건의 의심스러운 C2(커맨드 & 컨트롤) 통신이 감지되었습니다. 이는 외부에서 내부 시스템을 제어하려는 시도를 나타낼 수 있습니다.
이런 이벤트들은 조직의 중요한 시스템에 대한 공격 시도 및 이상 징후를 나타냅니다. 즉각적인 보안 점검과 대응이 필요합니다.
```

이처럼 챗GPT를 활용하면 보안 팀은 특이 사항이 발생했을 때 경영진에게 즉시 전달할 수 있는 간결하고 이해하기 쉬운 간단한 보고서를 생성할 수 있습니다.

15.2 SECTION EDR 알림 분석 및 위협 행위 재구성

EDR(Endpoint Detection and Response)은 단말에서 발생하는 파일, 프로세스, 레지스트리, 네트워크 이벤트를 세밀하게 수집하여 위협을 탐지합니다. 하지만 알림은 종종 단편적인 이벤트 단위로 제공되며, 보안 담당자는 이를 공격의 전체 흐름으로 재구성해야 합니다. 이때 챗GPT를 활용하면 산발적인 이벤트 로그를 설명형 보고서로 바꾸거나 공격 단계별 타임라인으로 정리하는 데 큰 도움을 받을 수 있습니다.

15.2.1 알림과 이벤트를 보고서 형태로 변환하기

EDR 알림은 보통 '의심스러운 프로세스 실행', '악성 파일 탐지'처럼 간략한 형태입니다. 챗GPT는 여기에 로그 세부 사항을 결합하여 이벤트의 전반적인 위험성 분석과 영향, 대응 방안까지 쉽게 정리할 수 있습니다.

프롬프트

```
다음은 EDR에서 발생한 이벤트 로그야. 이를 기반으로 이벤트의 배경과 위험성을 설명하는 보고서를 작성해 줘.
보고서 양식은
   1. 이벤트 개요
   2. 이벤트 배경
   3. 이벤트 위험성 분석
   4. 이벤트 영향
   5. 이벤트 대응 방안
으로 정리해 줘.
Time=2025-08-29 10:22:11
Event: Suspicious Process Creation
Process: powershell.exe -nop -w hidden -enc SQBmACgAbgBlAHc...
Parent: winword.exe
Target Host: HR-LAPTOP07
```

응답

다음은 요청하신 EDR 이벤트에 대한 보고서입니다.

1. 이벤트 개요

- 시간: 2025-08-29 10:22:11
- 이벤트 종류: 의심스러운 프로세스 생성(Suspicious Process Creation)
- 프로세스: powershell.exe -nop -w hidden -enc SQBmACgAbgBlAHc...
- 부모 프로세스: winword.exe
- 대상 호스트: HR-LAPTOP07

2. 이벤트 배경

해당 이벤트는 HR-LAPTOP07에서 발생한 의심스러운 powershell.exe 실행과 관련이 있습니다. powershell.exe는 일반적으로 시스템 관리 작업에 사용되는 도구로, 정상적인 상황에서도 실행될 수 있습니다. 이 이벤트에서 -nop(배너 출력 방지), -w hidden(윈도우 숨기기), -enc(인코딩된 명령어 실행) 등의 옵션이 사용된 점이 의심스럽습니다. 이는 악성 코드가 사용자에게 알리지 않고 백그라운드에서 실행되도록 설계된 흔한 패턴입니다. 또 powershell.exe의 부모 프로세스가 winword.exe인 점에서 마이크로소프트 워드 파일을 통해 악성 스크립트가 실행된 가능성도 존재합니다.

3. 이벤트 위험성 분석

- 악성 코드 실행 가능성: powershell.exe는 일반적으로 시스템 명령을 실행하는 강력한 도구입니다. 이 프로세스가 숨겨진 상태로 실행되고, 인코딩된 명령을 포함하고 있는 점은 공격자가 시스템을 제어하려는 시도의 일환일 수 있습니다.
- 사회 공학적 공격: winword.exe를 부모 프로세스로 사용하는 것은 사회 공학적 기법을 활용한 공격으로, 사용자가 의심 없이 악성 워드 파일을 열게 만드는 방법입니다.
- 권한 상승 및 정보 유출: 악성 스크립트가 시스템 내 중요한 정보를 검색하거나 외부로 유출할 가능성이 있으며, 이를 통해 시스템 권한 상승이나 네트워크 공격이 진행될 수 있습니다.

4. 이벤트 영향

- 시스템 무결성 손상: 악성 코드가 시스템에서 숨겨져 실행되면 시스템의 무결성에 심각한 영향을 미칠 수 있습니다. 사용자의 파일이나 시스템 설정이 변경되거나 외부 공격자가 시스템을 제어할 수 있는 위험이 존재합니다.
- 네트워크 보안 위협: 해당 공격이 네트워크를 통해 확산되면 다른 시스템이나 네트워크 장비에까지 영향을 미칠 수 있습니다. 특히 HR 관련 정보나 민감한 데이터가 유출될 경우 기업의 기밀 정보가 노출될 수 있습니다.
- 복구 비용 증가: 이런 공격은 시스템을 복구하는 데 상당한 시간과 비용이 소요될 수 있으며, 피해를 입은 시스템의 성능 저하나 네트워크 장애가 발생할 수 있습니다.

5. 이벤트 대응 방안

- 즉시 격리: 공격이 발생한 시스템(HR-LAPTOP07)을 즉시 네트워크에서 격리하여 확산을 방지해야 합니다.
- 악성 프로세스 확인: powershell.exe의 실행 경로와 명령어를 분석하여 악성 명령어를 차단하고, 의심스러운 파일이나 레지스트리 항목을 제거합니다.
- 포렌식 분석: 해당 시스템에 대한 포렌식 분석을 통해 공격자의 침입 경로나 데이터를 추적하고, 다른 시스템에서 비슷한 활동이 발생하지 않았는지 확인합니다.
- 시스템 패치 및 보안 강화: 워드 같은 오피스 프로그램에서 발생할 수 있는 취약점을 해결하기 위해 최신 보안 패치를 적용하고, 시스템의 보안을 강화합니다.
- 사용자 교육: 사용자가 이메일 첨부 파일이나 외부에서 받은 문서를 열 때 의심을 갖도록 교육하고, 사회 공학적 공격에 대한 경각심을 높입니다.

15.2.2 이벤트 흐름을 공격 단계별로 재구성하기

EDR은 파일 생성, 프로세스 실행, 네트워크 연결 등 의심 행위가 실행되는 단계별 이벤트를 기록합니다. 챗GPT는 이런 이벤트들을 공격 단계(MITRE ATT&CK)별로 정리하여 공격자 행위를 보여 줄 수 있습니다.

프롬프트

다음 이벤트 로그들을 공격 단계별로 재구성하고, 공격 단계를 MITRE ATT&CK 기준으로 설명해 줘.

```
[10:22:11] winword.exe 실행
[10:22:12] powershell.exe -nop -enc ... 실행
[10:22:15] powershell.exe → URL http://malicious[.]com/payload.exe 다운로드
[10:22:20] payload.exe 실행
[10:22:25] payload.exe → reg add HKCU\Software\Microsoft\Windows\
CurrentVersion\Run
[10:22:30] payload.exe → C2 서버 203.0.113.77 연결
```

응답

이 이벤트 로그는 공격이 진행되는 과정에 대한 정보를 제공합니다. 각 단계는 MITRE ATT&CK 기법에 맞추어 다음과 같이 재구성할 수 있습니다.

1. **단계 1: 실행(Execution)**
   - 이벤트 로그: [10:22:11] winword.exe 실행
   - MITRE ATT&CK 기법: T1203 - Exploitation for Client Execution
   - 설명: 공격자가 winword.exe(MS Word)를 실행하여 악성 매크로 또는 취약점을 이용해서 공격을 시작한 것으로 추정됩니다. 일반적으로 공격자는 이 단계를 통해 사용자 컴퓨터에 악성 코드를 실행할 수 있습니다.
2. **단계 2: 실행(Execution)**
   - 이벤트 로그: [10:22:12] powershell.exe -nop -enc ... 실행
   - MITRE ATT&CK 기법: T1059.001 - Command and Scripting Interpreter: PowerShell
   - 설명: 공격자는 PowerShell을 실행하여 악성 명령을 실행합니다. -nop 플래그는 PowerShell의 출력 메시지를 비활성화하고, -enc는 인코딩된 명령어를 실행하는 방식으로, PowerShell을 이용하여 악성 코드를 실행하는 흔한 기법입니다.
3. **단계 3: 다운로드(Initial Access)**
   - 이벤트 로그: [10:22:15] powershell.exe → URL http://malicious[.]com/payload.exe 다운로드
   - MITRE ATT&CK 기법: T1071.001 - Application Layer Protocol: Web Protocols
   - 설명: 공격자는 PowerShell을 통해 악성 URL에서 payload.exe 파일을 다운로드합니다. 이를 통해 공격자는 피해자의 시스템에 악성 파일을 전달하고 실행하게 만듭니다.
4. **단계 4: 실행(Execution)**
   - 이벤트 로그: [10:22:20] payload.exe 실행
   - MITRE ATT&CK 기법: T1203 - Exploitation for Client Execution
   - 설명: 다운로드된 payload.exe가 실행됩니다. 이 악성 페이로드는 악성 행위를 수행하며, 주로 시스템에 백도어나 다른 악성 코드를 설치하기 위한 후속 작업을 진행합니다.
5. **단계 5: 지속성(Persistence)**
   - 이벤트 로그: [10:22:25] payload.exe → reg add HKCU\Software\Microsoft\Windows\CurrentVersion\Run
   - MITRE ATT&CK 기법: T1547.001 - Boot or Logon Autostart Execution: Registry Run Keys / Startup Folder
   - 설명: 공격자는 레지스트리에 값을 추가하여 시스템 부팅 시 자동으로 악성 코드가 실행되도록 설정합니다. 이 방법은 지속성을 유지하기 위한 전략으로, 피해자의 시스템이 재부팅되더라도 악성 코드가 다시 실행될 수 있게 합니다.

6. **단계 6: C2 통신(Command and Control)**
   - 이벤트 로그: [10:22:30] payload.exe → C2 서버 203.0.113.77 연결
   - MITRE ATT&CK 기법: T1071.001 - Application Layer Protocol: Web Protocols
   - 설명: 악성 페이로드는 C2 서버(203.0.113.77)와 연결을 시도합니다. 이는 공격자가 피해자의 시스템을 원격으로 제어하기 위한 첫 번째 단계로, 서버와의 지속적인 통신을 통해 명령을 수신하고 데이터를 송수신할 수 있게 됩니다.

요약

이 공격은 일반적으로 winword.exe와 같은 합법적인 프로그램을 통해 악성 코드를 실행시키고, PowerShell을 이용해서 악성 명령을 실행하여 C2 서버와 통신하며, 레지스트리 키를 수정해서 시스템을 지속적으로 제어하려는 특징이 있습니다.

노트

MITRE ATT&CK란

MITRE ATT&CK(MITRE Adversarial Tactics, Techniques, and Common Knowledge)는 사이버 공격자의 행동과 공격 방법을 체계적으로 정리한 프레임워크입니다. 이 프레임워크는 공격자가 네트워크를 침해하는 과정에서 사용하는 전술(tactics)과 기술(techniques)을 구분하여 설명합니다. 간단히 말해 ATT&CK는 공격자가 어떻게 공격을 수행하는지 그 정보를 제공합니다.

▼ **그림 15-2** MITRE ATT&CK 프레임워크

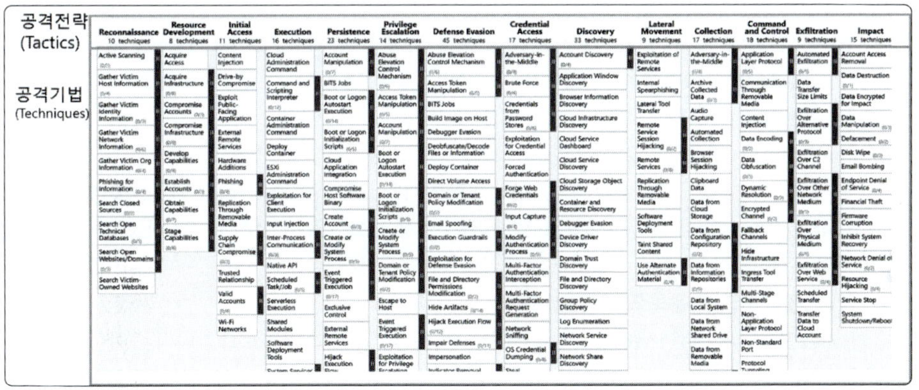

15.2.3 공격 타임라인 스토리텔링 생성하기

챗GPT를 활용하여 이벤트 로그를 단순히 나열하는 것이 아닌 시나리오(이야기) 형태로 설명할 수도 있습니다. 이것은 보안 보고서를 작성하거나 임원에게 보고할 때 이해를 돕는 데 특히 효과적입니다.

프롬프트

```
다음 EDR 이벤트들을 "공격자가 어떻게 시스템을 침투하고 제어했는지" 이야기식 타임라인
으로 요약해서 작성해 줘.
이벤트:
[10:22:11] winword.exe 실행
[10:22:12] powershell.exe -nop -enc ... 실행
[10:22:15] powershell.exe → URL http://malicious[.]com/payload.exe 다운로드
[10:22:20] payload.exe 실행
[10:22:25] payload.exe → reg add HKCU\Software\Microsoft\Windows\
CurrentVersion\Run
[10:22:30] payload.exe → C2 서버 203.0.113.77 연결
```

응답

공격자 시스템 침투 및 제어 타임라인

1. **문서 열기(10:22:11)**
   공격자는 사용자 시스템에 winword.exe를 실행하여 악성 문서를 열도록 유도했습니다. 이 문서는 취약점을 악용하거나 악성 코드를 실행할 수 있는 파일을 포함하고 있을 가능성이 큽니다.
2. **PowerShell 실행(10:22:12)**
   문서 내 악성 코드가 PowerShell을 실행합니다. 이 명령은 -nop -enc 플래그를 사용하여 PowerShell을 암호화된 명령어로 실행, 보안을 우회하고 의심을 피하려 했습니다.
3. **악성 페이로드 다운로드(10:22:15)**
   PowerShell이 malicious[.]com에서 payload.exe를 다운로드합니다. 이 URL은 악성 서버와 연결되어 있으며, 악성 파일을 시스템에 배치하여 제어권을 탈취하려는 시도가 포함됩니다.
4. **페이로드 실행(10:22:20)**
   payload.exe가 실행됩니다. 이를 통해 공격자는 시스템에 악성 코드를 주입하고 제어를 시작합니다.

5. **레지스트리 변경(10:22:25)**
   payload.exe는 시스템의 레지스트리에 접근하여 HKCU\Software\Microsoft\Windows\CurrentVersion\Run 키에 자신을 등록합니다. 이는 시스템이 재부팅되더라도 악성 코드가 자동으로 실행되도록 하는 조치입니다.
6. **C2 서버 연결(10:22:30)**
   마지막으로 payload.exe는 C2 서버(203.0.113.77)와 연결됩니다. 이를 통해 공격자는 원격에서 시스템을 제어하고 추가 명령을 내릴 수 있게 됩니다.

요약

공격자는 악성 문서로 시작해서 PowerShell을 이용하여 악성 페이로드를 다운로드하고 실행한 후 시스템을 제어할 수 있는 백도어를 설정했습니다. 이후 C2 서버와 연결하여 추가 명령을 받을 준비를 마쳤습니다.

이와 같은 이야기형 타임라인 설명은 보안 담당자가 아닌 사람도 시간 흐름에 따라 사건 진행을 쉽게 이해할 수 있게 합니다.

SECTION 15.3 SIEM/EDR 통합 분석 및 보고서 작성

실제 SOC(Security Operation Center, 보안관제센터)에서는 SIEM과 EDR을 동시에 운영합니다. SIEM은 네트워크 · 서버 · 애플리케이션 로그를 중심으로 넓은 가시성을 제공하는 반면, EDR은 엔드포인트 내부 동작을 깊이 있게 보여 줍니다. 그러나 이 두 시스템이 각각 따로 동작할 경우 보안 엔지니어는 데이터를 수동으로 대조해야 해서 많은 시간이 소요됩니다. 챗GPT를 활용하면 두 데이터 소스를 결합하여 통합 위협 탐지 시나리오를 자동 생성하고 사건 대응 시간을 단축할 수 있습니다.

15.3.1 SIEM과 EDR 이벤트 통합 분석

특정 장애 혹은 침해 사고가 의심될 때 SIEM과 EDR을 살펴보면 유사한 시간에 이벤트가 발생했습니다. 이 이벤트를 결합하여 통합 분석합니다.

예를 들어 다음 두 데이터를 챗GPT가 통합적으로 분석하면 "공격자가 무차별 대입으로 계정 인증에 성공한 후 악성 페이로드를 실행했다."라는 종합적인 스토리를 자동으로 생성할 수 있습니다.

- **SIEM 이벤트**: 특정 서버 계정에서 로그인 실패 이벤트가 수백 건 발생
- **EDR 이벤트**: 같은 시간대에 해당 단말에서 비정상적인 프로세스 실행(powershell.exe −enc ...) 발생

다음 사례를 참고하여 SIEM과 EDR를 연계해서 챗GPT로 분석할 수 있는지 알아보겠습니다.

프롬프트

다음 SIEM 이벤트와 EDR 이벤트를 통합 분석하여 공격 시나리오를 작성하고, 위협 수준을 평가해 줘.

SIEM 이벤트

- 2025-08-29 10:12:22, EventID=4625, SourceIP=203.0.113.77, Target=DB-SERVER01, Desc=Login Failed (50회)
- 2025-08-29 10:14:10, EventID=4624, Target=DB-SERVER01, User=admin, Desc=Login Success

EDR 이벤트

- 2025-08-29 10:14:20, Process=cmd.exe, Parent=sqlservr.exe
- 2025-08-29 10:14:25, Process=powershell.exe -enc SQBmAG8Abw...
- 2025-08-29 10:14:35, Outbound Connection=203.0.113.200:8080

응답

◇ 공격 시나리오 분석

1. SIEM 이벤트 분석

- 2025-08-29 10:12:22
  - EventID=4625: 로그인 실패 이벤트가 50회 발생
  - SourceIP=203.0.113.77, Target=DB-SERVER01

- ○ 여러 번의 로그인 실패는 무차별 대입(Brute Force) 공격을 시도하는 흔한 패턴입니다. 공격자가 DB-SERVER01 서버에 대한 로그인 시도를 반복하여 암호를 추측하려는 시도를 했습니다.
- 2025-08-29 10:14:10
  - ○ EventID=4624: 로그인 성공
  - ○ Target=DB-SERVER01, User=admin
  - ○ 무차별 대입 공격 후 admin 계정으로의 성공적인 로그인 발생. admin 계정은 보통 시스템 관리자 계정이므로, 공격자는 관리 권한을 얻으려고 했을 가능성이 큽니다.

2. EDR 이벤트 분석

- 2025-08-29 10:14:20
  - ○ Process=cmd.exe, Parent=sqlservr.exe
  - ○ sqlservr.exe는 SQL 서버 프로세스로, 해당 프로세스에서 cmd.exe가 실행되었음을 나타냅니다. 이는 공격자가 시스템에 셸을 실행하여 명령을 수행하려 했음을 나타냅니다. 보통 SQL 서버에서 권한 상승을 위해 명령어를 실행하는 경우가 많습니다.
- 2025-08-29 10:14:25
  - ○ Process=powershell.exe -enc SQBmAG8Abw...
  - ○ 암호화된 PowerShell 명령어가 실행되었습니다. 공격자는 PowerShell을 사용하여 악성 명령을 실행하려는 의도로 보입니다. PowerShell은 보안 우회 및 시스템 제어에 자주 사용됩니다.
- 2025-08-29 10:14:35
  - ○ Outbound Connection=203.0.113.200:8080
  - ○ 외부 IP 203.0.113.200으로의 아웃바운드 연결이 발생했습니다. 이 연결은 악성 코드가 C2 서버와 통신하려는 시도로 보입니다. 이는 공격자가 시스템을 원격으로 제어하려는 시도일 수 있습니다.

◇ 공격 시나리오

1. **무차별 대입 공격**: 공격자는 DB-SERVER01 서버에 대해 admin 계정으로 50번의 로그인 실패를 시도한 후 성공적으로 로그인합니다.
2. **명령 실행**: 로그인에 성공한 후 공격자는 sqlservr.exe 프로세스를 통해 cmd.exe를 실행하여 시스템에 셸을 열고, powershell.exe를 통해 악성 명령을 실행하려 시도합니다.
3. **C2 통신**: 악성 PowerShell 명령어는 외부 서버(203.0.113.200:8080)와 통신하여 공격자가 시스템을 원격으로 제어할 수 있도록 합니다.

◇ 위협 수준 평가

1. 위협 수준: 매우 높음(High)

- 관리자 계정 접근: 공격자가 시스템 관리자 계정(admin)을 이용하여 로그인에 성공한 것은 매우 심각한 보안 위협을 나타냅니다.

- 악성 코드 실행: PowerShell 명령어를 사용하여 시스템에 악성 명령을 실행하려는 시도는 고급 지속적인 위협(APT)과 관련이 있을 수 있습니다.
- C2 서버 연결: 외부 서버와의 연결은 원격 제어 및 정보 유출, 추가적인 공격 활동으로 이어질 수 있습니다.

이 공격은 관리자 권한을 가진 계정의 접근 권한을 얻은 후 시스템 제어를 시도한 것으로, 피해가 확산될 수 있는 매우 심각한 보안 위협입니다.

15.3.2 SIEM/EDR 연계 침해 사고 보고서 쉽게 작성하기

보안 엔지니어의 가장 큰 업무 중 하나는 '침해 사고 보고서' 작성입니다. 챗GPT로 SIEM/EDR 이벤트를 통합해서 사건 타임라인, 공격자 행위, 대응 권고가 포함된 보고서를 자동으로 작성할 수 있습니다.

프롬프트

다음 SIEM/EDR 이벤트를 기반으로 임원 보고용 침해 사고 보고서를 작성해 줘.
- 기술 용어 최소화
- 위협 수준 강조, 5문장 이내

1. SIEM 이벤트
   - 2025-08-29 10:12:22, EventID=4625, SourceIP=203.0.113.77, Target=DB-SERVER01, Desc=Login Failed (50회)
   - 2025-08-29 10:14:10, EventID=4624, Target=DB-SERVER01, User=admin, Desc=Login Success
2. EDR 이벤트
   - 2025-08-29 10:14:20, Process=cmd.exe, Parent=sqlservr.exe
   - 2025-08-29 10:14:25, Process=powershell.exe -enc SQBmAG8Abw...
   - 2025-08-29 10:14:35, Outbound Connection=203.0.113.200:8080

응답

```
2025년 8월 29일 발생한 보안 사건을 보고드립니다. 외부에서 DB 서버에 대한 로그인 실패
시도가 50회 이상 발생한 후 관리자 계정으로 로그인에 성공한 사건이 있었습니다. 이후 서
버에서 의심스러운 명령어가 실행되었고, 외부 서버와의 연결이 이루어졌습니다. 이 사건은
명확한 보안 위협을 의미하며, 시스템에 대한 악의적인 접근 시도가 있었음을 시사합니다.
즉각적인 보안 강화 및 추가 조사가 필요하며, 위협 수준이 매우 높은 상황입니다.
```

이 방식은 보안 엔지니어가 보고서 작성에 쓰는 시간을 줄이고, 경영진에게 즉각적인 상황 공유를 가능하게 합니다.

이 장에서는 대량의 SIEM 이벤트를 요약하고, EDR 알림으로 공격자 행위를 재구성하며, 두 로그를 결합하여 통합 분석 보고서를 자동으로 만들어 내는 방법을 살펴보았습니다. 챗GPT로 분석 시간을 단축하고, 반복 작업을 자동화하며, 보고서 품질을 일정 수준 이상으로 유지할 수 있습니다. SIEM과 EDR의 연계 분석 업무에 챗GPT를 적극적으로 적용한다면 보안 엔지니어는 더 전략적이고 선제적인 대응 체계를 마련할 수 있습니다. 앞으로도 챗GPT를 활용한 보안 데이터 해석 능력은 보안 운영의 중요한 경쟁력이 될 것입니다.

CHAPTER

16

보안 로그(Sigma)와 악성 코드(YARA) 룰 관리

점점 발전하는 위협에 대응하려고 다양한 보안 도구와 기술을 도입하고 있습니다. 그중 SIEM은 수많은 로그를 수집하고 분석하는 데 필수입니다. 하지만 SIEM에서 사용하는 로그 탐지 룰은 매번 수작업으로 작성하기에 시간이 많이 소요되고, 룰마다 문법이 달라 어려움을 겪을 수 있습니다. 이와 비슷하게 악성 코드를 탐지하고 차단하는 YARA 룰도 매번 수동으로 작성해야 해서 귀찮고 반복적인 작업이 많습니다. 다행히 챗GPT를 활용하면 Sigma와 YARA 룰을 자동으로 생성하고 빠르게 관리할 수 있습니다. 이 장에서는 이를 어떻게 활용하여 보안 업무를 효율적으로 개선할 수 있는지 알아봅시다.

16.1 Sigma 룰 자동 생성 및 SIEM 언어로 변환

보안 운영 환경에서 침해 사고를 탐지하려면 수많은 이벤트 로그를 처리해야 합니다. Sigma는 이런 로그 기반 탐지 룰을 표준화된 YAML 포맷으로 정의하는 프레임워크로, 특정 벤더에 종속되지 않고 다양한 SIEM 및 로그 분석 도구와 호환된다는 장점이 있습니다.

▼ **그림 16-1** Sigma 룰 예제

```
title: Suspicious PowerShell Execution
id: b52e9d9a-2e1a-11eb-adc1-0242ac120002
status: experimental
description: Detects suspicious PowerShell commands with encoded commands
logsource:
  category: process_creation
  product: windows
detection:
  selection:
    Image|endswith: '\powershell.exe'
    CommandLine|contains: '-enc'
  condition: selection
level: high
```

그러나 실제 현업에서는 Sigma 룰을 작성할 때 처음부터 어려움을 많이 겪습니다. 로그 패턴을 정확히 이해하고 YAML 스키마에 맞추어 룰을 설계하는 데 시간과 노력이 소요되기 때문입니다.

챗GPT를 활용하면 보안 엔지니어가 가진 공격 시나리오 설명이나 로그 패턴을 자동으로 Sigma 룰 초안으로 변환할 수 있습니다. 또 생성된 룰을 문법적으로 검증하거나, 다른 SIEM 포맷(예 Splunk, ElasticSearch 쿼리)으로 변환하는 과정까지 손쉽게 수행할 수 있습니다.

16.1.1 IDS/SIEM 로그 패턴 기반 Sigma 룰 생성하기

IDS 로그에서 특정 공격 패턴을 발견했을 때, 이를 Sigma 룰로 전환하면 공격 패턴을 탐지하는 데 다시 활용할 수 있습니다. 챗GPT는 로그를 받아 공통 패턴을 추출하고 Sigma 스키마에 맞추어 초안을 작성해 줍니다.

프롬프트

```
다음은 IDS 로그 예시야. 로그 패턴을 기반으로 Sigma 룰 초안을 작성해 줘.
[**] [1:2023456:1] ET WEB_SERVER Possible SQL Injection Attempt [**]
[Priority: 1] {TCP} 192.168.1.50:51520 -> 10.0.0.5:80
```

응답

좋아요 — 주신 IDS 로그 패턴을 바탕으로 **Sigma 룰 초안**(YAML 형식)을 만들어 드렸습니다. 두 가지 검출 방법을 포함했습니다: (A) 일반 syslog/텍스트 메시지 기반, (B) Suricata/EVE 필드(구조화된 이벤트) 기반. 필요하면 바로 ELK/OSSEC/SIEM에 붙여 쓸 수 있도록 약간씩 수정해 드릴게요.

설명(요약)

- 원본 로그: [**] [1:2023456:1] ET WEB_SERVER Possible SQL Injection Attempt [**] [Priority: 1] {TCP} 192.168.1.50:51520 -> 10.0.0.5:80
- 의도: EmergingThreats ET 규칙(SID=2023456)에 의해 탐지된 웹 서버 대상 SQL Injection 시도
- 룰 목적: 동일한 패턴의 로그(텍스트 기반) 또는 Suricata EVE 구조화 필드에서 해당 경고를 일관되게 탐지하여 SIEM에서 경보/분류할 수 있게 함

아래 YAML을 복사해서 Sigma 룰 저장소에 추가하시면 됩니다.


```yaml
title: ET WEB_SERVER Possible SQL Injection Attempt(IDS / Suricata)
id: 2025-10-13-0001
status: experimental
description: Detect EmergingThreats / ET signature (sid 2023456) indicating a possible SQL Injection attempt against a web server. Covers both plain-text syslog-style IDS output and structured Suricata EVE alerts.
author: 당신의이름
date: 2025-10-13
references:
  - https://rules.emergingthreats.net/
tags:
  - attack.sql-injection
  - attack.injection
  - detection.ids
  - vendor.emergingthreats
  - network
logsource:
  category: network
  product: suricata
  service: ids
detection:
  selection_syslog:
    # 일반적인 IDS / Snort/Suricata syslog 라인에 포함되는 텍스트 패턴
(…중략…)
```


사용 및 튜닝 제안(간단)

1. **내부 정상 트래픽 차단**: 내부 스캐너(예: 취약점 스캔 일정)에 의해 반복적으로 발생하면 내부 IP(또는 CIDR)를 제외하도록 룰에 not source.ip in [...] 조건을 추가하세요.
2. **포트 범위**: 웹 서버가 비표준 포트(예: 8080, 8000)를 쓴다면 destination.port 목록에 추가하세요.
3. **Suricata 필드 매핑 확인**: SIEM에서 Suricata EVE 이벤트 필드명이 다를 수 있습니다(suricata.eve.alert.signature_id 대신 suricata.alert.signature_id 등). 실제 인덱스/필드에 맞추어 필드명을 조정하세요.
4. **컨텍스트 추가**: 경보 발생 시 User Agent, HTTP URI, HTTP method, 페이로드 스니펫을 함께 수집/표시하면 대응이 훨씬 쉬워집니다.

```
5. 예시 로그(룰 검증용):
[**] [1:2023456:1] ET WEB_SERVER Possible SQL Injection Attempt [**]
[Priority: 1] {TCP} 192.168.1.50:51520 -> 10.0.0.5:80
```

이렇게 챗GPT가 제공하는 Sigma 초안은 사람이 직접 작성하는 시간을 크게 줄여 주며, 룰 작성 경험이 부족한 보안 엔지니어도 손쉽게 로그 탐지 룰을 세울 수 있습니다.

16.1.2 공격 시나리오로 Sigma 룰 만들기

Sigma 룰은 단순 로그 패턴뿐만 아니라 자연어로 설명된 공격 시나리오로도 생성할 수 있습니다. 로그 수집을 원하는 패턴을 자연어로 다음과 같이 만들어 봅시다.

프롬프트

공격 시나리오:
공격자가 관리자 계정으로 5분 내 10회 이상 실패한 로그인 시도가 발생한다면 이는 무차별 대입 공격(Brute Force)으로 탐지해야 합니다.
이 시나리오를 Sigma 룰 초안으로 변환해 줘.

응답

아래는 요청하신 시나리오(관리자 계정에 대해 **5분 이내 10회 이상 실패 로그인 → 무차별 대입(브루트 포스)** 탐지)를 **Sigma 룰 초안**(YAML)으로 만든 것입니다.
현실적 적용성을 위해 **Windows(이벤트 ID 기반), Linux/sshd(텍스트 메시지 기반), 일반 syslog**의 3가지 탐지 변형을 포함했고, 집계(aggregation) 조건은 SIEM별로 구현 방식이 다르므로 일반적인 표현으로 표기했습니다. 실제로는 사용 중인 SIEM(Elasticsearch/ELK, Splunk, Wazuh, QRadar 등)에 맞추어 count 집계 구문을 변환해서 적용하세요.
요약: 동일한 출발지(src_ip) 혹은 동일한 사용자 계정(target.user)에 대해 5분(window) 동안 실패 로그인(관리자 계정)에 대한 이벤트가 10회 이상 발생하면 경보를 발생시킵니다.

```
title: Multiple Failed Admin Login Attempts - Possible Brute Force
id: 2025-10-13-0002
status: experimental
description: Detect brute-force style behavior: 10 or more failed login
attempts against an administrator account within a 5 minute window. Covers
Windows EventID, Linux sshd messages and generic syslog/text logs. Adjust
```

```
field names to match your environment.
author: 당신의이름
date: 2025-10-13
references:
  - https://sigmahq.org/ (adapt to your SIEM)
tags:
  - attack.bruteforce
  - attack.credential-access
  - authentication
  - T1110
logsource:
  category: authentication
  product: multi
  service: sshd,windows-auth,syslog

detection:
  # --- Windows (EventID 4625 typical) ---
  selection_windows:
    EventID: 4625
    # Windows target user field — 관리자 계정 식별 방식에 맞추어 수정하세요.
(…중략…)

notes: |
   • Sigma 규칙의 'count by ... within ...' 구문은 SIEM마다 변환이 필요합니다.
    - Elastic / ELK (Sigma -> Elasticsearch query): use aggregations (terms
      by src_ip/TargetUserName) + date_histogram range (now-5m).
    - Splunk: `stats count BY src_ip TargetUserName` with `earliest=-5m`
      and `where count>=10`.
    - Wazuh/OSSEC: 일부 제한적이므로 추가 룰/aggregation 스크립트를 짜야 할 수 있
      습니다.
   • 관리자 계정 정의는 환경마다 다릅니다. "admin", "Administrator", "root" 외에
    회사별 관리자 계정명(예: corp_admin, svc_admin 등)을 `TargetUserName` 매칭
    목록에 추가하세요.
   • 내부 스캐너/모니터링 IP는 예외 목록(whitelist)으로 처리하는 것을 권장합니다.
추가로 원하시면:
```

이처럼 챗GPT는 공격 시나리오만으로도 Sigma 룰 초안을 쉽게 작성할 수 있어 룰 작성의 진입 장벽을 크게 낮추어 줍니다.

16.1.3 룰 문법 검증 및 다른 SIEM 언어로 변환하기

챗GPT는 생성된 Sigma 룰이 스키마에 맞는지 확인하는 문법 검증에도 활용할 수 있습니다. 또 동일한 탐지 룰을 Splunk, ElasticSearch 등 SIEM 전용 쿼리 언어로 변환하는 작업도 가능합니다.

프롬프트

```
아래 Sigma 룰을 검증하고, Splunk SPL 쿼리로 변환해 줘.
title: Suspicious PowerShell Execution
logsource:
  product: windows
  service: security
detection:
  selection:
    EventID: 4104
    ScriptBlockText|contains: "Invoke-WebRequest"
  condition: selection
level: medium
```

응답

Sigma 룰을 **Splunk SPL** 쿼리로 변환하는 방법을 안내드리겠습니다. 주어진 Sigma 룰은 PowerShell 스크립트 실행에서 **Invoke-WebRequest** 명령어를 포함한 이벤트를 탐지하려는 룰입니다. 이를 **Splunk SPL** 쿼리로 변환하면 다음과 같습니다.

Sigma 룰

```
title: Suspicious PowerShell Execution
logsource:
  product: windows
  service: security
detection:
  selection:
    EventID: 4104
```

```
    ScriptBlockText|contains: "Invoke-WebRequest"
  condition: selection
level: medium
```

변환된 Splunk SPL 쿼리

```
index=your_index_name sourcetype="WinEventLog:Security" EventID=4104
  ScriptBlockText="*Invoke-WebRequest*"
| stats count by _time, host, EventID, ScriptBlockText
| where count > 0
```

쿼리 설명

1. index=your_index_name: 사용 중인 인덱스를 지정합니다. 예: index=windows_events 또는 Splunk 환경에 맞는 적절한 인덱스를 지정하세요.
2. sourcetype="WinEventLog:Security": WinEventLog:Security는 보통 PowerShell 실행 관련 이벤트가 기록되는 Sourcetype입니다. 이 Sourcetype이 다르면 환경에 맞게 수정합니다.
3. EventID=4104: PowerShell 스크립트 블록을 기록하는 이벤트 ID(4104)를 필터링합니다.
4. ScriptBlockText="*Invoke-WebRequest*": PowerShell 스크립트에서 Invoke-WebRequest 명령어를 포함한 이벤트를 찾습니다. 와일드카드(*)를 사용하여 해당 텍스트가 포함된 경우를 모두 추출합니다.
5. stats count by _time, host, EventID, ScriptBlockText: 이벤트 발생 시간, 호스트, 이벤트 ID 및 스크립트 블록 텍스트를 기준으로 통계 정보를 출력합니다.
6. where count > 0: 해당 조건을 만족하는 이벤트가 있을 경우 결과를 출력합니다.

추가 설명

- **your_index_name**은 실제 Splunk 환경에서 사용하는 인덱스로 대체하세요.
- 이 쿼리는 PowerShell 스크립트 실행에서 Invoke-WebRequest 명령어 사용을 탐지하며, 필요한 경우 추가적인 필터링을 통해 더 세부적인 조건을 설정할 수 있습니다.
- Splunk에서 PowerShell 스크립트 관련 이벤트 추적을 할 때, EventID=4104는 PowerShell 스크립트 블록 텍스트를 기록하는 이벤트로 매우 유용합니다.

이와 같이 챗GPT는 Sigma 룰을 다른 SIEM 포맷으로 변환하여 멀티 환경 대응을 쉽게 만들어 줍니다.

YARA 룰 자동 생성 및 오탐/미탐 튜닝

YARA는 악성 코드를 탐지하고 분류하는 데 널리 사용하는 룰 기반 프레임워크입니다. 악성 코드(멀웨어)가 퍼지거나 발견되면 보안 엔지니어는 의심 파일의 문자열, 해시, API 호출, 파일 크기, 섹션 구조 등을 기준으로 YARA 룰을 작성하여 시그니처를 만들고 배포합니다. 그러나 실제 현업에서 YARA 룰을 작성할 때는 YARA 룰 문법을 작성하기가 쉽지 않습니다. 이때 챗GPT를 활용하면 룰 초안을 빠르게 생성할 수 있습니다.

▼ 그림 16-2 YARA 룰 소개

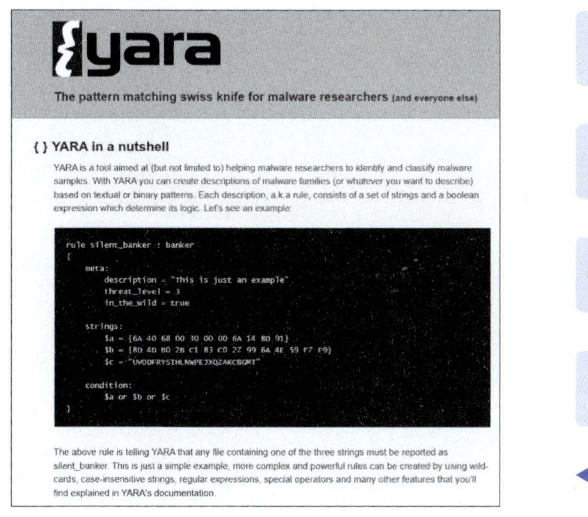

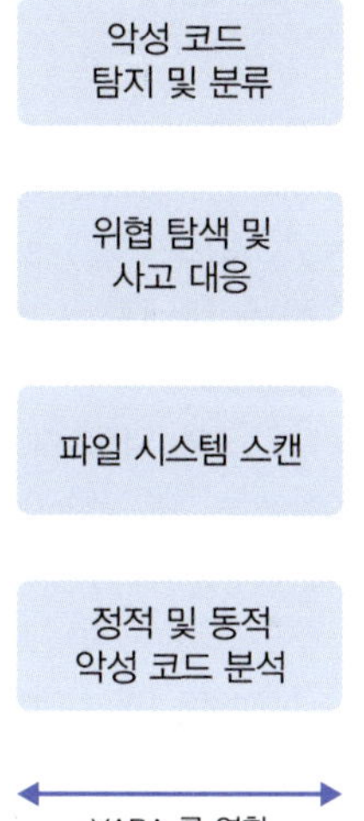

16.2.1 악성 코드 특성 기반 YARA 룰 초안 생성

챗GPT는 악성 코드 샘플의 특성(예 해시, 고유 문자열, API 호출 리스트)을 입력으로 받아 기본적인 YARA 룰 초안을 생성할 수 있습니다.

프롬프트

다음 악성 코드 샘플의 특성을 기반으로 YARA 룰 초안을 작성해 줘.

- 배포자: 00기업 00엔지니어
- MD5: a1b2c3d4e5f67890123456789abcdef0
- 포함 문자열: "H@cked_by_Example", "cmd.exe /c", "CreateRemoteThread"
- API 호출: VirtualAlloc, WriteProcessMemory

응답

주어진 특성을 기반으로 한 YARA 룰 초안은 다음과 같습니다. 이 룰은 제공된 MD5 해시, 포함 문자열, API 호출 등을 바탕으로 악성 코드를 탐지할 수 있습니다.

◇ YARA 룰 초안

```
rule 00Enterprise_Malware
{
    meta:
        description = "Detects malware attributed to 00기업 00엔지니어"
        author = "ChatGPT"
        date = "2025-10-14"
        version = "1.0"
        md5 = "a1b2c3d4e5f67890123456789abcdef0"
        distributor = "00기업 00엔지니어"

    strings:
        $str1 = "H@cked_by_Example"
        $str2 = "cmd.exe /c"
        $str3 = "CreateRemoteThread"

    condition:
        (uint32(0) == 0x5A4D or uint32(0) == 0x4D5A) and
        (any of ($str1, $str2, $str3)) and
        (api("VirtualAlloc") or api("WriteProcessMemory"))
}
```

설명

1. MD5 해시

- 해당 악성 코드 샘플의 MD5 해시 값인 a1b2c3d4e5f67890123456789abcdef0을 포함하는 파일을 탐지합니다.

2. 포함 문자열

- 악성 코드에서 "H@cked_by_Example", "cmd.exe /c", "CreateRemoteThread"라는 문자열을 포함하고 있으면 이를 탐지합니다.
- "cmd.exe /c"는 명령어 실행을, "CreateRemoteThread"는 원격 스레드를 생성하는 기능과 관련이 있습니다.

3. API 호출

- 악성 코드가 VirtualAlloc 또는 WriteProcessMemory API를 호출하는지 검사합니다. 이는 메모리 할당과 프로세스 메모리 쓰기를 담당하는 함수들로, 악성 코드가 프로세스를 조작하려 할 때 사용됩니다.

4. 파일 헤더 체크

- uint32(0) == 0x5A4D or uint32(0) == 0x4D5A: PE 파일 형식의 헤더 값입니다. PE 파일은 이 값으로 시작하며, 이 룰은 PE 파일에서 악성 코드를 탐지하기 위해 사용됩니다.

5. 배포자 정보:

- OO기업 OO엔지니어라는 배포자 정보를 메타데이터에 포함하여 해당 기업이나 엔지니어와 관련된 악성 코드를 식별합니다.

◇ 사용 방법

- MD5: 해당 악성 코드 파일이 MD5 해시 값이 일치하면 경고를 발생시킵니다.
- 문자열 탐지: 특정 문자열이 파일 내에 포함되었을 때 이를 감지합니다.
- API 호출: VirtualAlloc 또는 WriteProcessMemory API 호출이 발견되면 해당 파일을 악성으로 간주합니다.

이 YARA 룰은 악성 코드 샘플의 특성에 맞게 작성되었으며, OO기업 OO엔지니어 배포자와 연관된 악성 코드 활동을 탐지할 수 있습니다.

이 초안은 실제 엔지니어가 룰을 작성할 때 기본 뼈대가 되어 추가 조건을 붙여서 정교하게 다듬을 수 있습니다.

16.2.2 악성 코드의 오탐/미탐 문제 튜닝하기

YARA 룰은 오탐(불필요한 정상 파일 탐지)과 미탐(악성 파일을 놓침)을 줄이는 것이 중요합니다. 챗GPT는 룰 조건을 검토하여 튜닝 아이디어를 제안할 수 있습니다.

프롬프트

아래 YARA 룰은 탐지 범위가 너무 넓어 정상 파일까지 거르고 있어. 오탐을 줄일 수 있는 튜닝 방안을 제안해 줘.

```
strings:
    $s1 = "cmd.exe"
    $s2 = "CreateRemoteThread"
condition:
    all of them
```

응답

YARA 룰의 오탐을 줄이기 위해서는 조건을 더 구체화하거나, 특정 동작이 악성 코드에서만 나타나는 패턴을 탐지할 수 있는 방법으로 수정하는 것이 좋습니다. 아래는 몇 가지 방법을 제안합니다.

1. 조건을 좀 더 구체화

- "cmd.exe"나 "CreateRemoteThread"가 반드시 악성 행위와 결합되어야만 조건이 참이 되도록 구체적인 추가 조건을 넣을 수 있습니다. 예를 들어 CreateRemoteThread가 실행된 후 특정 API 호출이 나타날 때만 탐지하도록 할 수 있습니다.

```
strings:
    $s1 = "cmd.exe"
    $s2 = "CreateRemoteThread"
    $s3 = "VirtualAlloc"  // CreateRemoteThread와 함께 사용되는 경우가 많음
condition:
    all of ($s1, $s2) and $s3
```

2. 프로세스/파일 경로에 조건 추가

- 예를 들어 "cmd.exe"가 특정 경로에서 실행되는 경우를 탐지할 수 있습니다. cmd.exe가 시스템 폴더에 위치한 경우 정상적인 파일일 가능성이 높지만, 악성 파일은 자주 임시 디렉터리에서 실행됩니다.

```
strings:
    $s1 = "cmd.exe"
    $s2 = "CreateRemoteThread"
condition:
    all of ($s1, $s2) and not filename is "C:\\Windows\\System32\\cmd.exe"
```

3. 동적 분석을 통한 특정 API 호출과 결합

- "CreateRemoteThread"는 주로 프로세스 간 코드 주입을 할 때 사용되므로, 이와 관련된 특정 API 호출(VirtualAlloc, WriteProcessMemory 등)과 결합하면 오탐을 줄일 수 있습니다.

```
strings:
    $s1 = "cmd.exe"
    $s2 = "CreateRemoteThread"
    $s3 = "VirtualAlloc"
    $s4 = "WriteProcessMemory"
condition:
    all of ($s1, $s2) and ($s3 or $s4)
```

4. 날짜, 프로세스 우선순위, 타임스탬프 등 추가적 메타데이터 활용

- 탐지하려는 활동이 특정 시간대에 주로 발생한다면 시간 기반 필터를 추가하거나 프로세스 우선순위, 실행되는 스레드의 ID 등을 기준으로 필터링할 수 있습니다.

5. 정규식 사용

- 특정 패턴을 탐지할 때 정규식을 사용하여 좀 더 정밀한 일치를 유도할 수 있습니다.

```
strings:
    $s1 = /cmd\.exe\s+\/c/i
    $s2 = "CreateRemoteThread"
condition:
    all of ($s1, $s2)
```

6. 추가적인 환경 조건

- 예를 들어 "CreateRemoteThread"를 호출하는 프로세스가 관리자 권한으로 실행되는 경우나 네트워크 연결이 수반되는 경우 등을 추가적인 조건으로 설정할 수 있습니다.

이런 방법들을 통해 오탐을 줄이면서 악성 행위만을 보다 정확히 탐지할 수 있습니다.

이처럼 챗GPT는 룰 조건을 재구성하고, 특정 상황에서 발생할 수 있는 오탐 요인을 줄이는 실질적인 가이드를 제공합니다.

이 장에서는 챗GPT를 활용하여 Sigma와 YARA 룰을 좀 더 효율적으로 생성하고 관리하는 방법을 살펴보았습니다. Sigma 룰은 다양한 SIEM 환경에서 공통 탐지 룰을 표준화해 주며, 챗GPT는 이런 룰을 자동 생성 · 검증하고 원하는 SIEM 쿼리 언어로 변환하는 작업을 빠르게 수행합니다. 또 YARA 룰은 악성 코드 특성을 기반으로 초안을 작성하고 오탐/미탐을 줄이는 조건 튜닝까지 프롬프트를 활용하여 쉽게 할 수 있습니다.

이렇게 하면 보안 엔지니어는 반복적인 룰 작성과 포맷 변환 작업에서 벗어나 위협 대응과 탐지 품질 향상에 더욱 집중할 수 있습니다. 보안 룰은 더 이상 수작업에 의존하지 않고, 챗GPT를 활용하여 초안을 작성한 후 검토·개선하는 방식으로 업무 형태가 변경될 것으로 보입니다.

CHAPTER

17

나만의 AI 보안 도구 만들기 1

AI는 이제 단순히 정보를 검색하거나 자동화를 돕는 수준을 넘어 네트워크 보안 엔지니어의 업무 방식 자체를 바꾸고 있습니다. 반복되는 보안 분석, 규칙 작성, 로그 해석, 사고 대응 문서화 등 시간이 오래 걸리는 작업도 AI를 활용하면 훨씬 효율적으로 수행할 수 있습니다. 업무에 AI를 적극적으로 활용하려면 결국 내 업무에 최적화된 AI 도구가 필요합니다. 특히 네트워크 보안 업무는 나만의 기준과 업무 흐름을 반영하기에 전용 GPTs를 만들어 두면 안정성과 생산성이 동시에 향상됩니다.

이 장에서는 챗GPT의 GPTs 기능을 기반으로 나만의 업무용 AI 보안 도구를 만드는 방법을 살펴보겠습니다. 또 보안 엔지니어들이 AI를 활용할 때 가장 걱정하는 '정보 유출' 문제를 해결할 수 있는 핵심 기술인 IP · 네트워크 정보 익명화 도구를 제작하는 과정도 함께 다룹니다.

이 두 가지 작업으로 AI를 단순히 사용하는 단계에서 벗어나 직접 설계하고 구축하는 단계로 나아갈 수 있습니다. 나만의 AI 보안 도구를 만드는 첫걸음을 시작해 봅시다.

17.1 SECTION 나만의 업무용 GPTs 생성

2024년 이후 챗GPT에는 'GPTs'라는 기능이 새롭게 추가되었습니다. GPTs는 쉽게 말해 '사용자 맞춤형 챗GPT'입니다. 즉, 기존 챗GPT에 나만의 설정, 지식, 명령어, 데이터셋을 미리 학습시켜 두고 특정 목적에 특화된 챗GPT를 만드는 기능입니다.

예를 들어 보안 담당자는 SIEM 로그 요약 GPT, EDR 경보 해석 GPT, 보안 정책 문서 자동 생성 GPT, 보안 장비 CLI 도우미 GPT 등 자신의 업무에 특화된 GPTs를 만들어 둘 수 있습니다. 이것으로 반복적인 보안 업무를 자동화하고, 팀 내 표준화된 보고서와 정책서를 일관된 품질로 생성할 수 있습니다.

챗GPT 화면의 왼쪽 메뉴에서 **GPT > 탐색하기**를 선택하면 다음 화면이 나옵니다.

▼ 그림 17-1 GPTs 메인 화면

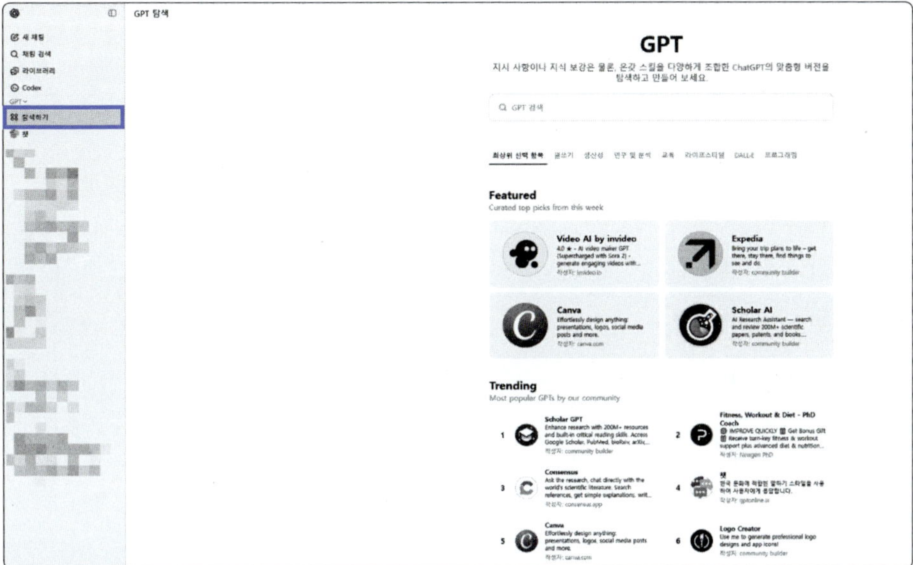

GPTs를 만들 때 주로 고려해야 하는 세 요소는 다음과 같습니다.

- **지침**(Instructions): 챗GPT의 말투, 역할, 전문 분야를 정의합니다.
- **지식**(Knowledge): 참고용 문서나 정책서를 업로드하여 챗GPT가 이를 기반으로 답변하도록 합니다.
- **도구**(Tools): 코드 실행, 파일 분석, 브라우징, 이미지 생성 등 기능을 활성화하여 실제 보안 분석에 필요한 기능을 부여합니다.

GPTs는 다양한 보안 업무에 활용할 수 있는데, 주로 패턴화된 반복 업무 같은 곳에 GPTs를 만들어서 사용할 수 있습니다.

예를 들어 다음 업무들이 있습니다.

- SIEM 이벤트 요약 및 카테고리 분류
- EDR 알림 분석 후 공격 단계 재구성
- 방화벽 정책 리뷰 및 규칙 요약
- 보안 지침서 초안 작성
- 취약점 리포트 자동 생성
- 감사(audit) 로그 정리

이 작업을 매번 수작업으로 처리하면 시간이 오래 걸리고, 사람마다 표현이 달라 보고서 품질이 들쭉날쭉합니다.

GPTs는 이런 문제를 해결해 주며, '내가 원하는 방식'으로 작성된 보고서나 설명을 챗GPT에 '미리 학습'시켜 두면 매번 명령을 일일이 입력하지 않아도 결과를 일관되게 얻을 수 있습니다.

17.1.1 GPTs 생성 과정

GPTs 초기 화면에서 **만들기** 버튼을 눌러 GPTs 화면으로 이동합니다.

▼ **그림 17-2** GPTs 초기 화면

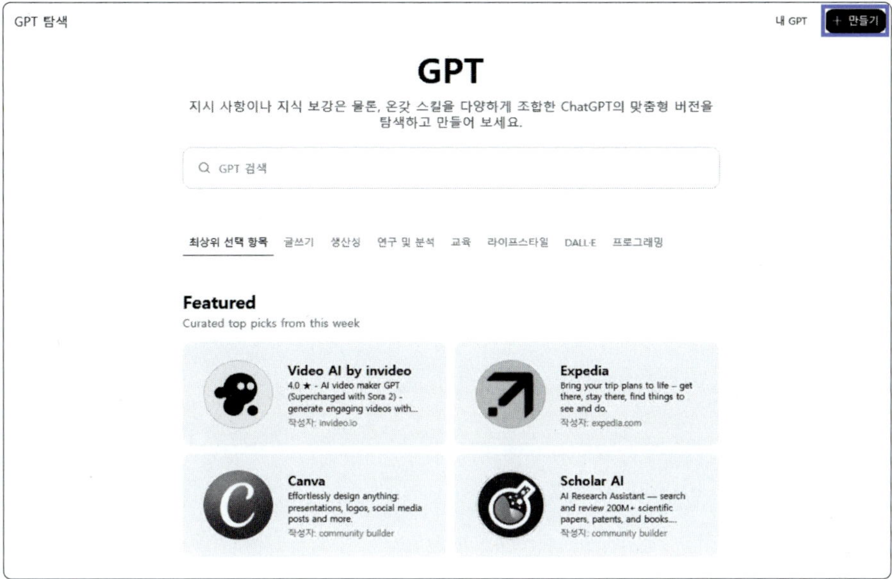

그러면 다음 화면이 나오는데 **구성** 탭을 클릭합니다.

▼ **그림 17-3** 새 GPTs 생성

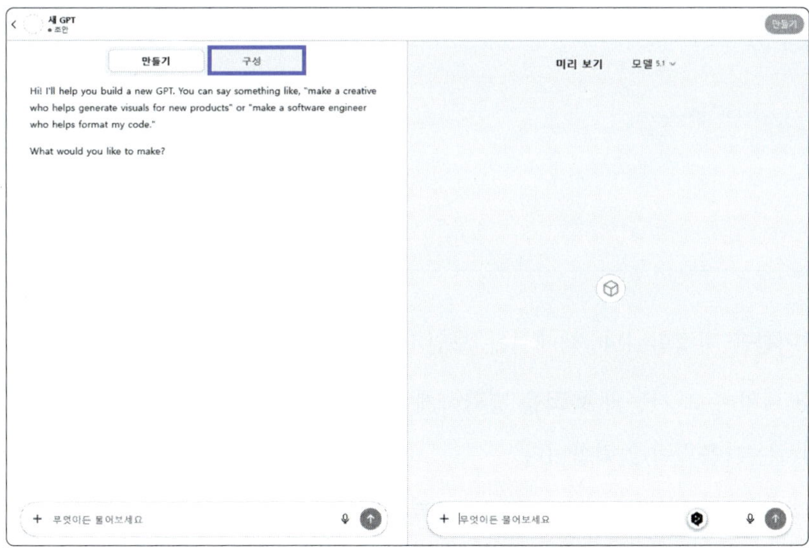

[구성] 탭 화면에서 이름, 설명, 지침, 대화 스타터, 지식 등 내용을 추가할 수 있습니다. 책에서는 각종 보안 가이드를 업로드하고, 그 가이드 정보를 토대로 보안 관련 조언을 구하는 GPTs를 만들어 보겠습니다.

▼ 그림 17-4 GPTs 구성

- **이름**: 원하는 이름을 지정합니다. 책에서는 '보안 가이드 GPT'로 했습니다.
- **설명**: 해당 GPTs의 주요 기능과 목적을 명확하게 설명하는 부분으로 이름 아래에 표시됩니다. 책에서는 다음처럼 입력합니다.

  예 최신 보안 가이드라인과 권장 사항을 기반으로 네트워크 보안, 사이버 공격 대응, 취약점 분석 등을 돕는 전문 보안 어드바이저입니다.

- **지침**: 챗GPT와 상호 작용할 때 어떻게 챗GPT가 답변할지 구체적인 지침을 설정하는 항목입니다. 책에서는 다음처럼 입력합니다.

  예 사용자는 특정 보안 이슈에 대해 질문할 수 있습니다. 예: "SQL Injection 방어 방법에 대해 알려 주세요."
  GPT는 최신 보안 가이드를 참고하여 문제 해결 방법을 제공합니다.
  GPT는 설명이 명확하고 실용적인 보안 조치를 제공합니다.
  불필요한 기술적 용어 사용을 최소화하여 누구나 쉽게 이해할 수 있도록 합니다.
  주기적으로 보안 가이드를 업데이트하여 최신 위협에 대응합니다.

- **대화 스타터**: 처음 대화 시작으로 유도할 수 있는 질문이나 문장을 제공하여 GPTs 사용자가 쉽게 접근할 수 있게 합니다. 책에서는 다음처럼 합니다.

  예 네트워크 보안에 대한 최근 동향을 알고 싶어요.
  내 시스템에서 취약점을 점검하려면 어떻게 해야 할까요?
  멀웨어 공격을 예방하려면 어떤 조치를 취해야 할까요?

- **지식**: 챗GPT가 학습할 정보를 업로드합니다. 텍스트 파일이나 PDF 등 텍스트 추출이 가능한 파일이 좋습니다. 책에서는 KISA에서 제공하는 각종 보안 가이드를 업로드했습니다.[1]
- **권장 모델**: GPT-5.2나 GPT-4o 같은 챗GPT 모델을 설정합니다. 책에서는 GPT-5.2를 선택합니다.
- **기능**: 웹 검색, 이미지 생성 등 기능 사용 여부에 따라 체크합니다. 책에서는 모두 체크합니다.

모든 항목을 채운 후 **만들기** 버튼을 누릅니다.

그러고 나면 그림 17-5와 같이 공유 화면이 나옵니다. 공유 수준에 따라 나만 보기, 링크가 있는 모든 사람, GPT 스토어(모두 공개)를 선택한 후 **저장** 버튼을 누릅니다. 책에서는 보안을 강화하고자 **링크가 있는 모든 사람**을 선택하고 저장했습니다.

1 책에서 제공하는 랜섬웨어 대응 가이드라인('23년 개정본).pdf와 주요정보통신기반시설_취약점_분석평가_상세가이드.pdf 파일을 사용합니다.

▼ **그림 17-5** GPT 공유

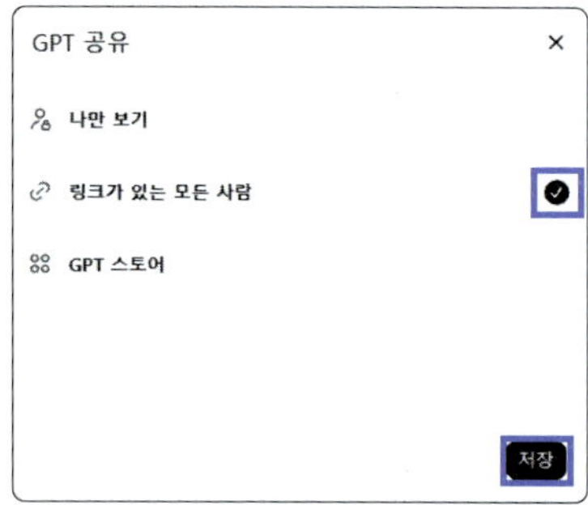

저장이 완료되면 설정 저장됨 화면이 나오는데, **GPT 보기** 버튼을 누릅니다.

▼ **그림 17-6** GPTs 공유 화면

그러면 다음 그림과 같이 내가 만든 GPT가 왼쪽 바에 표시되는 것을 확인할 수 있습니다.

▼ **그림 17-7** GPTs 실행 화면

이 화면에서 프롬프트를 입력하면 내가 업로드한 지식과 지침을 활용하여 답변해 주므로 내 업무에 맞게 활용이 가능합니다.

예를 들어 최근 발생한 주요 취약점인 React2Shell 취약점을 미리 업로드(지식)한 보안 가이드를 참고해서 대응 방안을 분석해 보겠습니다.

프롬프트

최근 발생한 React2Shell 취약점 대응 방안을 보안 가이드를 참고해서 알려 줘.

응답

먼저 핵심부터 정리할게요.

0. React2Shell이 뭐길래 이렇게 시끄러운가?

- 이름: React2Shell
- CVE: CVE-2025-55182
- 유형: React Server Components(RSC) Flight 프로토콜의 unsafe deserialization → 원격 코드 실행(RCE) (wiz.io)
- 영향
    - react-server-dom-* 계열(webpack/parcel/turbopack) 19.0.0 ~ 19.2.0
    - 이를 사용하는 Next.js 15.x / 16.x 등 서버 렌더링 프레임워크 기본 설정에서도 악용 가능 (wiz.io)
- 패치 버전
    - React: 19.0.1, 19.1.2, 19.2.1 등으로 수정 배포됨 (wiz.io)
- 이미 중국/북한 연계 공격 그룹이 적극 악용 중이라 "이론상 위험"이 아니라 "실제 공격 중인 취약점"이에요. (Amazon Web Services, Inc.)

1. 가장 먼저 해야 할 "긴급 기술 조치"

1-1. 취약 버전 식별

1) 코드 저장소 전수 검색

- package.json, package-lock.json, yarn.lock, pnpm-lock.yaml 등에서 다음 키워드 grep:
    - react-server-dom-webpack, react-server-dom-parcel, react-server-dom-turbopack
    - react, next, react-dom
- 버전이 아래 구간이면 고위험:
    - React 19.0.0 / 19.1.0 / 19.1.1 / 19.2.0
    - Next.js 15/16 중 React19 기반 RSC 사용하는 버전 (wiz.io)

2) 실제 배포 환경 점검

- Docker 이미지, Helm chart, CI/CD 파이프라인에서 설치되는 버전도 반드시 확인
- 오래된 이미지/오토스케일링 템플릿 남아 있는지 체크

1-2. 즉시 패치

1) React / Next.js 버전 업그레이드

- React를 최소 아래 버전 이상으로 업데이트:
  - 19.0.1 / 19.1.2 / 19.2.1 중 해당 라인 최신 버전
- Next.js는 React2Shell 보안 공지를 반영한 패치 릴리스(보안 패치 버전)로 업그레이드
  (Next 15/16용 보안 패치 버전은 Vercel/Next 보안 공지 참고) (Vercel)

2) 빌드 & 재배포

- 패치 후:
  - CI에서 잠재적으로 취약했던 모든 서비스 새로 빌드
  - 구 버전 이미지/Pod/컨테이너가 남지 않도록 롤링 업데이트+구 버전 강제 삭제

3) 서버/런타임 재시작

- Node.js 서버, serverless 런타임, Edge functions 등 오래 떠 있는 프로세스는 재시작해서 메모리에 남아 있을 수 있는 악성 코드/셸 세션 제거

(…중략…)

2. KISA 취약점 · 서버 보안 가이드와 연결해서 보는 "기본 방어선"

KISA의 **「주요정보통신기반시설 기술적 취약점 분석 · 평가 방법 상세가이드」**에서는 OS/웹 서버 공통으로 다음을 강하게 요구합니다.

1) 계정/권한 관리 강화

- root/관리자 계정의 원격 직접 접속 차단(PermitRootLogin no 등)
- 복잡한 비밀번호(대/소문자+숫자+특수 문자, 최소 길이 ≥ 8) 및 비밀번호 정책 설정
- 로그인 실패 횟수 초과 시 계정 잠금(무작위 대입 공격 방어)
  → React2Shell이 뚫려도, 바로 root 권한까지 이어지지 않도록 계정/권한 방어층을 두는 개념입니다.

2) 패치 관리 정책

- "최신 보안 패치 및 벤더 권고 사항 적용"을 핵심 항목으로 두고,
- OS / 미들웨어 / 프레임워크까지 포함하여 정기 · 긴급 패치 프로세스 운영을 요구합니다.
  → 이번 React2Shell처럼 CVSS 10점, 이미 악용 중인 취약점은
  "정기 업데이트"가 아니라 긴급 패치 프로세스로 처리해야 합니다.

3) 로그/감사 관리
- 시스템/웹 서버 로그의 정기 검토 및 보고, 정책에 따른 로깅 설정
- 나중에 침해 사고 분석, 공격 경로 파악에 필수

3. 애플리케이션(React/Next.js) 관점 보완책

React2Shell 자체는 프레임워크-level 버그지만, 애플리케이션 설계를 잘해 두면 침해 후 피해 범위를 줄일 수 있습니다. (wiz.io)

1) 서버 함수 최소 권한
- RSC/서버 액션에서:
  - OS 명령 직접 호출(child_process.exec, spawn) 지양
  - 꼭 필요하면 고정된 명령만, 사용자 입력은 직접 명령줄에 섞지 않기
- DB 접근도 권한 분리 계정 사용(읽기 전용, 특정 스키마만 접근 등)

2) 직렬화/역직렬화(Serialization) 데이터 신뢰 금지
- React Flight 프로토콜 payload, 서버 액션 인자 등은 모두 외부 입력이라고 보고,
  - 신뢰 못하는 타입/값은 조기에 reject
  - 비즈니스 로직에서 한 번 더 검증

3) 비밀정보/자격 증명 분리
- React/Next 앱 컨테이너 안에:
  - 장기 토큰, root DB 계정, 클라우드 루트 키 등은 두지 않기
- .env에 있는 값도 필요 최소 권한의 키로 분리

4. 이미 뚫렸을 수 있다고 가정한 대응(랜섬웨어까지 고려)

KISA **「랜섬웨어 대응 가이드라인('23 개정본)」**은
RCE 취약점이 랜섬웨어로 이어진 상황을 가정한 사전 예방·사고 대응 절차를 제시합니다.
React2Shell이 악용되면 결국 내부에 웹셸/백도어 → 랜섬웨어, 자료 유출로 이어질 가능성이 높기 때문에, 다음 절차를 같이 준비/실행하는 게 좋습니다.
(…생략…)

GPTs로 만들어 놓은 미리 정의된 지침과 지식 등을 활용하여 최신 취약점 대응 방안도 보안 가이드와 연계해서 내가 원하는 대로 분석하는 것을 확인할 수 있습니다.

17.2 SECTION

챗GPT 활용을 위한 IP 정보 익명화 도구 생성

기업에서 챗GPT를 활용할 때 가장 우려하는 점이 바로 'AI 보안'입니다. 프롬프트에 회사 기밀이나 내부 시스템 정보를 입력하면 이 데이터를 모델 학습이나 품질 개선 과정에 사용할 가능성이 있는데, 이는 장기적으로 보안 취약점이 될 수 있습니다. 따라서 기업 환경에서는 IP 정보와 네트워크 정보를 그대로 입력하기보다는 이를 가명화(익명화)한 후 안전한 형태로 프롬프트에 활용하는 방식이 필요합니다. 그다음 결과를 복호화하여 원래 데이터로 되돌리면 보안성과 활용성을 모두 확보할 수 있습니다. 이 절에서는 이런 가명화/익명화 도구를 챗GPT를 활용하여 직접 작성해 보겠습니다.

17.2.1 익명화 프로그램을 만드는 프롬프트 작성하기

이번에 만들 프로그램은 다음 방식으로 작성할 것입니다.

1. 우리가 제공할 프롬프트(텍스트 파일)에 있는 각종 IP(IPv4, IPv6) 주소를 익명화하기
2. 매핑 파일을 활용하여 추후에 원래 IP로 복원하기

IP가 겹치면 안 되기 때문에 치환되는 IP는 예약 주소 범위를 활용하도록 하겠습니다.

프롬프트

```
네트워크 담당자로 챗GPT 사용에 보안을 강화하고 싶어.
IP 보안을 유지하는 IP 익명화 파이썬 프로그램을 만들려고 해.
이 프로그램은
  • 우리가 제공할 텍스트 파일 내 각종 IP(IPv4, IPv6) 주소를 추려서 익명화하고
  • 매핑 파일을 활용하여 추후에 프롬프트 결과가 나오면 원래 IP로 복원해서 텍스트 파일
    로 출력하는 프로그램
  • 익명화와 복원은 anonymize, deanonymize 실행 파라미터로 제어
  • IP가 모두 1:1 매칭이 되고 중복 없게 처리해 줘.
```

• 익명 주소가 실제 IP 주소와 겹치면 안 되기 때문에 익명화된 IP는 문서화용 IP 대역을 사용
• 한글이 깨지지 않게 인코딩도 신경 써 줘.
이 조건을 만족하는 IP 익명화 파이썬 프로그램 코드를 만들어 줘.

응답

아래 코드 그대로 ip_anon.py로 저장해서 쓰면 됩니다.
요구하신 것처럼

- 텍스트 파일 안의 IPv4 / IPv6 자동 탐지
- 문서화용 IP 대역(IPv4: 192.0.2.0/24, 198.51.100.0/24, 203.0.113.0/24 / IPv6: 2001:db8::/32)으로 익명화
- map.json 매핑 파일로 1:1 복원(anonymize / deanonymize 서브커맨드)
- UTF-8 인코딩(한글 안 깨짐)

을 다 포함해 놨습니다.

사용법 예시

```
# 익명화
python ip_anon.py anonymize --in input.txt --out anonymized.txt --map map.json

# 복원
python ip_anon.py deanonymize --in anonymized.txt --out restored.txt --map map.json
```

필요하면 인코딩도 바꿀 수 있습니다(기본은 utf-8):

```
python ip_anon.py anonymize --in input.txt --out anonymized.txt --map map.json --encoding utf-8
```

ip_anon.py 전체 코드

```
#!/usr/bin/env python3
"""
ip_anon.py

텍스트 파일 내 IP 주소(IPv4+IPv6)를 안전하게 익명화(가명화)하고,
나중에 매핑 파일을 사용하여 원래 IP로 복원하는 스크립트

- 익명화 시에는 문서화용 IP 대역만 사용
  * IPv4: 192.0.2.0/24, 198.51.100.0/24, 203.0.113.0/24 (RFC 5737)
  * IPv6: 2001:db8::/32 (RFC 3849)
```

```
사용법:
  익명화
    python ip_anon.py anonymize --in input.txt --out anonymized.txt --map
map.json

  복원
    python ip_anon.py deanonymize --in anonymized.txt --out restored.txt
--map map.json

주의:
  - map.json 파일을 안전하게 보관해야만 복원이 가능합니다.
  - 익명화된 IP는 문서화용 대역을 사용하므로 실제 서비스 트래픽과 충돌 가능성이 매우
낮습니다.
"""


import re
import json
import argparse
from pathlib import Path
from ipaddress import (
    IPv4Address,
    IPv6Address,
    IPv4Network,
    IPv6Network,
    AddressValueError,
)

# IPv4 / IPv6 탐지용 정규식(후보 탐지용, 실제 검증은 ipaddress 모듈로 수행)
_RE_IPV4_CAND = re.compile(r"\b(?:\d{1,3}\.){3}\d{1,3}\b")

# IPv6: 다양한 표기(축약형 포함)를 모두 커버하려고 한 비교적 느슨한 패턴
_RE_IPV6_CAND = re.compile(
    r"\b(?:[0-9A-Fa-f]{1,4}:){2,7}[0-9A-Fa-f]{0,4}\b|"
    r"\b::(?:[0-9A-Fa-f]{1,4}:){0,5}[0-9A-Fa-f]{1,4}\b|"
    r"\b(?:[0-9A-Fa-f]{1,4}:){1,7}:\b"
)
(…생략…)
```

기존에 있는 IP 정보가 담긴 프롬프트를 input에 넣고 생성된 프로그램을 실행해 보면 192.168.20 대역을 익명화 대역으로 자동으로 변경해 줍니다.

▼ **그림 17-8** 익명화 모습

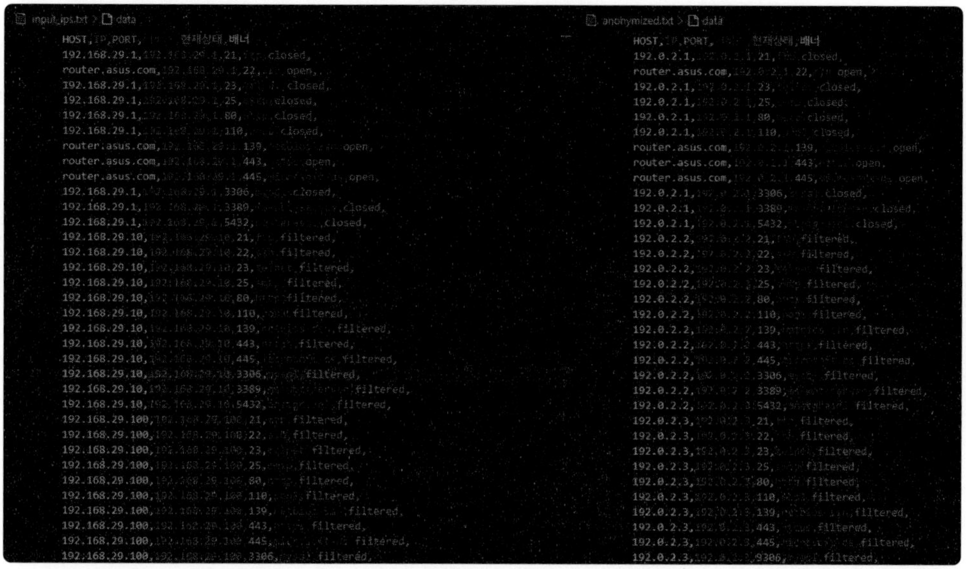

이렇게 하면 보안성을 확보할 수 있고, 매핑되어 있는 파일을 활용해서 AI 결과를 해석할 때 복호화하여 안전하게 활용 가능합니다.

이 장에서는 챗GPT의 GPTs 기능을 활용하여 나만의 보안 도구를 설계하고, 특정 업무에 특화된 맞춤형 AI 어시스턴트를 만드는 방법을 살펴보았습니다. 또 보안 업무 환경에서 챗GPT를 사용할 때 가장 우려되는 정보 유출 문제를 해결하려고, IP · 네트워크 정보를 안전하게 익명화하는 도구를 직접 만들어 AI를 활용할 때 필요한 보호 장치 마련 과정도 함께 다루었습니다.

이 실습으로 챗GPT를 단순히 분석 도구로만 사용하지 않고, 실질적인 보안 업무에 활용 가능한 '나만의 AI 보안 도구'를 구축하는 단계로 나아갈 수 있습니다. 앞으로 조직의 환경과 요구에 맞추어 GPTs와 보안 자동화 도구를 지속적으로 발전시킨다면 더욱 안전하고 효율적인 네트워크 보안 체계를 구축할 수 있을 것입니다.

CHAPTER

18

나만의 AI 보안 도구 만들기 2

과거에는 장애 탐지나 연동 자동화를 구현하려면 고가의 솔루션을 도입하거나 복잡한 시스템을 구축하는 데 많은 시간을 써야 했습니다. 그러나 이제는 각종 서비스의 공개 API와 챗GPT 같은 AI 개발 도구를 활용하여 보안 운영 환경을 훨씬 유연하고 빠르게 구성할 수 있습니다. 특히 협업 도구와 AI를 결합하면 장애 탐지, 분석, 알림, 조치까지 이어지는 자동화 흐름을 직접 설계할 수 있습니다. 이 장에서는 보안 모니터링 시스템을 만들고, 더 나아가 GPT API를 이용한 악성 IP 자동 차단 프로그램까지 구현해 보며 AI 기반 보안 자동화의 실제 활용 방법을 살펴봅니다.

18.1 SECTION 슬랙을 활용한 보안 모니터링 시스템 만들기

네트워크 보안 업무에서 가장 중요한 과제 중 하나는 서비스 장애 없이 안정적으로 시스템을 운영하는 일입니다. 이를 위해 SIEM을 활용하여 각종 보안 장비의 로그를 수집하고, 장애로 이어질 수 있는 이상 징후를 신속하게 감지 · 분석 · 조치해야 합니다.

챗GPT를 활용하면 파이썬 개발 과정을 단순화할 수 있으며, SIEM 기반 로그를 실시간으로 분석하여 특정 문자열이나 장애 패턴을 감지했을 때 메신저나 업무용 협업 도구로 자동 알림을 보내는 보안 모니터링 도구를 쉽게 만들 수 있습니다.

기업에서 널리 사용하는 메신저 · 협업 플랫폼으로 텔레그램과 슬랙(Slack) 등이 있습니다. 이 절에서는 슬랙으로 알림을 제공하는 보안 모니터링 시스템을 구현해 보겠습니다. 슬랙은 웹과 모바일 등 다양한 환경에서 동작하기 때문에 많은 조직에서 협업용 도구로 활용됩니다.

18.1.1 슬랙 구성하기

슬랙은 계정에서 채널을 만들고 채널에서 앱을 설치하여 웹훅(webhook)이라는 방식으로 API를 통해 메시지를 전달할 수 있습니다. 모니터링 시스템은 특정 로그를 감시해서 ERROR 같은 장애 문자열이 감지되면 특정 슬랙 채널에 웹훅 방식으로 메시지를 보내는 시스템으로 만들어 보려고 합니다.

> **노트**
>
> **웹훅이란**
>
> 특정 이벤트(보안 이벤트, 회원가입 등)가 발생했을 때 다른 서비스의 지정된 URL로 실시간 알림(HTTP 요청)을 보내는 기술로, 시스템 간 연동을 지원합니다.

슬랙(https://slack.com/intl/ko-kr)에 접속하여 회원가입을 합니다. 회원가입이 완료되면 워크스페이스 공간을 만들라는 팝업창이 뜨는데, 원하는 이름을 입력하고 적어도 초대할 한 명의 이메일 주소를 입력해야 합니다. 책에서는 무료 버전으로 진행하겠습니다.

▼ **그림 18-1** 슬랙 시작

노트

슬랙의 일부 기능은 무료고 Pro, Business 등 여러 플랜이 있습니다.

▼ 그림 18-2 슬랙의 여러 플랜 기능 비교

여러 플랜의 기능 비교

	무료	Pro	Business+	Enterprise+
생산성 및 협업				
메시지 및 파일 내역	90일 제한	✓	✓	✓
채널	✓	✓	✓	✓
검색	✓	✓	✓	✓
오디오 및 비디오 클립	✓	✓	✓	✓
Slack Connect	1:1만	✓	✓	✓
허들	1:1만	✓	✓	✓
캔버스	—	✓	✓	✓
리스트	—	✓	✓	✓
사용자 지정 가능 섹션	—	✓	✓	✓
템플릿	—	사용자 생성	사용자 생성	관리자 생성
AI 기반 업무✦				
스레드 및 채널 요약	—	✓	✓	✓
허들 노트	—	✓	✓	✓
AI 어시스턴트 앱	—	✓	✓	✓
AI 검색	—	—	✓	✓
매일 한 눈에 정리	—	—	✓	✓
파일 요약	—	—	✓	✓
AI 언어 번역	—	—	✓	✓

 # 새-채널을 클릭하여 메시지를 받을 수 있는 새로운 채널을 생성합니다. 채널은 #으로 시작하는 이름으로 구성해야 하며, 책에서는 #securityalert라는 이름으로 입력했습니다.

▼ **그림 18-3** 슬랙에서 채널 생성

이후 메시지를 API 기반으로 보내려면 incomming webhook이라는 앱을 설치해야 하는데, 채널 단위로 앱을 설치할 수 있습니다. 슬랙의 왼쪽 사이드 바에서 **더 보기** > **도구**를 클릭하면 앱 설치 화면으로 들어갈 수 있습니다.

▼ **그림 18-4** 슬랙 도구 화면

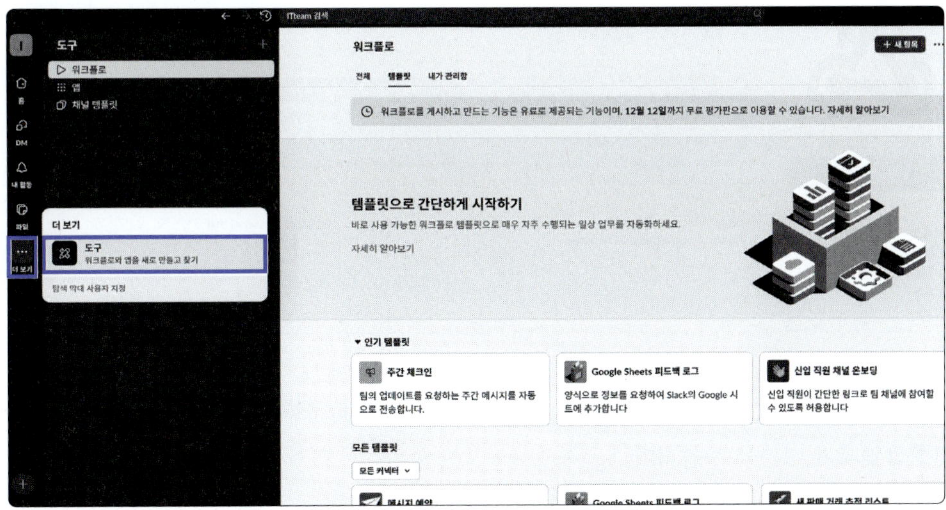

왼쪽 사이드 바에서 **앱**을 클릭한 후 다음과 같이 incoming webhooks를 검색해서 **설치** 버튼을 누릅니다.

▼ **그림 18-5** 앱(Incoming WebHooks) 선택 화면

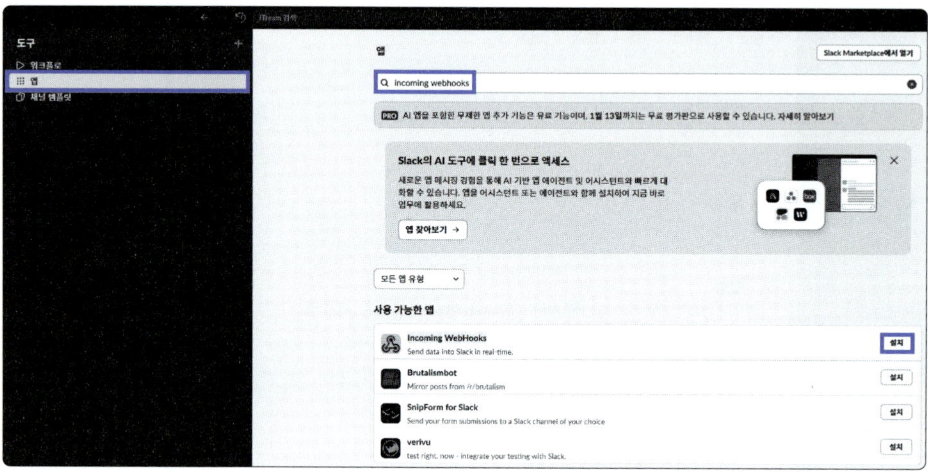

다음 화면이 나오면 **Slack에 추가** 버튼을 누릅니다.

▼ **그림 18-6** 수신 웹 후크 추가 화면

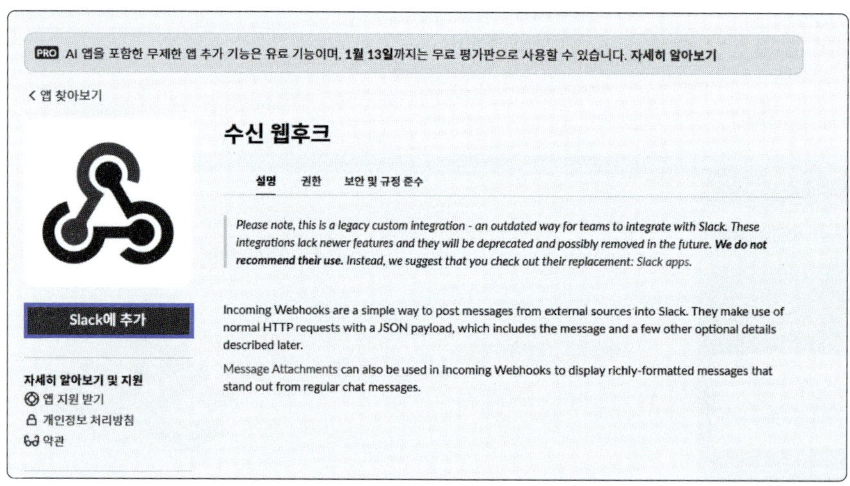

설치 화면에서 어떤 채널에 포스트할지 뜨는데, 우리가 만든 채널 이름을 선택하고 **수신 웹 후크 통합 앱 추가** 버튼을 누릅니다.

▼ **그림 18-7** 생성한 채널 선택

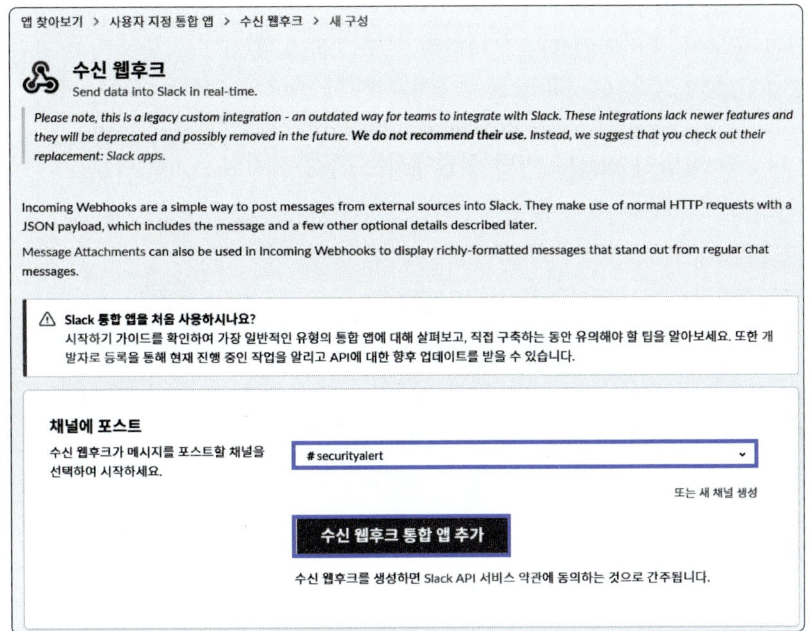

그러면 다음 그림과 같이 웹 후크 주소를 확인할 수 있습니다.

▼ **그림 18-8** 웹 후크 URL 확인

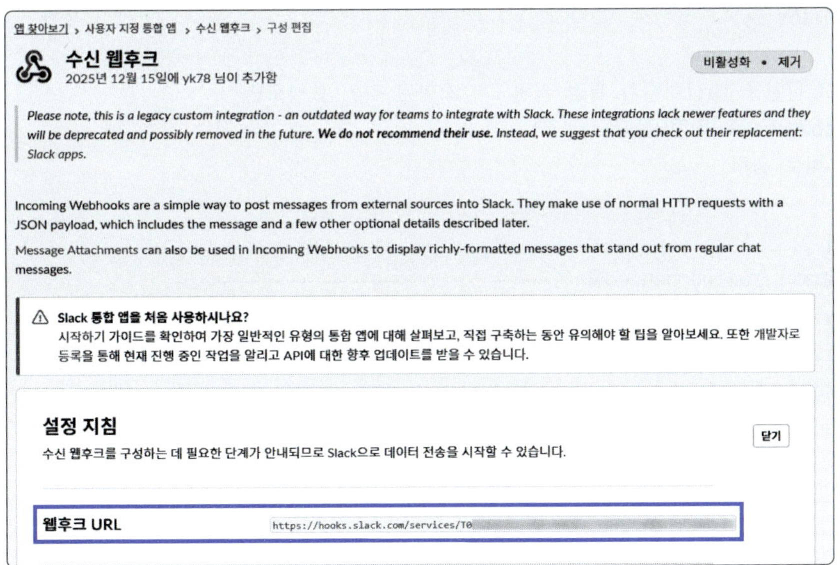

18.1.2 챗GPT로 보안 모니터링 프로그램 개발하기

메시지를 받을 협업 도구가 준비되었으니 모니터링 프로그램을 챗GPT를 활용해서 만들어 보겠습니다.

로그를 수집하는 다양한 방법이 있으나 이번 실습에서는 특정 서버의 syslog 파일을 모니터링한다고 가정합니다.

프롬프트

네트워크 보안 모니터링을 위해 Syslog의 특정 단어나 패턴이 나오면 slack으로 메시지를 보내는 파이썬 모니터링 프로그램을 만들려고 해.

- Log 파일은 특정 로그 파일명을 실행할 때 입력받는다.
- 감지할 키워드도 실행 시 입력받는다. 키워드는 콤마로 여러 개 받을 수 있다.
- 메시지를 보낼 slack의 webhook 주소도 실행 시 입력받는다.
- 실행 결과는 콘솔 메시지로도 출력해 줘.

위 조건을 만족하는 파이썬 프로그램을 만들어 줘.

응답

```
#!/usr/bin/env python3
"""
syslog_monitor.py

Syslog 로그 파일을 tail하다가 특정 키워드가 포함된 라인이 나오면
- Slack Webhook으로 알림 전송
- 콘솔에도 바로 출력

[사용 예시]
# 키워드: error,failed,denied를 감지
python syslog_monitor.py \
    --logfile /var/log/syslog \
    --keywords "error,failed,denied" \
    --webhook "https://hooks.slack.com/services/XXXX/YYYY/ZZZZ"

"""
```

```
import argparse
import time
import requests
import sys
from pathlib import Path

def parse_args():
    parser = argparse.ArgumentParser(description="Syslog 키워드 모니터링 후 
Slack 알림 전송 도구")
    parser.add_argument(
        "--logfile",
        required=True,
        help="모니터링할 로그 파일 경로(예: /var/log/syslog)"
    )
    parser.add_argument(
        "--keywords",
        required=True,
        help='감지할 키워드 목록(예: "error,failed,denied")'
    )
    parser.add_argument(
        "--webhook",
        required=True,
        help="Slack Incoming Webhook URL"
    )
    parser.add_argument(
        "--interval",
        type=float,
        default=0.5,
        help="파일 감시 주기(초) - 기본 0.5초"
    )
    return parser.parse_args()
(…중략…)
```

간단 정리

- 실행 시 인자
  - --logfile: 모니터링할 로그 파일 경로
  - --keywords: 콤마로 구분된 키워드 리스트("error,failed,denied" 형태)

- --webhook: Slack Incoming Webhook URL
    - --interval: 폴링 주기(기본 0.5초)
- 동작
    - logfile을 tail하며 새로 추가되는 라인만 확인
    - 라인에 키워드(여러 개 가능) 중 하나라도 포함되면
        - 콘솔에 메시지 출력
        - 같은 내용을 Slack Webhook으로 전송

이렇게 챗GPT로 프로그램을 만들었습니다. 이 프로그램을 syslog_moniter.py 파일로 저장한 후 하위 폴더에 로그 파일을 넣고[1] 다음 코드를 실행하면 로그에 따라 메시지가 전송되는 것을 확인할 수 있습니다.

코드

```
python syslog_monitor.py --log .\sample_syslog.log --keyword
"error,failed,panic" --webhook "https://hooks.slack.com/services/앞에서생성한
주소" --from-start --ignore-case
```

▼ 그림 18-9 보안 모니터링 프로그램 실행

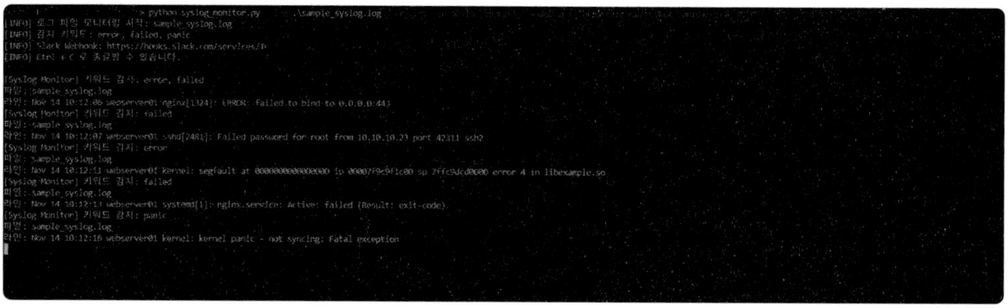

슬랙에서도 다음 그림과 같이 확인할 수 있습니다.

1 책에서 제공하는 sample_syslog.log 파일을 사용합니다.

▼ **그림 18-10** 슬랙으로 보안 모니터링 감지

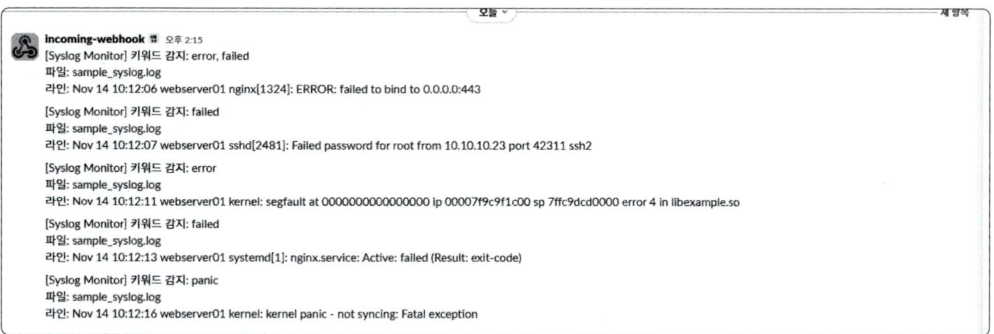

이처럼 파이썬을 잘 몰라도 챗GPT를 활용하여 프로그램을 만들 수 있습니다.

18.2 SECTION 챗GPT와 AI로 악성 공격 IP 자동 차단 보안 프로그램 개발

앞 절에서는 챗GPT를 활용하여 파이썬으로 보안 로그를 분석하는 프로그램을 구현했습니다. 이번에는 이를 한 단계 발전시켜 GPT API와 바이러스토털(VirusTotal)을 활용하여 보안 이벤트의 공격 IP를 자동으로 분석하고, 분석 결과를 슬랙의 메시지로 전송한 후 관리자 응답에 따라 보안 장비 API로 해당 IP를 자동 차단하는 시스템을 만들어 보겠습니다.

이 과정을 거쳐 탐지–분석–차단에 이르는 전 과정을 자동화하는 보안 운영 프로그램을 구축할 수 있습니다.

▼ **그림 18-11** 악성 공격 IP 자동 차단 프로그램 흐름도

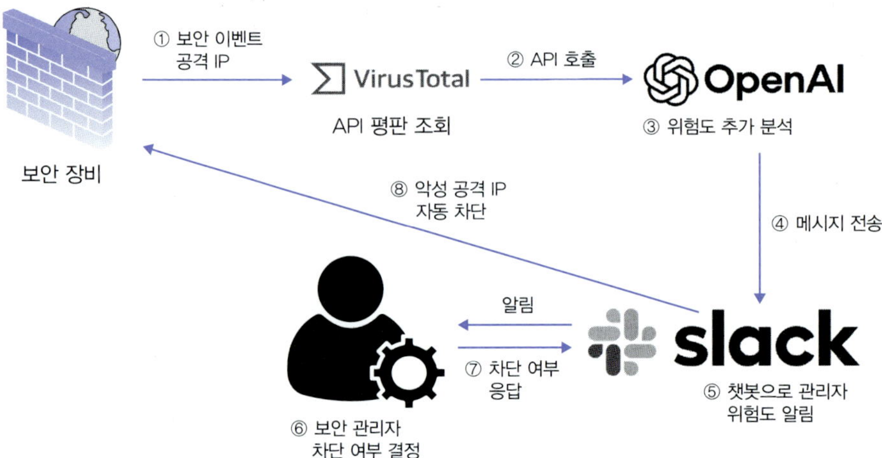

이 프로그램의 흐름을 정리해 보면, 보안 장비에서 발생한 이벤트에서 공격 IP를 추출한 후 먼저 바이러스토털 API로 해당 IP의 평판을 조회합니다. 그 결과를 기반으로 GPT API를 호출하여 추가 분석을 수행하고, 요약된 분석 내용을 슬랙 메시지로 알려 줍니다. 관리자는 슬랙에서 이 메시지를 확인한 후 차단 여부를 메시지로 응답합니다. 프로그램은 이 응답을 받아 차단으로 결정되면 보안 장비 API를 호출해서 해당 IP를 자동으로 차단합니다. 이런 전체 흐름에 따라 동작하는 프로그램을 구현해 봅시다.

18.2.1 바이러스토털과 GPT API 키 발급하기

외부의 악성 정보와 분석 결과를 자동으로 조회하려면 각 서비스에서 제공하는 API를 활용해야 합니다. 그렇게 하려면 먼저 서비스별 API 키를 발급받아야 합니다.

바이러스토털은 구글 자회사로 바이러스나 웜, 악성 공격 IP나 파일 등을 검사하여 평판 정보를 제공합니다. 또 API를 지원하기 때문에 보안 자동화 과정에서 평판 조회를 쉽게 수행할 수 있습니다. GPT API 역시 7장에서 살펴본 것처럼 API 형태로 호출하여 분석 작업을 처리할 수 있습니다. 바이러스토털은 일부 기능을 무료로 제공하지만, GPT API는 토큰 기반 과금 방식이므로 호출할 때 비용이 발생한다는 점을 참고합니다.

바이러스토털 API 발급하기

https://www.virustotal.com/에 접속하여 회원가입한 후 로그인합니다. 처음으로 회원가입을 하면 다음 화면이 나오는데, 적당한 이름을 넣고 **Create account** 버튼을 누르세요.

▼ **그림 18-12** 바이러스토털 계정 생성

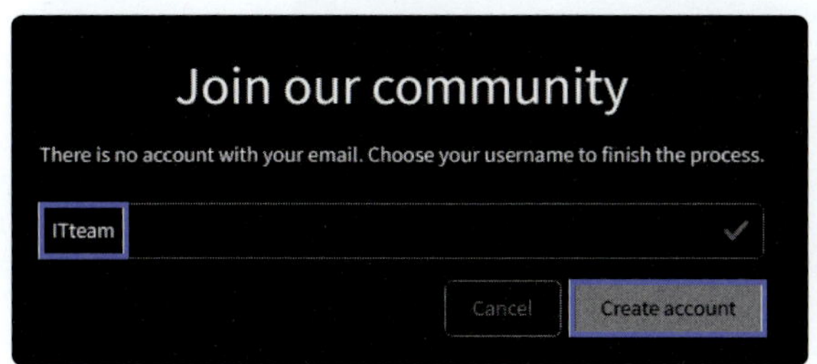

다음 그림과 같은 메인 화면이 나오면 오른쪽 위에 있는 버튼을 눌러 **API Key**를 선택합니다.

▼ **그림 18-13** 바이러스토털 메인 화면

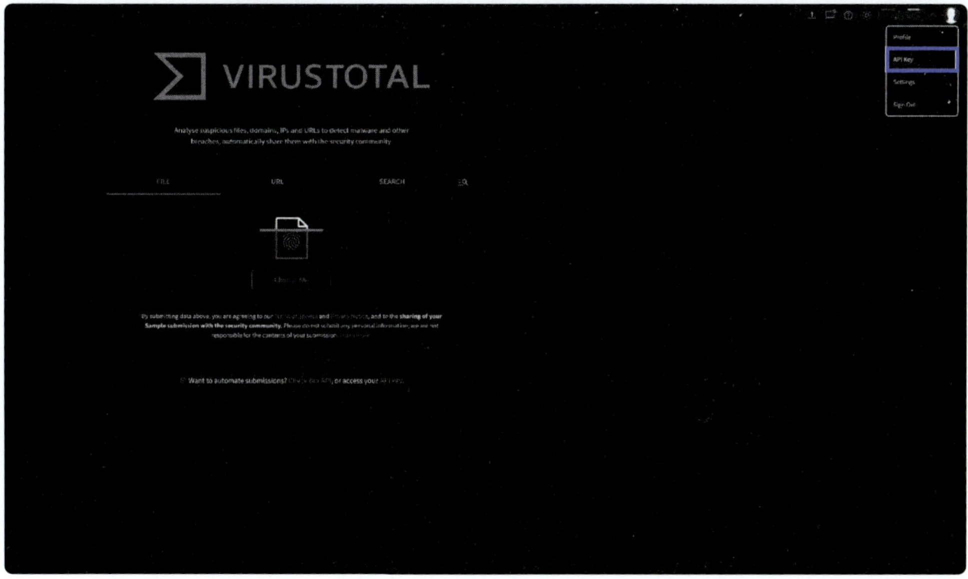

이후 다음 화면에서 API Key를 확인한 후 복사해서 메모장 같은 곳에 따로 저장해 둡니다.

▼ **그림 18-14** 바이러스토털 API Key

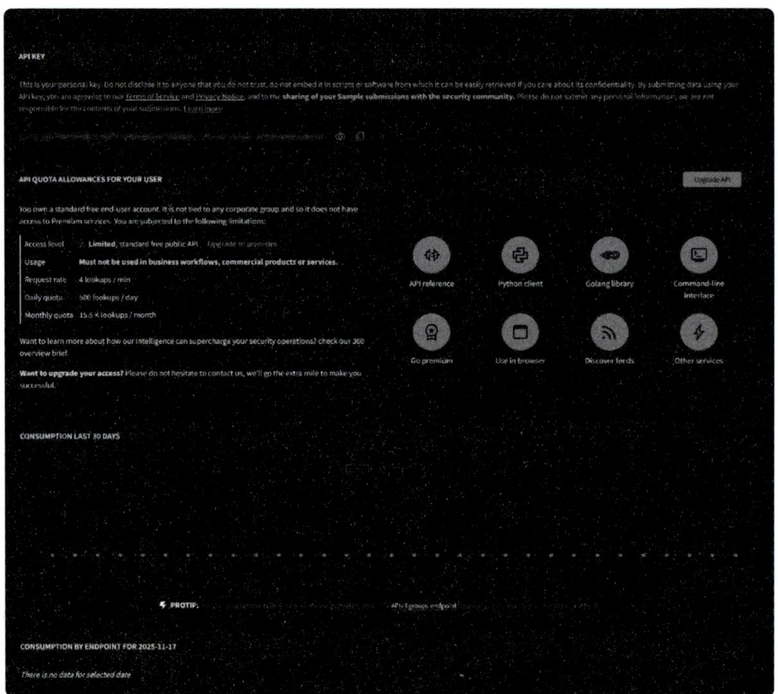

18.2.2 자동 차단 프로그램 개발 프롬프트

API 키가 준비되었으니 자동 차단 프로그램을 개발하는 프롬프트를 입력합니다. 그림 18-11에서 살펴본 흐름을 참고하여 만들고, 차단 보안 장비라면 임의의 API로 처리한다고 가정합니다.

프롬프트

```
보안 이벤트 발생 시 소스 IP를 바이러스토털과 GPT API로 분석하고
결과를 슬랙으로 알린 후 관리자의 차단 여부 응답을 기다려.
차단한다고 하면 지정된 차단 API를 호출하는 파이썬 프로그램을 만들려고 해.

• 바이러스토털 API를 통해서 IP를 조회하고
• GPT API에 IP가 악성인지 분석하고 요약해서 슬랙 메시지로 전달해 줘.
```

- 메시지의 응답(차단 혹은 허용)에 따라 차단의 경우 보안 장비 API를 호출해서 IP를 차단해 줘.
- 차단 결과는 슬랙 메시지로 추가해 줘.
- 모든 진행 상황은 콘솔 메시지로 남겨 줘.

위 내용 참고해서 파이썬 프로그램 만들어 줘.

응답

바로 쓸 수 있는 형태로 짜 줄게요.
(실제 환경에 붙일 때는 SIEM에서 src IP만 넘겨주면 handle_event("1.2.3.4") 이런 식으로 호출하면 됩니다.)
아래 코드는

- VirusTotal API로 IP 리포트 조회
- GPT API로 "악성/의심/정상+근거+조치" 요약
- Slack 채널에 알림 보내고, 같은 쓰레드에 관리자가 '차단/허용'이라고 답할 때까지 폴링
- "차단"이면 보안 장비 차단 API 호출
- 모든 과정을 콘솔에도 로그 출력

환경 변수로 키/토큰을 받도록 해 두었어.

1. 필요한 준비

```
pip install openai requests python-dotenv
```

.env(또는 환경 변수) 예시:

```
OPENAI_API_KEY = sk-...
VT_API_KEY = vt_api_key_here

SLACK_BOT_TOKEN = xoxb-...
SLACK_CHANNEL_ID = C0123456789  # 알림 보낼 채널 ID

BLOCK_API_URL=https://security-device.example.com/api/block_ip
BLOCK_API_TOKEN=your_block_api_token_here
```

2. 전체 파이썬 코드

```
#!/usr/bin/env python3
"""
security_ip_handler.py
```

```
보안 이벤트 발생 시 src IP를
1) VirusTotal로 조회하고
2) GPT API로 악성 여부/요약 분석
3) Slack으로 알리고, 관리자의 '차단/허용' 응답을 대기
4) '차단'이면 보안 장비 차단 API 호출
5) 진행 상황을 콘솔에 모두 출력

사용 예시:
    python security_ip_handler.py 8.8.8.8
"""

import os
import sys
import time
import json
import requests
from dotenv import load_dotenv
from openai import OpenAI

# ------------ 환경 설정 ------------

load_dotenv()  # .env 사용 시

VT_API_KEY = os.getenv("VT_API_KEY")
SLACK_BOT_TOKEN = os.getenv("SLACK_BOT_TOKEN")
SLACK_CHANNEL_ID = os.getenv("SLACK_CHANNEL_ID")
BLOCK_API_URL = os.getenv("BLOCK_API_URL")
BLOCK_API_TOKEN = os.getenv("BLOCK_API_TOKEN")

if not VT_API_KEY:
    print("[!] VT_API_KEY 환경 변수가 설정되지 않았습니다.")
if not SLACK_BOT_TOKEN or not SLACK_CHANNEL_ID:
    print("[!] SLACK_BOT_TOKEN 또는 SLACK_CHANNEL_ID 환경 변수가 설정되지 않았
습니다.")
if not BLOCK_API_URL or not BLOCK_API_TOKEN:
    print("[!] BLOCK_API_URL 또는 BLOCK_API_TOKEN 환경 변수가 설정되지 않았습니
다.")
```

```
# OpenAI 클라이언트(OPENAI_API_KEY는 env에서 자동으로 읽음)
client = OpenAI()

# ------------ VirusTotal 조회 ------------
(…중략…)
```

```
3. 붙여서 쓰는 방법 요약
   1) 위 코드 저장: security_ip_handler.py
   2) .env에 각종 키/토큰/URL 설정
   3) 테스트:
      python security_ip_handler.py 8.8.8.8
4. 잘 동작하면,
   • SIEM/SOAR에서 이벤트 발생 시 handle_security_event(src_ip)를 호출하거나
   • syslog 모니터링 스크립트에서 IP 추출 후 이 모듈을 임포트해서 호출하면 됨
```

챗GPT가 만든 프로그램을 security_ip_handler.py 파일로 저장합니다.

슬랙 봇 만들기

슬랙 봇(slack bot)은 슬랙 앱을 만들어야 합니다. https://api.slack.com/apps에 접속하여 다음 화면이 나오면 **Create an App** 버튼을 누릅니다.

▼ **그림 18-15** 슬랙 봇 생성

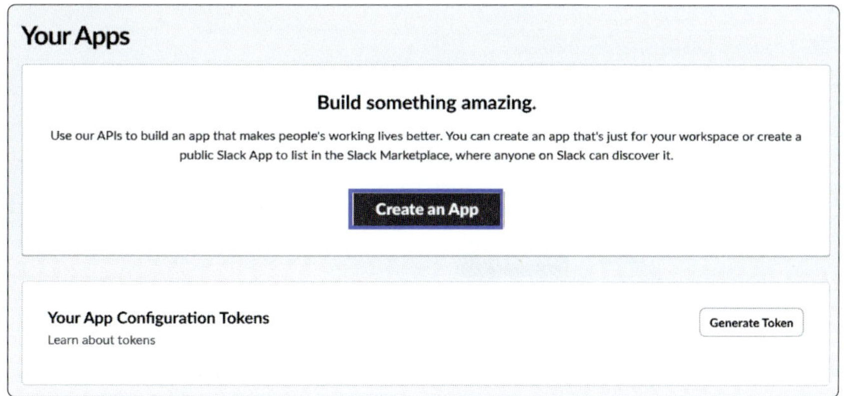

설정창이 뜨면 **From scratch**를 클릭합니다.

▼ **그림 18-16** From scratch 선택

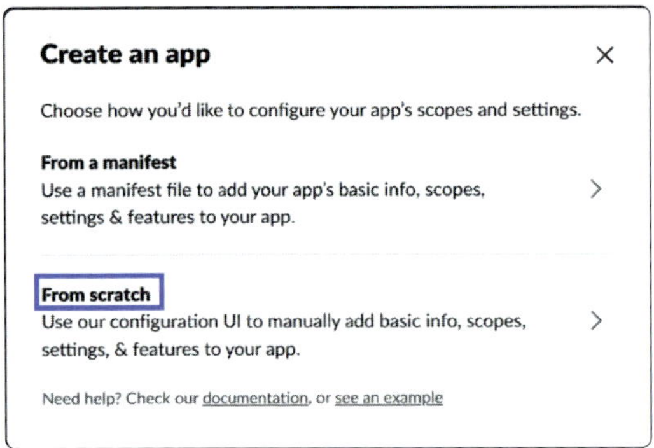

해당 앱 이름을 정하고 사용하는 워크스페이스를 선택한 후 **Create App** 버튼을 누릅니다. 책에서는 이름을 'security bot'이라 하고, 워크스페이스로 앞서 만든 'ITteam'을 선택했습니다.

▼ **그림 18-17** 이름과 워크스페이스 선택

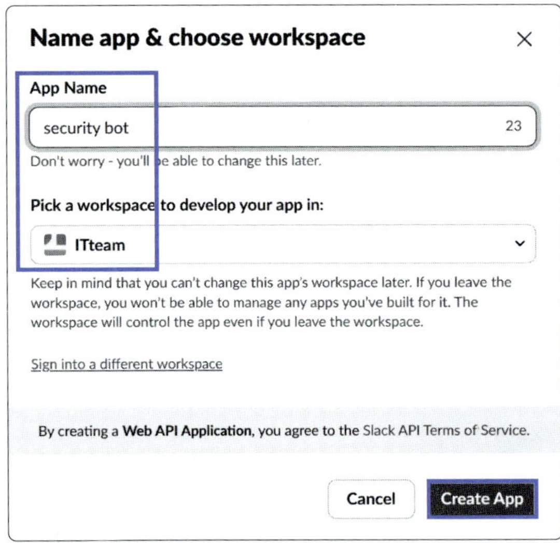

다음 화면이 나오면 왼쪽에서 **OAuth & Permissions**를 선택합니다.

▼ **그림 18-18** 슬랙 봇 권한 설정

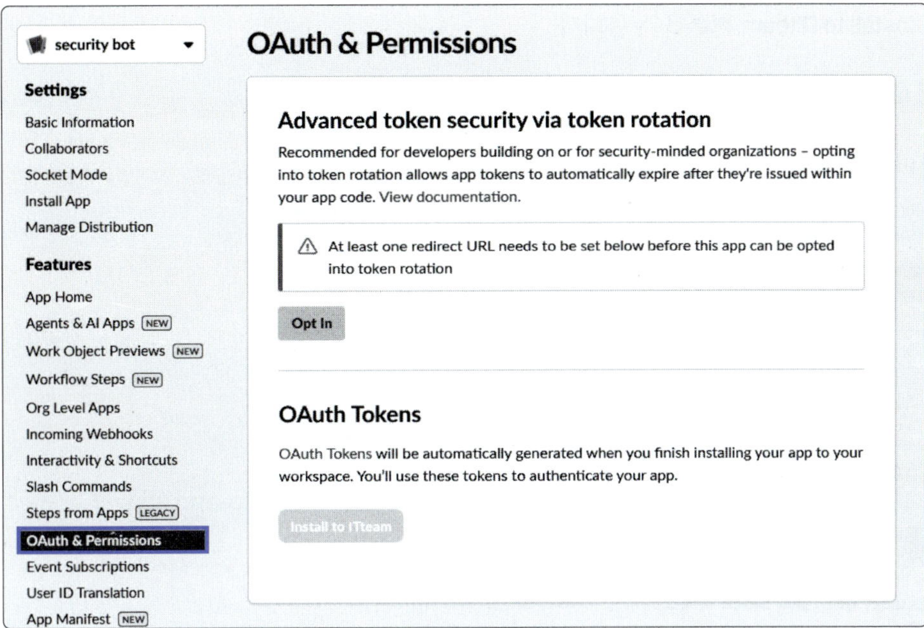

Scopes 항목에서 **Add an OAuth Scope** 버튼을 눌러 최소 권한인 chat:write, channels:history, channels:read, groups:history를 추가합니다.

▼ **그림 18-19** 슬랙 봇에 네 가지 권한 추가

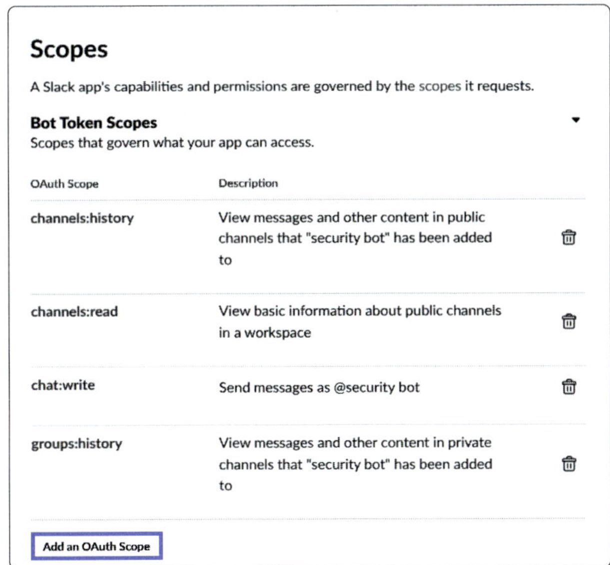

이제 API 호출에 필요한 토큰 값을 얻으려고 웹 페이지 위쪽으로 이동한 후 OAuth Tokens에서 **Install to ITteam** 버튼을 누릅니다.

▼ **그림 18-20** 슬랙 봇 토큰 얻기 1

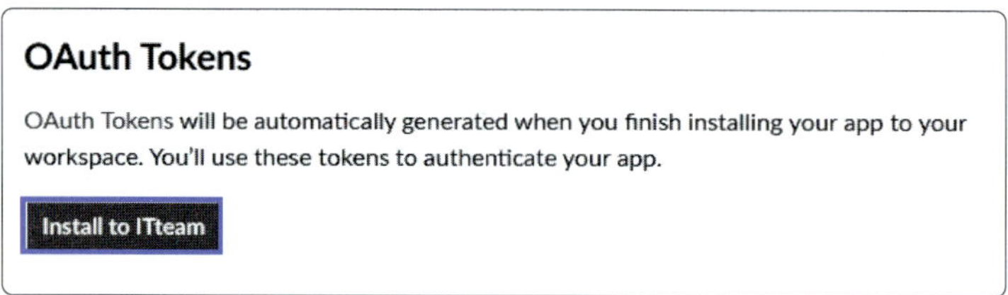

슬랙 액세스 허용창이 뜨면 **허용** 버튼을 누릅니다.

▼ **그림 18-21** 슬랙 봇 토큰 얻기 2

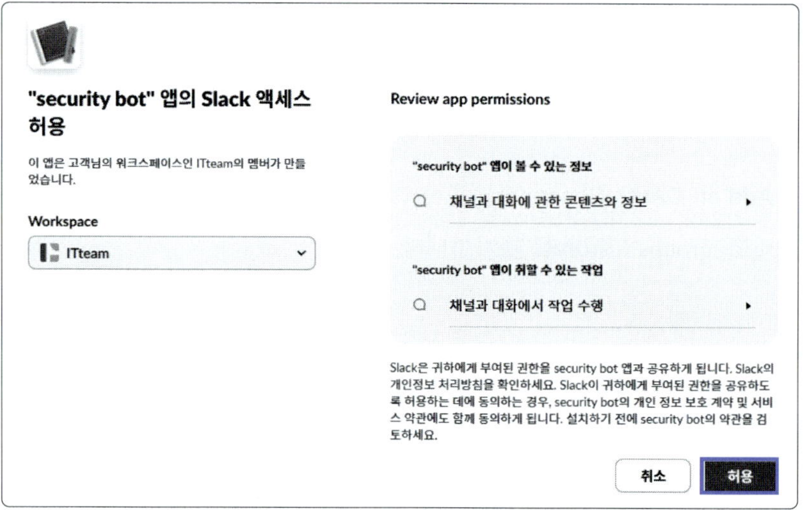

그러면 다음 그림과 같이 토큰 값을 얻을 수 있습니다. 복사하여 메모장에 잘 붙여 두세요.

▼ **그림 18-22** 슬랙 봇 토큰 얻기 3

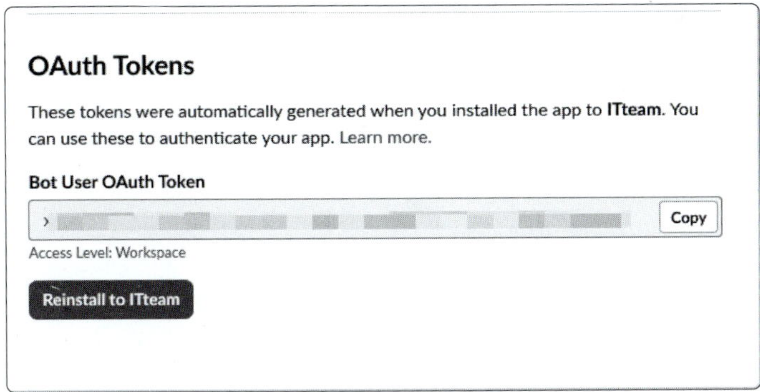

그다음 슬랙 봇에서 메시지를 주고받을 수 있도록 설정하겠습니다. **App Home**을 선택합니다.

▼ **그림 18-23** App Home 선택

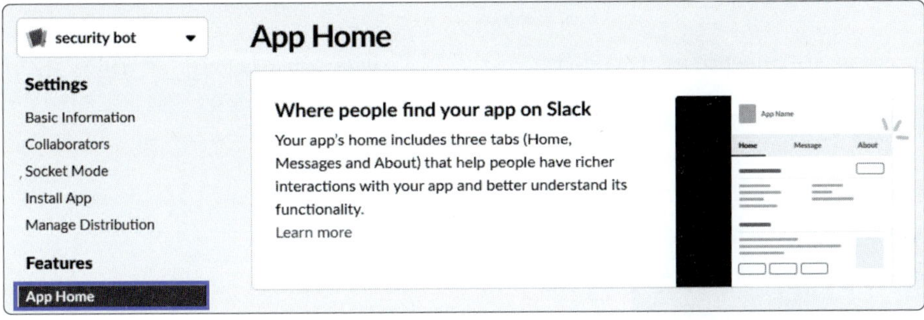

웹 페이지를 내려 Show Tabs 항목의 Messages Tab에서 **Allow users to send Slash commands and messages from the messages tab** 메시지 허용 옵션을 체크합니다.

▼ **그림 18-24** 메시지 허용 옵션 체크

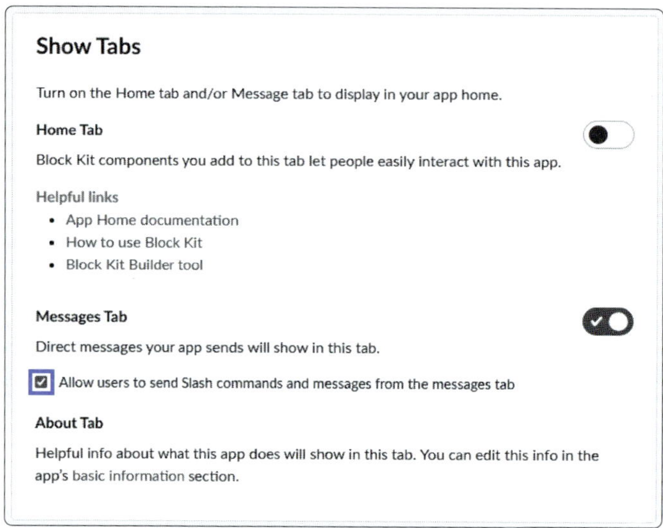

슬랙 창으로 돌아가면 다음 그림과 같이 security bot이 생성되고 메시지도 주고받을 수 있는 상태가 된 것을 확인할 수 있습니다.

▼ **그림 18-25** security bot 생성 완료

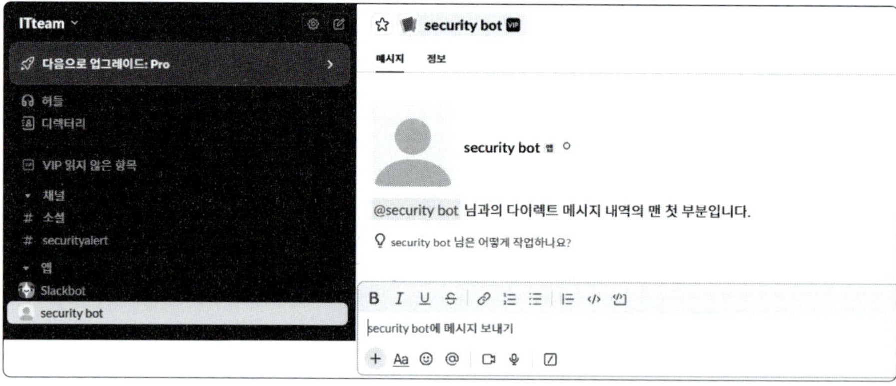

자동 차단 프로그램 실행하기

프로그램을 실행하려고 미리 설치가 필요한 파이썬 패키지를 안내한 명령어로 설치합니다.[2]

코드

```
pip install openai requests python-dotenv
```

그다음 챗GPT에서 안내한 대로 실행 파일과 같은 경로에 .env 파일(API 키 등을 넣은 환경 설정 파일)을 만들어 관련 API KEY와 채널 ID 등을 미리 넣어 둡니다.[3] 앞서 받은 VT_API_KEY와 SLACK_BOT_TOKEN 외 설정 값은 바로 이어지는 노트 박스를 참고해서 확보하면 됩니다.

코드 .env 파일

```
OPENAI_API_KEY = [발급한 OPEN_API_KEY]
SLACK_BOT_TOKEN = [발급한 슬랙 봇 토큰]
SLACK_APP_TOKEN= [발급한 슬랙 앱 토큰]
VT_API_KEY = [발급한 VirusTotal API 키]
SLACK_CHANNEL_ID = [슬랙 메시지 전송할 채널 ID]
BLOCK_API_URL = [보안 장비의 차단 API - 실습에서는 샘플 주소 "https://fw.xxx.
com/api/block_ip"]
BLOCK_API_TOKEN = [보안 장비의 차단 토큰 - 실습에서는 샘플 ID "fw_token_123"]
```

모든 키와 토큰 값 등은 큰따옴표로 묶어서 지정하며, 파일 생성은 메모장을 이용해도 됩니다.

▼ **그림 18-26** .env 파일 생성

.env - Windows 메모장
파일(F) 편집(E) 서식(O) 보기(V) 도움말(H)

```
OPENAI_API_KEY = "sk-pro
SLACK_BOT_TOKEN = "xoxb-
SLACK_APP_TOKEN="xapp-1-
VT_API_KEY="f98c2e8bd
SLACK_CHANNEL_ID = "D0A
BLOCK_API_URL = "https://fw.xxx.com/api/block_ip"
BLOCK_API_TOKEN = "fw_token_123"
```

2 챗GPT에서 응답할 때마다 다르기 때문에 안내하는 라이브러리를 설치하면 됩니다.

3 챗GPT에서 응답할 때마다 필요한 키와 토큰 값 등이 다를 수 있습니다. 책에서는 저자와 편집자가 실습하면서 필요했던 항목을 모두 넣었습니다.

노트

OPENAI_API_KEY 받기

OpenAI API 키는 https://openai.com/ko-KR/index/openai-api/에서 회원가입한 후 받을 수 있습니다.

▼ **그림 18-27** OpenAI API 로그인

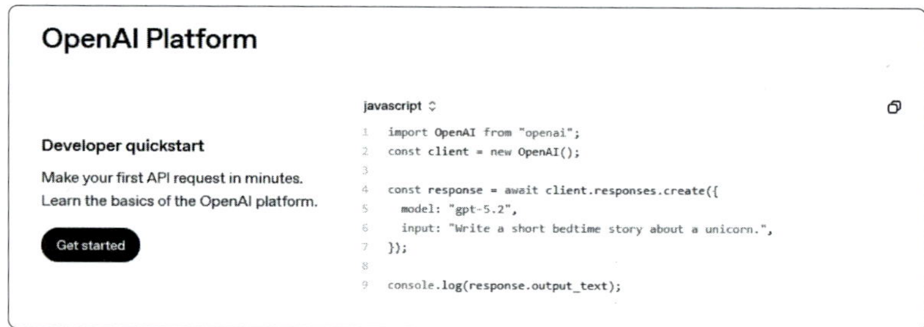

다음 화면에서 **Create an API Key** 버튼을 누릅니다.

▼ **그림 18-28** [Create an API Key] 버튼 누르기

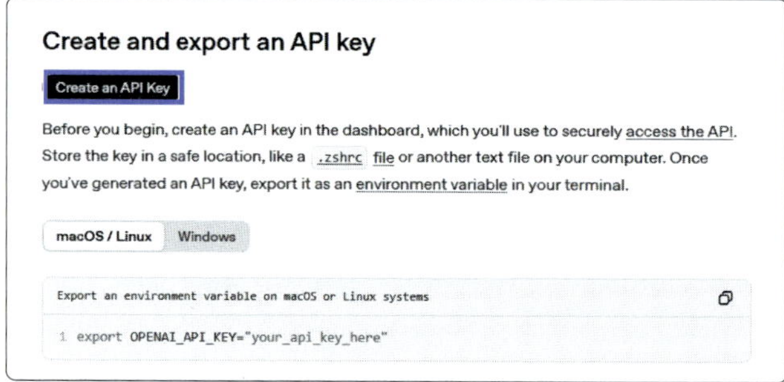

키 생성 화면이 나오면 **Create new secret key** 버튼을 누르세요.

▼ **그림 18-29** [Create new secret key] 버튼 누르기

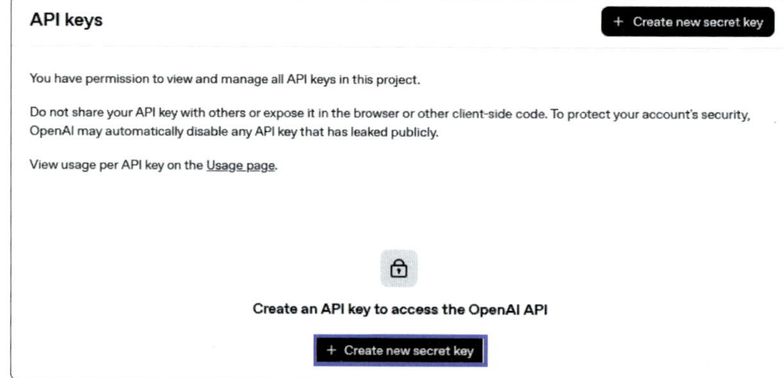

원하는 이름을 넣고 나머지 옵션은 그대로 둔 후 **Create secret key** 버튼을 누릅니다. 책에서는 이름을 'security'로 했습니다.

▼ **그림 18-30** 이름 입력 후 [Create secret key] 버튼 누르기

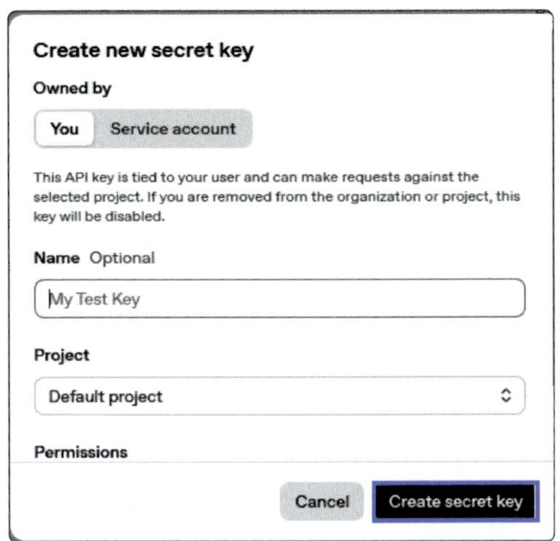

OpenAI API 키가 생성되었습니다. 복사해서 메모장에 잘 붙여 둡니다.

▼ **그림 18-31** OpenAI API 키 생성

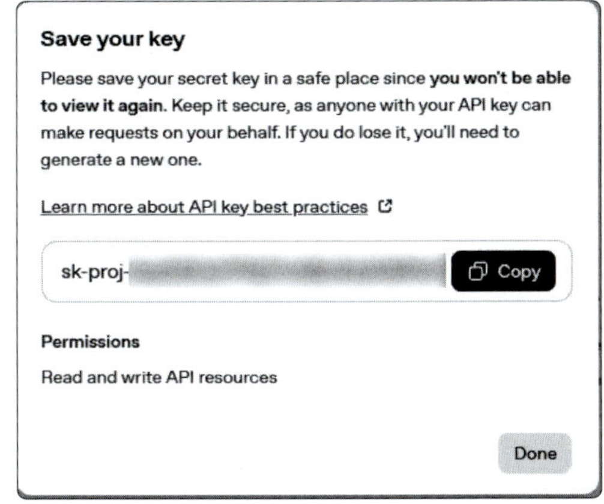

노트

SLACK_APP_TOKEN 받기

https://api.slack.com/apps에 접속하고, 왼쪽 메뉴에서 **Settings > Socket Mode**를 선택한 후 Connect using Socker Mode 항목에서 **Enable Socket Mode**를 활성화합니다.

▼ 그림 18-32 소켓 모드 활성화

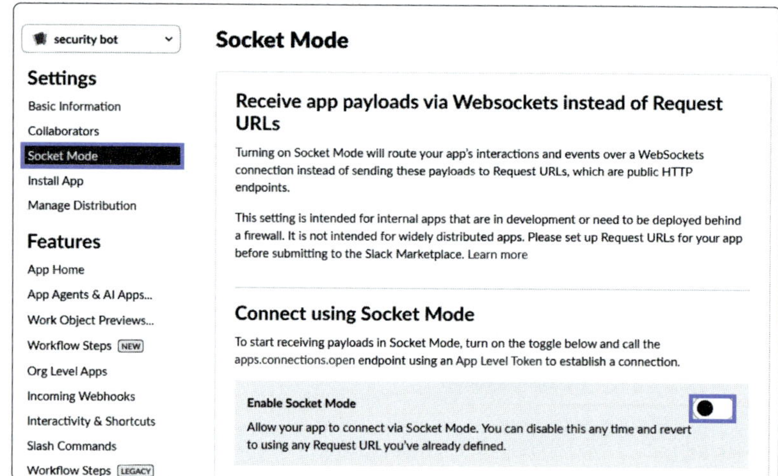

다음 화면이 나오면 원하는 이름을 입력한 후 **Generate** 버튼을 누릅니다. 책에서는 'security'로 입력했습니다.

▼ 그림 18-33 슬랙 앱 토큰 받기 1

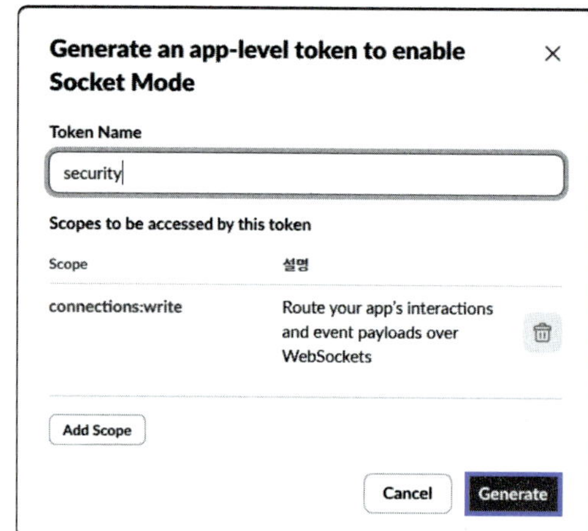

다음 그림과 같이 토큰이 발급되면 복사하여 메모장에 붙여 두고 **Done** 버튼을 누릅니다.

▼ 그림 18-34 슬랙 앱 토큰 받기 2

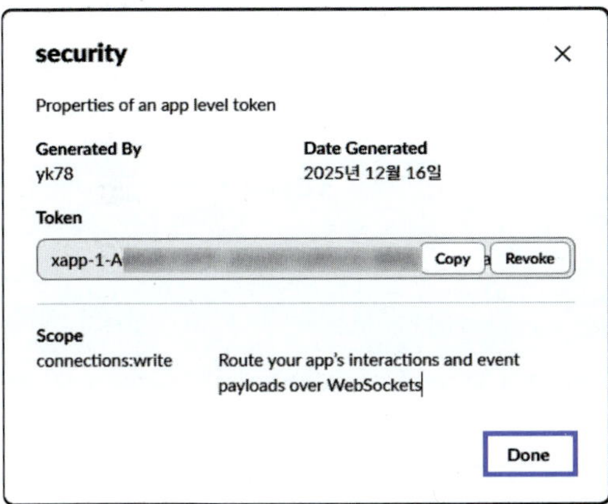

노트

SLACK_CHANNEL_ID 찾기

슬랙에서 생성한 **security bot**을 누르면 웹 브라우저에서 다음 형태의 URL을 표시합니다. [채널 ID] 부분을 복사해서 사용합니다.

https://app.slack.com/client/[워크스페이스 ID]/[채널 ID]

▼ 그림 18-35 채널 ID 찾기

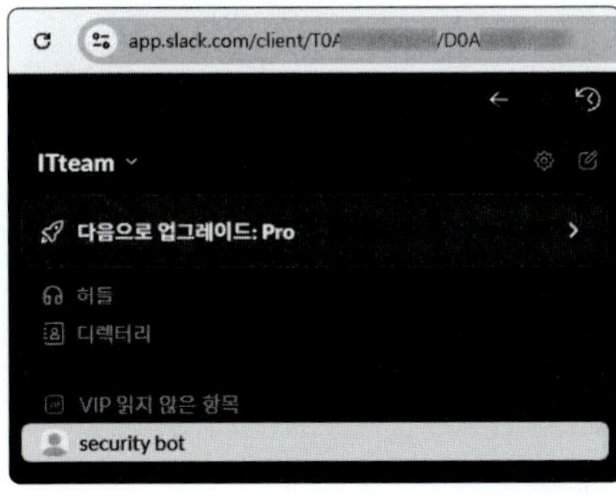

환경 설정(.env) 파일까지 준비했으면 다음 그림과 같이 파이썬 코드를 실행합니다.

코드

```
python .\security_ip_handler.py [악성 IP]
```
[4]

▼ **그림 18-36** 자동 차단 프로그램 실행

```
python .\security_ip_handler.py 47.237.6.84
==========================================================
[+] 보안 이벤트 처리 시작: src_ip=47.237.6.84
[+] VirusTotal 조회 시작: 47.237.6.84
[+] VirusTotal 조회 완료
[+] GPT 분석 시작
[+] GPT 분석 완료
[+] Slack 메시지 전송 중...
[+] Slack 메시지 전송 완료 (ts=1765782085.703389)
[+] 관리자 응답(차단/허용) 대기 시작
[...] 관리자 응답 대기 중...
```

그러면 다음 그림과 같이 슬랙에서 메시지를 받아 볼 수 있고 챗GPT 분석도 확인할 수 있습니다. 그리고 메시지로 '차단'이라고 입력하여 댓글로 차단을 요청하면 차단 API가 호출되어 자동으로 보안 장비에서 해당 IP를 차단할 수 있습니다.[5]

▼ **그림 18-37** 슬랙 보안 이벤트 IP 분석 메시지 샘플

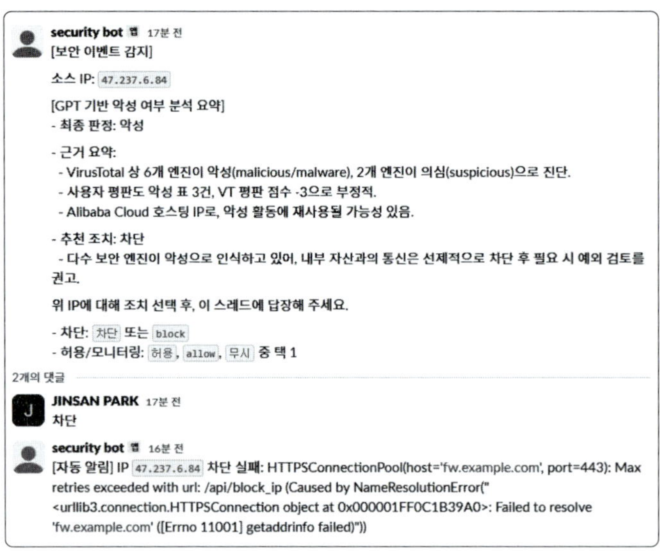

4 악성 IP는 책에 있는 47.237.6.84 또는 (편집자가 진행한) 185.220.101.1로 입력하거나 챗GPT에 내 PC에 영향을 주지 않는 악성 IP 하나만 알려 달라고 해서 사용해도 됩니다.

5 버튼 형태로 클릭하도록 안내하기도 합니다.

노트

현재는 보안 장비를 샘플로 입력하여 차단에 실패했기에 그림 18-37과 같은 오류 메시지를 출력합니다. 실제로 사용할 때는 장비별 API를 설정하여 사용할 수 있습니다.

이렇게 챗GPT를 활용하면 바이러스토털 같은 보안 서비스, 보안 장비 API를 손쉽게 연계해서 '탐지–분석–차단'이 자동으로 이어지는 보안 운영 체계를 구축할 수 있습니다. 개발 경험이 많지 않더라도 챗GPT로 코드 초안을 생성하고, 필요한 부분만 수정하거나 확장하는 방식으로 빠르게 구현하면 됩니다.

AI 기반 자동화는 반복적인 업무 부담을 줄여 줄 뿐만 아니라, 위협 탐지와 대응 속도를 높여 전체적인 보안 수준을 향상시키는 데 큰 도움이 됩니다. 이 장에서 다룬 내용을 기반으로 자신의 환경과 업무 흐름에 맞는 맞춤형 나만의 AI 보안 자동화 도구로 발전시켜 봅시다.

ㄱ

ㄴ

ㄷ

ㄹ

ㅁ

ㅈ

ㅊ

ㅋ

ㅌ

ㅍ

ㅎ

A

C

E

F

G

H

I

L

M

O

Q

R

S

Y

Z